FRIEDRICH KAULBACH

EINFÜHRUNG IN DIE PHILOSOPHIE DES HANDELNS

DIE PHILOSOPHIE

Einführungen in Gegenstand, Methoden und Ergebnisse ihrer Disziplinen

WISSENSCHAFTLICHE BUCHGESELLSCHAFT
DARMSTADT

FRIEDRICH KAULBACH

EINFÜHRUNG IN DIE PHILOSOPHIE DES HANDELNS

WISSENSCHAFTLICHE BUCHGESELLSCHAFT
DARMSTADT

CIP-Kurztitelaufnahme der Deutschen Bibliothek

Kaulbach, Friedrich:
Einführung in die Philosophie des Handelns /
Friedrich Kaulbach. – 2., unveränd. Aufl. –
Darmstadt: Wissenschaftliche Buchgesellschaft,
1986.
(Die Philosophie) (Einführungen)
ISBN 3-534-08542-6

Bestellnummer 8542-6

2., unveränderte Auflage

Satz: Roddert Fotosatz, Köngernheim bei Mainz
Druck und Einband: Wissenschaftliche Buchgesellschaft, Darmstadt
Printed in Germany
Schrift: Compugraphic Garamond, 9/11

ISSN 0174-0997
ISBN 3-534-08542-6

Meinen Schülern und Mitarbeitern
in Dankbarkeit und Erinnerung
an die gemeinsamen Jahre in Münster

INHALTSVERZEICHNIS

VORWORT

Diese Darstellung knüpft an mehreren Punkten meines Buches über ›Ethik und Metaethik‹ an, welche zu einer Weiterführung in handlungstheoretischer Hinsicht herausfordern.[1] Handlungstheoretische Reflexion unterscheidet sich von der ethischen dadurch, daß sie nicht, wie diese, die Bedingungen bloß des „guten", sondern jedes Handelns überhaupt überlegt. Die Handlungstheorie macht ihre Studien auch am verbrecherischen Handeln, wofür in diesem Buche z.B. in dem Kapitel ein Beispiel gegeben wird, in welchem es um die Geschichte einer Handlung geht. Aber insofern grenzt handlungstheoretische Überlegung an ethische an, als sie Handeln als unter normativen Maßstäben *überhaupt* stehend begreift, mag dieses als moralisch oder unmoralisch, als rechtlich oder unrechtlich anzusprechen sein. Handlung wird in diesem Buche nicht als Möglichkeit des Tieres verstanden, welches Mensch heißt, sondern wird im Hinblick auf das eigentümlich menschliche Wesen betrachtet, welches als Inbegriff der Geschichte seiner Handlungen aufgefaßt wird. Da eine Handlung jeweils als Äußerung des Menschen in einer bestimmten geschichtlichen Lage begriffen wird, wird der Blick auch auf die Verfassung des Handelnden gelenkt, darauf, was in diesem Buche als das „praktische Sein" des Handelnden bzw. als sein Handlungscharakter bezeichnet wird.

Als zu den Aufgaben der Handlungstheorie gehörig wird diejenige angesprochen, zwei verschiedene Typen des Handelns und dementsprechende Handlungsbegriffe zu unterscheiden und sie beide zugleich auch als verschiedene Aspekte an dem einigen Begriff der Handlung im ganzen zu begreifen. Der eine Handlungstypus und sein dementsprechender philosophischer Begriff ist in Reinkultur in der griechischen Antike aufgetreten: der ihm dort verliehene Name der „Praxis" wird in diesem Buche aufgenommen und zur Bezeichnung dieses besonderen Typus von Handeln verwendet. Der ihm entsprechende philosophische Begriff begreift diese Sonderform des Handelns als fördernde Teilnahme am normativ bestimmten Leben einer Gemeinschaft. Von diesem Handlungstypus unterscheidet sich zunächst derjenige, den der philosophische Begriff auf die Formel des Handelns als eines Bewirkens bzw. Veränderns bestehender Wirklichkeit bringt.

[1] Aus der Reihe ›Impulse der Forschung‹, Darmstadt 1974. Japanische Übersetzung 1980.

Diesen Typus des Handelns hat der neuzeitliche Mensch, dem Verständnis seiner selbst als eines über die Welt der Natur und Geschichte herrschenden und verfügenden „freien" Subjekts entsprechend, verwirklicht. Dieses Subjekt hat sich eine seiner Stellung der Welt gegenüber gemäße philosophische Theorie des Seins (Ontologie) erdacht, die sich in charakteristischer Weise von derjenigen unterscheidet, die der „Praxis" zugrunde liegt. Darüber wird im ersten Kapitel berichtet werden, in welchem die allgemeine These vertreten wird, daß dem Handeln eine jeweils seinem Typus gemäße Ontologie zugrunde liegt. Hier klingt zugleich an, daß die Praxis-Auffassung des Handelns von dem Gedanken ausgeht, daß sich dieses auf dem Boden eines gemeinschaftlichen Bewußtseins vollzieht, während der Gedanke des Handelns als eines Bewirkens primär in eine individualistische Richtung deutet. Wenn man diese Lage bedenkt, wird man verstehen, daß zum Beispiel derjenige, der nur den neuzeitlichen Begriff des Handelns im Blick hat, wie etwa Luhmann, einen Ausweg aus dem individualistischen Konzept einer Handlungstheorie nur in deren Aufhebung in die Systemtheorie sehen kann.[2]

Am Ende des ersten Kapitels wird das Bedürfnis motiviert, beide Typen des Handelns und ihre Begriffe zur Einheit zu bringen und sie sich gegenseitig ergänzen zu lassen. Das wird vor allem am Beispiel des neuzeitlich-technischen Handelns verdeutlicht werden. Dadurch wird der Übergang zum II. Kapitel vorbereitet, in welchem weitere handlungstheoretische Kategorien hinzugenommen werden, die für die Unterscheidung und Vereinigung der beiden Handlungstypen gebraucht werden: in diesem Zusammenhang begegnet die Unterscheidung zwischen dem praktischen Sein des Handelnden und dem Sollen: der Polarität dieser Begriffe wird diejenige zur Seite gestellt, die Hegel zwischen Sittlichkeit und Moralität gesehen hat. Das praktische Sein, der Handlungscharakter des Handelnden ist in mehrfacher Hinsicht für sein Handeln fundierend: es ist die „Geistes"-gegenwart des handelnden Bewußtseins, von welchem die Handlungssituation auch unmittelbare Entscheidungen fordert; auch ist es das Wesen, welches sich in der Geschichte gemeinsamen Mit- und Gegeneinanderhandelns zum Handelnkönnen gebildet hat und daher Fundament für weiteres Handeln ist; es ist weiterhin als leiblich erscheinende Gestalt Vergegenwärtigung der Handlungswelt, auf deren Boden der Handelnde Stellung genommen hat.

Im III. Kapitel werden die Typen der Rationalität des Handelns unterschieden, von denen auch die Handlungstheorie selbst bei der Erfüllung ihrer Aufgabe Gebrauch macht, Handeln zu begründen. Dabei wird ein Unterschied zwischen der naturalistischen, der teleologischen, der seinstheoretischen, der systemtheoretischen und der sinntheoretischen Rationalität

[2] Vgl. N. Luhmann, Zweckbegriff und Systemrationalität, Frankfurt, 1973.

gemacht. In diesem Zusammenhang werden auch Formen der Notwendigkeit unterschieden, die für Handeln in Frage kommen: so die naturgesetzliche, die logische, die Sinn-Notwendigkeit.

Mit der Auffassung der Handlung als jeweils einer Geschichte, die in Epochen aufzugliedern ist, machen die Überlegungen des IV. Kapitels Ernst. Auch schon beim Planen, bei der Wahl der Zwecke und beim Entwurf der Handlungsmodelle ist der Handelnde mit seiner Handlung am Werke. Darin werden Leistungen gesehen, die nicht nur die „eigentliche" Handlung vorbereiten, sondern die schon zum Handeln gehören: sie sind der ersten Epoche der Handlungsgeschichte zuzuordnen. Die zweite Epoche, die der Durchführung, wird nur durch einen Über-gang zu einem anderen Standpunkt erreicht, gemäß dem sich der Handelnde kraft seines praktischen Seins situationsgemäß und wirklichkeitsgerecht entscheidet, wobei nicht nur sein Wissen, sondern sein Können maßgebend ist. Was die Wahl einzelner Zwecke angeht, so erfolgt sie mit „Sinn-Notwendigkeit" aus einer Grund-entscheidung für die allgemeinen Maßstäbe der Handlungswelt. Unter Sinn-Notwendigkeit wird diejenige verstanden, aufgrund deren eine Handlung oder ein Urteil als charakteristisches Symptom für ein praktisches Sein erkannt werden kann. Ich spreche von der prinzipiellen Inkommensurabilität zwischen den Standpunkten der Planung und der Ausführung und weise darauf hin, daß der planend-entwerfende Verstand von Modellen Gebrauch macht, bei deren Konstruktion er nur einen Ausschnitt aus dem vollständigen Ganzen der Realbedingungen des Handelns zum Zwecke der Überschaubarkeit berücksichtigt. In der dritten Epoche der Geschichte der Handlung wird die sich durch die Kluft zwischen den ersten beiden Epochen ergebende Aufgabe erfüllt, die verlorene Identität des Handelnden wie auch die seiner Handlung wiederherzustellen.

Das V. Kapitel ist dem Gewissen, seinem Individualitätsanspruch und der Beziehung zwischen dem Individuum und dem Allgemeinen gewidmet. In diesem Zusammenhang wird auch noch einmal ein Blick auf die Theorie der Entscheidung gelenkt, wobei der Gedanke, daß dem Sich-Entscheiden ein praktisches Sein zugrunde liegt, in Verbindung mit einer gegenwärtigen Entscheidungstheorie gebracht wird. Das praktische Sein wird als Vergegenwärtigung des Maßstabs erkannt, der für das Gewissen verbindlich ist.

Im VI. Kapitel, in welchem die gemeinsame Wurzel von Sprechen und Handeln aufgesucht wird, zeigt sich aufs neue die Bedeutsamkeit der Aufgabe, den modernen Begriff der Handlung im Sinne des Bewirkens durch den der „Praxis" zu ergänzen: denn in diesem letzteren Handlungstypus wird die sprachliche Natur des Handelns erkennbar, wenn man bedenkt, daß sich der Handelnde als Teilnehmer an einem Lebenszusammenhang verhält und auch als solcher begreift, in welchem er durch seinen Handlungsvollzug eine

Situation schafft, auf welche die Mithandelnden eine „Antwort" zu geben haben. Handeln wird als besondere Form des Sprechens, und Sprechen als eine Gestalt des Handelns erwiesen. In diesem Zusammenhang wird auf die „repräsentative" Funktion des Sprech-handelns besonders hingewiesen, in welcher sich der Handelnde als individueller Handlungscharakter darstellt. Er repräsentiert mit einer einzelnen Sprachhandlung zugleich auch sein Standnehmen auf dem Boden einer Handlungswelt im Ganzen: dieser Weltbezug ist als Bedingung der Möglichkeit für jedes einzelne Handeln, auch für die Aussage jedes einzelnen Satzes zu begreifen. Der dieses Standnehmen des Sprech-handelnden vergegenwärtigende repräsentative Zug des Sprechens ist daher auch als „transzendental" zu bezeichnen. In diesem Zusammenhang wird auf Schleiermachers Begriff des „rein darstellenden" Handelns der Blick gelenkt. Steht in weiteren Erörterungen der Sprachcharakter des Handelns zur Debatte, dann tritt auch dessen dialogische Struktur in den Blick, die schon in den Überlegungen über die Geschichte des Handelns und ihre Epochen erkennbar wurde. Denn der Handelnde, so stellt sich heraus, tritt beim Übergang vom Standpunkt des Planens zu demjenigen der Ausführung der Handlung mit sich selbst in eine dialogische Auseinandersetzung ein, die in der dritten Epoche der Handlung zu dem Ergebnis einer Selbstidentisierung über die Spannung hinweg führt, welche durch die einander widerstreitenden Standpunkte des Planens und der Ausführung entstanden ist.

Das VII. Kapitel wählt das Thema: ›Theorie und Handlung‹ zum Gegenstand. Hier wird zunächst eine analoge Präzisierung des Begriffes der Theorie gefordert und auch gegeben, wie sie vorher in der Unterscheidung zwischen Praxis und Handeln im Sinne des Bewirkens geleistet wurde. Im Anschluß an Kantische Überlegungen zu diesem Thema wird vor allem die praktische Rolle der Urteilskraft erörtert. Die Bedeutsamkeit der handlungstheoretischen Würdigung der Urteilskraft wird im Bereich des juridischen Urteilens und Entscheidens erkennbar gemacht. Hier zeigt sich, daß eine „typisierende" Urteilskraft gefordert ist, die es zum Beispiel dem richterlichen Urteilen und Entscheiden möglich macht, seiner Aufgabe der Verwirklichung der Individualgerechtigkeit zu genügen. Hier geht es darum, zwischen dem nomologischen, am Gesetz orientierten Denken und dem zu vermitteln, dem es auf das Recht der Individualität von Personen oder Ereignissen ankommt. Während dem Denken der ersten Art eine Logik entspricht, welche ich als „Prädikatlogik" bezeichne, fordert das Denken des Individuellen den Übergang zu einer „Subjektlogik".

Schließlich sei ein persönliches Wort des Dankes für wertvolle Hilfe bei den Korrekturarbeiten an meine Mitarbeiter, die Herren Dr. Volker Gerhardt, Dr. Norbert Herold und Harald Sieberg, dem ich auch das Register verdanke, ausgesprochen.

Erstes Kapitel

VERSCHIEDENE HANDLUNGSTYPEN UND IHRE PHILOSOPHISCHEN BEGRIFFE: HANDLUNG ALS PRAXIS UND ALS BEWIRKEN

1. Handeln als Praxis

Wenn die philosophische Theorie des Handelns über ihre eigene Erkenntnissituation reflektiert, wie es ihr ansteht, dann ergibt sich für sie folgendes: Bevor sie für ihre Untersuchung einen Anfang setzen kann, müssen schon immer Handlungen geschehen sein, die sich selbst in der Sprache des Handelnden als solche auslegen und verstehen. Sie geben sich den Namen „Handlung" bzw. Handeln, was selbstverständlich auch in entsprechender Weise für andere Handlungs- und Sprachräume zutrifft. Daher kann Philosophie nicht willkürlich festlegen, wie sie diejenigen Ereignisse und Bewegungen benennen und definieren möchte, die in der Sprache als „Handlung" angesprochen werden; vielmehr muß der Philosoph die Sprache befragen, was sie mit diesem Worte anspricht. Daraus darf nicht geschlossen werden, daß der Philosoph der Sprache sklavisch zu folgen hätte: vielmehr hat er die Bedeutungen, welche die Sprache mit Handeln verbindet, im Horizont philosophischer Grunderkenntnisse über das Verhältnis zwischen Freiheit und Notwendigkeit, über die Stellung des handelnden Menschen seiner Welt gegenüber, sein Verhalten zu Natur und Geschichte, seine Möglichkeiten einer rationalen Begründung seines Handelns auszulegen.

Es sind im folgenden vor allem zwei Handlungstypen und die ihnen entsprechenden praktischen Begriffe zu unterscheiden, dann aber zu einem Gesamtbild der „Handlung" zu vereinigen.

Da ist zuerst Handlung im Sinne der „Praxis" in den Blick zu fassen, als deren philosophischer Theoretiker Aristoteles anzuhören ist. Ein Handlungsvollzug im Sinne der Praxis bedeutet den Beitrag zur Erhaltung und Förderung des gemeinsamen, normativ geordneten Lebens in einem politischen Gemeinwesen. Vom Typus des Handelns im Sinne der Praxis ist eine spezifisch neuzeitliche Gestalt von Handlung zu unterscheiden: ihr Begriff gibt dem Worte Handeln die Bedeutung des Bewirkens bzw. des Veränderns bestehender Verhältnisse. Im Bereich dieses letzteren Handlungstypus und seines Begriffes findet auch das Arbeitsprinzip im neuzeitlichen Sinne seine legitime Stelle. Die handlungstheoretische These, die ich vertrete, hat zum Inhalt, daß beide Typen des Handelns und ihre philosophischen Begriffe zur

Einheit eines Gesamtbildes von Handlung zu vereinigen sind. Die Handlungstheorie der Gegenwart hat das in der gegenwärtigen Situation des handelnden Bewußtseins vorhandene Bedürfnis nach einer Handlungswelt auf den Begriff zu bringen, in welcher sich der Handelnde nicht nur als Subjekt des Bewirkens, Arbeitens, Veränderns, sondern auch als Teilnehmer eines gemeinsamen, normativ bestimmten Lebenszusammenhanges im Sinne der Praxis versteht. Was die Terminologie angeht, so möge verabredet werden, daß von Begriff und Namen „Handlung" bzw. „Handeln" in einem weiteren Sinne Gebrauch gemacht wird, der sowohl die „Praxis" wie auch die spezifisch neuzeitliche Bedeutung von Handeln im Sinne des „Bewirkens" einschließt.

Jedem der beiden voneinander unterschiedenen und aufeinander zu beziehenden Typen des Handelns und der ihnen entsprechenden Begriffe ist eine charakteristische Idee der Welt und eine dementsprechende Stellung des Handelnden zur Welt eigentümlich. Die dem Handlungstypus von der Art der Praxis eigentümliche Welt wird von der „Physis", der Natur als dem Bereich derjenigen Wesen beherrscht, die sich von sich aus bewegen, wachsen, abnehmen und sich verändern; so ist auch die Stellung des Handelnden zu dieser Welt von der Art, daß er sich in seinem Denken und Tun als deren „natürliche" Verläufe in der Rolle eines Teilnehmers mitvollziehend begreift. Der Handelnde versteht sich als eine am Leben dieser natürlichen Welt teilnehmende und an ihr mitwirkende Kraft: als das spezifisch menschliche Milieu innerhalb dieser physischen Welt erweist sich die politische Gemeinschaft, in deren Rahmen der einzelne seine Praxisvollzüge leistet.

Der Charakter der Welt, die das im neuzeitlichen Sinne des Bewirkens handelnde Bewußtsein entwirft und in die es sich versetzt, ist dagegen von einer Idee der Natur bestimmt, deren Gebilde nicht als selbständige Wesen, sondern als vom menschlichen Subjekt verfügbare, beherrschbare und berechenbare Sachen aufgefaßt *und* behandelt werden. Der Verstand sorgt von vornherein (a priori) dafür, daß er es mit meßbaren, wägbaren Erscheinungen zu tun hat, die auf die Sprache von Naturgesetzen zu bringen sind, so daß sie auch in technisch-praktischer Hinsicht dem zwecktätigen Handeln des Subjekts zur Verfügung stehen. Der Charakter der Stellung, den das in diesem Sinne handelnde Subjekt seiner Welt gegenüber einnimmt, ist durch den Willen zur Herrschaft über die Dinge, zur Verfügung über sie und zum Gebrauch ihrer als Mittel bestimmt, die der optimalen Verwirklichung der gewählten Zwecke zu dienen vermögen. Dieser Stellung des Subjekts zur Welt, die sowohl ein theoretisches wie auch ein praktisches Gesicht zeigt, entspricht ein Denk-handeln, dem es um ein Ein-wirken und ein Verändern der Wirklichkeit zu tun ist. Es wird sich zeigen, daß im Aufbau dieses Denkens und Tuns die Kausalität als Denkform eine maßgebende Rolle spielt, durch welche die Ursache-Wirkungszusammenhänge der Welt so begriffen werden, daß der sie Erkennende mit ihrer Hilfe seine gewählten Zwecke zu erfüllen vermag.

Zur Verfassung des handelnden Bewußtseins im allgemeinen gehört es, daß sich dieses in eine Handlungswelt versetzt, die es ihm ermöglicht, seinem Handeln einen allgemeinen Orientierungshorizont zu geben. Da der eigentümliche Charakter der Welt, in die sich das handelnde Subjekt versetzt und der gegenüber es in bestimmter Weise Stellung nimmt, für die Auffassung dieses Subjekts vom Sein der seienden Gegenstände, mit denen es umzugehen hat, kennzeichnend ist, soll das Fundament der Welt, innerhalb deren sich der Handelnde orientiert, sein Handeln motiviert, seine Zwecke wählt und sich zu deren Verwirklichung entscheidet, auch als „ontologisches" Fundament des Handelns bezeichnet werden. Jeder Handelnde von einem bestimmten Typus des Handelns verhält sich, so ist dann zu sagen, unter dem Einfluß einer diesem Typus angemessenen Ontologie, die er freilich nicht philosophisch zu reflektieren braucht.

Zunächst ist der Typus des Handelns, der von Aristoteles unter dem Namen „Praxis" auf einen philosophischen Begriff gebracht wurde, im Hinblick auf die Situation des Denkens und Handelns, auf die Verfassung des Handelnden und auf den Charakter seiner Handlungswelt zu kennzeichnen.

Der im Sinne der Praxis Handelnde versteht seine Situation als die des Teilnehmens an einem gemeinsamen Lebenszusammenhang und der Möglichkeit und Aufgabe der Beförderung dieses Lebens. Dieser Lebenszusammenhang ist Inbegriff gemeinsamer Formen und Normen des Denkens, Sprechens und Handelns. Die ihm Angehörigen werden durch eine Sitte, einen Inbegriff gelebter und fraglos befolgter Normen bestimmt. Der im Sinne der Praxis Handelnde vergegenwärtigt an seinem eigenen Denken und Tun die wirkende Kraft der gemeinsamen Sitte, deren normativ bedeutsame Wirklichkeit er auch durch sein eigenes „Sein" repräsentiert. Der Handelnde versteht sich als in einen normativ bestimmten Handlungszusammenhang der Gemeinschaft eingebunden, analog wie er als leiblicher Organismus am Leben der lebendigen Natur teilnimmt. So wie sich der leibliche Organismus in der Verwirklichung seiner eigenen Zwecke wie etwa des der Selbsterhaltung als am gemeinsamen Leben der Natur teilnehmend verhält, so versteht sich der im Sinne der Praxis Handelnde auch im Hinblick auf seine eigenen individuellen Zwecksetzungen als in den zweckmäßigen Aufbau des Gemeinwesens, dem er angehört, eingeordnet. Er ordnet sich bei je einem Praxisvollzug in den umfassenden Zweckzusammenhang so ein, wie der Sprechende durch sein Sprachverhalten die unabhängig von ihm geltenden Regeln der Sprachlogik vergegenwärtigt und beim Aussprechen etwa eines Satzes einen Anfang und ein Ende macht: wobei diese Gestaltung nicht nur von seinem individuellen Sprachwillen abhängt, sondern zugleich auch durch die Form des Sprechverhaltens der Gemeinschaft bestimmt ist.

Der die Praxis und die in ihr geleisteten Denkvollzüge umgreifende Sinnzusammenhang ist Inbegriff der Gestalten und Formen des Miteinander-Seins, des gemeinsamen Denkens, Sprechens und Handelns. Er ist zugleich Inbegriff verwirklichter Normen. In diesem gemeinschaftlichen Zusammenhang ist Praxis immer Herstellung von Handlungssituationen, die ihrerseits zu weiteren Praxisvollzügen herausfordern. Wie eine Aussage in der Geschichte des Miteinander-Sprechens die Partner in eine Lage versetzt, in der sie in bestimmter Weise zu antworten haben, so stellt der Handelnde eine Situation in seiner Handlungswelt her, die andere ihrerseits wieder zu weiteren Praxisvollzügen herausfordert. Der Inbegriff der Praxisvollzüge ist einem Schachspiel zu vergleichen, in welchem jeder Zug, den der eine Partner macht, für den andern eine Situation schafft, in welcher er sich in der durch die Spielregeln genormten Weise zu einem „Gegenzug" herausgefordert sieht, durch den er der „Bedeutung" seiner Handlungssituation gerecht werden soll.

Praxis ist kein „Objekt", wie etwa die Bewegung eines fallenden Steines oder der Vorgang der Verdauung. Man wird zum Beispiel Niesen oder Gähnen nicht als Praxis bzw. als Handlung bezeichnen, weil das handelnde Bewußtsein aufgrund seiner Geschichte die Erfahrung gemacht hat, daß es *als* handelndes zugleich auch ein *denkendes* Bewußtsein ist. Von Praxis bzw. Handlung wird man nur in dem Falle sprechen, in welchem der Handelnde mit sich oder andern zu Rate gegangen ist, Möglichkeiten und alternative Wege des Handelns erwogen und sich für die „beste" entschieden hat. Beraten, Abwägen, Entscheiden sind Formen des Denkens, die für Praxis wesentlich sind: im Hinblick darauf ist es begründet, von einer praktischen Intelligenz, einem praktischen Denken oder auch mit Kant von praktischer Vernunft zu sprechen. Praktische Vernunft ist nicht nur in Praxis umgesetzte „Theorie", sondern sie stellt den Inbegriff der Denkvollzüge dar, welche zum Aufbau der Handlungswelt, zur Beratung über Zwecke oder Mittel, zur Motivation der Entscheidung gehören. Man wird Reflexreaktionen wie Niesen oder Gähnen nicht zur Praxis bzw. zur Handlung rechnen, wohl aber zum Beispiel eine Geste des Grüßens, durch welche man eine Situation verwirklicht, in welcher der Gegrüßte sich zum Gegengruß oder zur Verweigerung entscheiden kann. An diesem Beispiel wird eine Eigenart der Praxis sichtbar: Praxis ist insofern mit dem Miteinandersprechen zu vergleichen, als sie eine bedeutungsvolle Wirklichkeit herstellt, die „Anworten", d.h. weitere Praxisvollzüge herausfordert. Sie geschieht im Zusammenhang eines Miteinander- und Gegeneinanderdenkens.

Die Stellung, die der Handelnde seiner Handlungswelt gegenüber einnimmt, ist auch für die *Situation*, in der er sich als Handelnder prinzipiell befindet, bestimmend. Er fügt jeden Handlungsvollzug einerseits in den Rahmen einer schon zweckmäßig geordneten natürlichen und geschichtlichen Welt ein, aber es bleiben für Eingriffe in die Wirklichkeit, die in die Zukunft gerichtet sind, noch offene Möglichkeiten. Er hat die Freiheit der *Wahl* zwischen Möglichkeiten, die in der Wirklichkeit angelegt sind, und deren jede in gleicher Weise „von Natur aus" auf Voll-endung hindrängt. Es liegt am Handelnden, durch seine Entscheidung eine dieser Möglichkeiten auszuwählen und seine eigene Zwecksetzung mit derjenigen zu vereinigen, die in dieser von ihm für die Verwirklichung vorgesehenen Möglichkeit von Natur aus angelegt ist. Wenn der Handelnde einen Anfang der Geschichte seiner Handlung setzt, so geschieht dieses daher im Rahmen einer schon immer wenigstens der Möglichkeit nach zweckmäßig geordneten Handlungswelt. Der Handelnde setzt Seiendes als ein noch nicht vollendetes Werden voraus, so daß für ihn die Möglichkeit und Aufgabe des Gestaltens der Wirklichkeit besteht: er versteht sich aber immer als in die ontologische Zweckstruktur seiner Handlungswelt eingebunden. Wir versetzen uns als Handelnde in einen Wirklichkeitszusammenhang, dem zufolge wir vollendend in diesen eingreifen, sofern wir den Lauf der Verwirklichung steuern. Daher müssen wir beraten und durch praktisches Denken die Anfänge finden sowie gemäß unserer praktischen Erkenntnis Entscheidungen treffen. Der Handelnde begreift sich als aufgefordert, durch seine Handlung Unfertiges zu vollenden und Mögliches zu verwirklichen. Beraten und Entscheiden sind die Denkvollzüge des handelnden Bewußtseins, die zur Praxis gefordert sind: ihnen geht aber die grund-legende Denkleistung des Begreifens der Handlungssituation und der in ihr gegebenen Möglichkeiten voraus.

Den Unterschied zwischen der Situation der vollendeten Tatsachen und einer für Handeln allein sinnvollen Lage offener Möglichkeiten kann nicht einmal Gott überbrücken: auch für ihn ist es sinnlos, Geschehenes ungeschehen machen zu wollen und nachträglich Vergangenes verändern zu wollen. Bei Aristoteles heißt es: „Den Gegenstand der Entscheidung bildet niemals etwas bereits Geschehenes, wie sich niemand vornehmen kann, Ilion zerstört zu haben. Ebensowenig berät man sich über schon Geschehenes, sondern über das, was in Zukunft geschehen soll und als möglich angenommen wird, denn unannehmbar ist der Gedanken, daß Geschehenes nicht geschehen ist ..."[1]

Philosophie der Praxis klärt die Voraussetzung auf, die das praktische Denken selbst immer im Praxisvollzug macht, ohne sich darüber Rechenschaft abzulegen: der Handelnde begreift seine Situation jeweils als Gegenwart in

[1] Aristoteles, Nikomachische Ethik, 1139 b.

der Geschichte der Welt, von deren Standpunkt aus er auf eine voll-endete Vergangenheit zurückblickt und auf eine noch nicht verwirklichte Zukunft vorausblickt. Zu dieser Situation gehört, daß für ihn Raum für die Planung seines Handelns und die Entscheidung zur Durchführung gegeben ist. Setzen wir unsere Handlungssituation als so beschaffen voraus, daß sie der Anfang für mehrere mögliche Wege ins Künftige ist, dann ist es Sache unseres beratenden Denkens, den guten Weg zur Verwirklichung der gewählten Möglichkeit festzulegen und uns schließlich dafür zu entscheiden. „Beraten und Erörterung der Möglichkeiten sind ein und dasselbe, kein Mensch berät sich über Seiendes, von dem er nicht von vornherein annimmt, daß es sich anders verhalten kann.“[2] Von den verschiedenen offenstehenden Möglichkeiten wird die eine angestrebt, die andere vermieden. Es gibt eine vollendete Verfassung des praktischen Denkens und Wollens, in welcher der Handelnde gut zu beraten und sich nach den richtigen Maßstäben zu entscheiden versteht. Entscheidung ist immer ein Vor-ziehen (Prohairesis) der besten Möglichkeit vor allen anderen: sie ist ein „willentliches Streben“. „Da die sittliche Tüchtigkeit in einer tüchtigen Verfassung des Entscheiden-Könnens besteht, der entscheidende Vorsatz aber ein mit beratender Vernunft durchdrungener Wille ist, folgt, daß die praktische Erkenntnis wahr ist und der Wille wertvoll, wenn anders der entscheidende Vorsatz gut ist und dasselbe Ziel vom praktischen Verstand wie auch vom Willen verfolgt wird.“[3]

Im Anschluß an die Aristotelische Kennzeichnung der Situation des Handelns als einer Gegenwart, von der aus auf Vergangenes, Vollendetes zurückgeblickt und auf Künftiges hinausgesehen wird, sind einige Bemerkungen zu machen, die auf das später zu behandelnde Thema des Handelns als einer Geschichte vorausweisen. Hierbei wird deutlich werden, daß sich dem Betrachter des Geschichtscharakters einer Handlung jeweils ein verschiedenes Bild bietet, je nach dem Standpunkt, von dem aus er auf diese blickt. Vom Standpunkt der Praxis aus gesehen befindet sich der Handelnde jeweils in einer Lage, in welcher er zwischen einer Vielzahl von Möglichkeiten, die im *wirklichen* Geschehen angelegt sind, die „beste“ auswählt, indem er sie vor anderen vorzieht. So macht der Handelnde von seiner Freiheit Gebrauch, innerhalb eines für ihn offenen Handlungsspielraumes eine bestimmende Entscheidung zu treffen und Zukünftiges festzulegen. Aber wenn Aristoteles als Wortführer der Praxis von Planen, Beraten und Überlegen des Handelnden spricht, dann läßt er diesen vom Standpunkt der wirklichen Handlung, des schon geschehenden Praxisvollzuges aus denken und entscheiden. Symptom dafür ist die Betonung des Tüchtigseins in der Ausübung der

[2] Ibidem 1139 a.

[3] Ibidem 1139 a.

Kunst, realitätstüchtige Überlegungen anzustellen und entsprechende Entscheidungen treffen zu können. Das hängt damit zusammen, daß der Handelnde seine Zwecke im Rahmen seiner schon von vornherein zweckbestimmten Handlungswelt zu wählen hat. In anderer Weise wird das im Sinne des Bewirkens sich auffassende handelnde Bewußtsein die Geschichte seiner Handlung erfahren. Es wird sich zeigen, daß sich dieses Bewußtsein zunächst aus den Realbezügen zu derjenigen Wirklichkeit herauszieht, in welcher dann die Ausführung der Handlung erfolgen wird. Im Hinblick darauf ist es für den Handlungstheoretiker nötig, im Bereich des Handelns im modernen Sinne des Bewirkens die vor der Ausführung vorhergehenden Leistungen des Planens, Beratens, des Entwerfens von Zwecken einem Standpunkt zuzuordnen, der sich nicht, wie derjenige des Beratens der Praxis, schon auf den Boden der wirklichen Handlungswelt stellt: vielmehr ist der Standpunkt des zum Handeln im Sinne des Bewirkens gehörenden planenden und entwerfenden Denkens zunächst, da es um die Epoche der Geschichte der Handlung *vor* der Ausführung geht, noch prinzipiell der Realität selbst unangemessen: hier ist nicht Können, sondern *Wissen* maßgebend. Damit hängt der Vorrang der wissenschaftlichen Bildung in der modernen Zivilisation zusammen: ein Beispiel ist die Entwicklung der Technik, in welcher in der zweiten Hälfte des 19. Jahrhunderts in den industrialisierten Staaten das Bedürfnis nach technischen Hochschulen und nach Gründung einer Technik-Wissenschaft aufkam, die dem technischen Handeln selbst zugrunde gelegt werden sollte.

Es stellt sich die Frage, von welchem Augenblick des Ablaufs der Ereignisse an der Handlungs-Philosoph die Geschichte einer Handlung anfangen läßt. Es wird sich später zeigen, daß in neuzeitlichen Konzepten dieser Anfang nicht erst in den Augenblick verlegt wird, in welchem der Handelnde nach seiner Entscheidung in die Wirklichkeit eingreift, sondern daß er so viel früher angenommen wird, daß in die Gesamtgeschichte der Handlung auch die im handelnden „Subjekt" vor dem Eingriff in die Wirklichkeit geschehenden Leistungen des praktischen Denkens und Wollens hineinfallen. Aristoteles verlegt den Anfang der Geschichte der Handlung in die Entscheidung und ihren Vorsatz, „von dem die Bewegung ausgeht". Diesen Vorsatz zum handelnden Eingriff in die Wirklichkeit legt er als „bewegende Ursache" für das Ingangkommen des Praxisvollzuges aus. Durch die Entscheidung stellt sich der handelnde Mensch als *Wirklichkeit* dar, welche sich als bewegende Ursache des Praxisvollzuges erweist. Daß dieser Vollzug auf einen „Zweck" hin gerichtet ist, dafür tritt der handelnde Mensch ein, der sich als wirklich gewordenes praktisches Denken und Entscheiden darstellt. Der „entscheidende Vorsatz" wird durch die Wirklichkeit des handelnden Menschen, der ihn durch seine „willentliche Vernunft" oder seinen „vernünftigen

Willen" repräsentiert, zum Anfang des Handelns: „ ... ein so beschaffener Anfang des Handelns ist der Mensch".[4] Der Mensch, der es vermag, sich richtig zu beraten und zu entscheiden, tritt, selbst eine Wirklichkeit, in den Wirklichkeitszusammenhang als „Anfang" und „Grund" für den Handlungsvollzug und seine Geschichte ein.

Hier stellt sich die Frage nach der Quelle der Maßstäbe, welche zwischen richtiger und falscher Beratung und Entscheidung zu unterscheiden erlauben. Um auf diese Frage zu antworten, ist an schon Gesagtes zu erinnern: diese Maßstäbe sind nicht von der praktischen Vernunft vorgeschriebene Normen, es sind keine praktischen „Ideen". Vielmehr begegnen sie in der Wirklichkeit der Gemeinschaft der miteinander Handelnden und in den in dieser gemeinsamen Wirklichkeit begegnenden vorbildlichen Praxis- und Seinsgestalten. In dem Handeln und die dabei geleisteten Denkvollzüge umgreifenden und sie bindenden Zusammenhang gemeinsam verwirklichter Formen des Denkens, Sprechens und Handelns: in diesem gemeinschaftlichen, normativ bestimmten Zusammenhang ist Praxis Herstellen von Handlungssituationen, die ihrerseits zu weiteren Praxisvollzügen im Rahmen der Regeln herausfordern, welche in der gesellschaftlichen Sitte gelten. Der in die Denk- und Praxisformen der Polis hineingewachsene Mensch hat die „Haltung" gewonnen, die es ihm ermöglicht, im Sinne der „Eupraxie", d.h. des guten und gelungenen Handelns tätig zu sein. In diesem Rahmen vermag er handelnd die rechten Zwecke zu wählen und in richtiger Weise Anfang und Ende der Geschichte seiner Handlung zu finden.

So ist z.B. das Sterben des Sokrates als Akt der Praxis zu bewerten: es besteht in einem durch entscheidendes, willentliches Denken geleiteten Tun, in welchem sich das die politische Gemeinschaft bestimmende „Gesetz" im Verhalten des Individuums „Sokrates" repräsentiert. Sokrates bleibt diesem Gesetz treu, statt aus ihm aufgrund egoistischer Überlegungen auszubrechen, die ihm durch seine Freunde nahegelegt werden, welche ihm den Weg zur Flucht zu ebnen versprechen. Er verwirklicht dadurch eine Situation des Handelns in einer für andere vorbildlichen Weise und fordert zu weiterem Handeln in diesem Sinnzusammenhang heraus.

Der platonische Dialog Phaidon kann als dialogische Selbstauslegung der „Praxis" des Sokrates betrachtet werden: an ihm wird erkennbar, daß Miteinanderhandeln im Sinne der Praxis zugleich den Charakter des Miteinandersprechens zeigt. Die Mitteilungsfunktion der Sprache ist im Verhältnis zu derjenigen sekundär, in welcher der Sprechende Situationen des Sprech-handelns herstellt, in denen die Mitsprechenden durch Antworten und demgemäße Handlungen zu reagieren haben. So, wie Handlung selbst Sprach-

[4] Aristoteles, Nikomachische Ethik, 1139 b.

charakter hat, so ist auch Sprechen eine Form des Handelns: in ihm geschieht die Herstellung von Sprechsituationen von der Art der Praxis, in denen sich der Angesprochene dazu herausgefordert sieht, in angemessener Weise antwortend zu re-agieren.[5]

Durch Handeln im Sinne der Praxis werden aufgrund richtigen Beratens und Entscheidens jeweils Geschichten von Handlungen als Sinngestalten verwirklicht, die zu weiterer Praxis im Rahmen der von der Gemeinschaft vollzogenen sittlichen Normen herausfordern. Der Praxisvollzug geschieht in einem normativen Lebenszusammenhang, der durch die von ihm herausgeforderten weiteren Handlungen immer wieder erneuert und in Gang gehalten wird. In jedem Praxisvollzug pulsiert das Leben der gemeinschaftlichen Sitte. Der Vergleich zwischen einem Praxisvollzug und dem Zug, den ein Schachspieler ausführt, wurde schon herangezogen: durch den Zug, den ein Spielpartner macht, wird für den andern eine Situation geschaffen, in welcher er sich in einer den Spielregeln entsprechenden Weise zu einem „Gegenzug" herausgefordert sieht: durch diesen will er der Bedeutung seiner Praxissituation gerecht werden. Freilich trifft dieser Vergleich mit dem Schachspiel nur bis zu einer gewissen Grenze zu: er wird von dem Augenblick an ungültig, in welchem man bedenkt, daß jeder der spielenden Partner um des Sieges willen, den er über den andern davonzutragen bemüht ist, tätig ist: dagegen geht es in der Praxis primär nicht um die Bewirkung eines einzelnen Zweckes, erst recht nicht um die Herstellung einer Sache oder etwa um die Veränderung unbefriedigender Zustände, sondern um das Inganghalten des alle einzelnen Zwecke umfassenden, normativ bestimmten Lebens der Gemeinschaft. Praxis bedeutet insofern Glück (Eudämonie), als sie eine mit dem Sinn des gemeinsamen Lebens zusammenklingende, dieses Leben in Gang haltende Tätigkeit des Individuums ist, durch welche dieses sich selbst verwirklicht. Ist das Individuum einmal aus diesem Zusammenhang ausgetreten und ist die Verbindung mit seiner Gemeinschaft zerstört, dann tritt der Fall eines „unglücklichen Bewußtseins" (Hegel) ein. Beispiele von Praxisvollzügen sind: Miteinandersprechen, Philosophieren, Musizieren, eine politische Tätigkeit ausüben. An diesen Beispielen wird deutlich,

[5] Auf das Bewußtsein der unlösbaren Verbundenheit zwischen Handeln und Sprechen schon bei Homer weist Hannah Arendt in ›Vita activa, oder: Vom tätigen Leben‹, Stuttgart 1960, S. 29, hin: „ ... Sprechen und Handeln galten als gleich ursprünglich und einander ebenbürtig, sie waren gleicher Art und gleichen Ranges. Und dies nicht nur, weil ja offenbar alles politische Handeln, sofern es sich nicht der Mittel der Gewalt bedient, sich durch Sprechen vollzieht, sondern auch in dem noch elementareren Sinne, daß nämlich das Finden des rechten Wortes im rechten Augenblick, ganz unabhängig von seinem Informations- oder Kommunikationsgehalt an andere Menschen, bereits Handeln ist."

daß in der Praxis zwar auch immer etwas „produziert" wird, wobei es aber nicht primär auf die Herstellung einzelner Produkte ankommt, sondern auf eine Reproduktion des gemeinsamen Lebens, um dessentwillen die Praxis geschieht.

Als zur Praxis tauglich wird sich demgemäß der erweisen, den man als „besonnen" bezeichnet. Er läßt sich in seinem Denken und Tun durch den normativen Sinnzusammenhang des gemeinsamen, allgemeinen Lebens bestimmen. Auch wenn er scheinbar nur für sein individuelles Glück, wie etwa für seine Gesundheit, in der angemessenen Weise tätig ist, ist er insofern als besonnen zu bezeichnen, weil der allgemeine Rahmen, innerhalb dessen dieses Gut bedeutsam ist, das gemeinsame und allgemeine Glück der Miteinanderhandelnden ist. Zur Besonnenheit gehört die Fähigkeit, sich über das, was für mich gut und zuträglich ist, wohlzuberaten. Das betrifft nicht primär einzelne Güter, wie z.B. Gesundheit oder körperliche Kraft, sondern den Weg zum glücklichen Leben: d.h. zu dem Leben des sinnhaft bestimmten gemeinsamen Praxiszusammenhanges, in dessen Rahmen der Besonnene auch das für ihn Gute finden wird. Ziel der Praxis ist nicht primär etwas Einzelnes; es ist vielmehr das allgemeine glückliche Leben, mit dem im Zusammenklang die individuelle Praxis zu geschehen hat.

Besonnenheit ist eine Verfassung des Denkens, die durch Einübung in den Denk- und Handlungsformen der gemeinsamen und allgemeinen Sitte zustande gekommen ist und welche das Individuum in den Stand setzt, die Wahrheit über das für den Menschen Gute und Schlechte zu erkennen.[6] Wir halten z.B. einen Staatsmann wie Perikles für kundig im praktischen Denken und Tun, weil er über die Erkenntnis dessen verfügt, was ihm selbst und den andern Menschen gut ist. Solchen Personen sollte die Leitung jeweils eines Hauswesens oder eines politischen Gemeinwesens übertragen werden.[7] Praktische Weisheit ist eine Verfassung des Denkens und Wollens: sie hält unbeirrt am Ziel des wertvollen und guten Lebens fest und läßt sich nicht auf egoistische Zwecke ablenken. Derjenige, der egoistisch auf seinen eigenen Nutzen oder seine Lust bedacht ist, ist nicht imstande, die wahre, in der Praxis begründete Eudämonie zu finden, weil er die Zwecke seines Denkens und Wollens nicht im Rahmen des allgemeinen und gemeinsamen normativen Lebens sieht und erkennt.

Daß es in der Praxis nicht primär um die Verwirklichung einzelner Zwecke geht, sondern um das handelnde Inganghalten des gemeinsamen, mit normativem Sinn erfüllten Lebens, wird durch die Unterscheidung und Gegenüberstellung zu einer anderen Form der Tätigkeit deutlich, die Aristoteles als

[6] Aristoteles, Nikomachische Ethik 1140 b.

[7] Ibidem 1140 b.

„Poiesis" bezeichnet. In der Poiesis entfaltet sich nicht die Natur des gemeinsamen sinnerfüllten Lebens, sondern durch sie werden einzelne Produkte hergestellt: sie gehört in den Zusammenhang der „Techne". Der Töpfer z.B., der eine Vase herstellt, der Arzt, der einen Heilungsprozeß in Gang setzt, der Baumeister, der ein Gebäude errichtet: sie sind im Sinne der Poiese tätig und verhalten sich als „Techniker". So gehört die Tätigkeit des Bauens zur Techne, weil das Haus nicht von Natur aus durch immanente bewegende Ursachen entsteht, sondern aufgrund vernünftiger Zwecksetzung und kundiger Wahl der Mittel. Hier geht es darum, daß einzelne Produkte hergestellt werden, die sich von der poietischen Tätigkeit selbst ablösen, am Ende für sich bestehen und als fertige Produkte in Gebrauch genommen werden. Das ist im Unterschied zur Praxis zu sagen, die ihren Wert als eine mit dem Sinnzusammenhang des ganzen, gemeinsamen Lebens im Einklang stehende Tätigkeit in sich selbst hat. Demnach ist der technisch-poietische Verstand von demjenigen der Praxis verschieden: poietischer Verstand ermöglicht es, die richtigen technischen Zwecke und die zu ihrer Verwirklichung dienenden Mittel zu erkennen. Daher hat poietisches Tun seinen „Zweck außerhalb seiner, was für die Praxis nicht der Fall ist"[8]. Das im Sinne des glückhaften Einklangs mit dem normativ bestimmten Ganzen des allgemeinen Lebens sich vollziehende individuelle Handeln ist selbst sein Zweck.[9]

Bisher wurde Praxis als Tätigkeit in dem Sinnzusammenhang betrachtet, der die Form der Sitte, der normativen Lebensform der politischen Gemeinschaft zeigte. Praxis wurde als glückhafte Beförderung des gemeinsamen Lebens, die im Einklang mit der des individuellen Guten steht, begriffen. So wurde sie als allgemeine und auf das Allgemeine gerichtete Tätigkeit verstanden, die sich nicht primär mit besonderen Zwecken befaßt.

Besondere Produkte hervorzubringen ist Sache der Poiesis, der technischen Herstellung einzelner Güter, nicht der Verwirklichung des Guten im allgemeinen. Wenn man den modernen Sprachgebrauch berücksichtigt, bei welchem etwa im Deutschen von „Handlung" bzw. „Handeln" die Rede ist, dann wird man feststellen können, daß auch die Tätigkeit des Technikers als Handeln angesprochen wird. Man wird sich fragen, ob dieser Gebrauch der Sprache, bei dem das Wort Handlung sowohl die Aristotelische Praxis wie auch die Poiesis zu decken vermag, im Sinne der Aristotelischen Differenzierung zwischen Praxis und Poiesis zu normieren wäre. Dann wäre zwischen einer Bedeutung von Handlung und Handeln in dem Sinne der Praxis einerseits und in dem der Poiesis andererseits zu unterscheiden. Die letztere Bedeutung würde dann in die Richtung des modernen Begriffes von Han-

[8] Ibidem 1140 a.
[9] Ibidem 1140 b.

deln und Handlung weisen, bei dem es nicht primär um Erhaltung und Fortsetzung eines gemeinsamen sittlichen Lebens geht, sondern um Bewirken, Gestalten der Wirklichkeit und ihr Verändern. Ich sage: „poietische" Technik weist nur in diese Richtung des neuzeitlichen und des modernen Handlungsbegriffes, ohne daß man behaupten könnte, daß dieser durch den Begriff der Poiesis gedeckt werden könnte. Denn poietische Technik beruht auf einer ontologischen Voraussetzung, die für modernes Handeln nicht zutrifft: jene beruht auf einer Situation, in welcher der Techniker seine Zwecksetzung im Rahmen der Formen und Gestalten sowie innerhalb der Grenzen wählt, welche durch die „Physis" bestimmt sind, von deren Standpunkt aus technische Planung im poietischen Sinne geschieht. Es ist für modernes technisches Handeln charakteristisch, daß sich das entsprechende technische Bewußtsein aus den Bezügen der Physis und der in dieser angelegten Gestaltbildungen herauszieht, um sich auf den Standpunkt einer davon unabhängigen und freien Zweckwahl zu stellen. Für dieses moderne technische Bewußtsein gilt nicht die Ontologie, in welcher sich der Handelnde auf den Standpunkt eines ihn umfassenden Zweck- und Gestaltzusammenhanges stellt, sondern hier gilt eine Auffassung vom Sein der Gegenstände, der zufolge diese als Mittel zu frei gewählten Zwecken dienen. Diese für technisches Handeln im modernen Sinne zutreffende Ontologie und die demgemäße Stellung zur Welt eignet auch dem Handeln im allgemeinen, welches der Handlungswelt des modernen Menschen entspricht. Auf den Begriff des Handelns in diesem Sinne mag jetzt eingegangen werden.

2. Handeln als Bewirken

Dieser Handlungstypus gewinnt in dem geschichtlichen Augenblick Gestalt, in welchem sich das Subjekt aus den „natürlichen" Bezügen des umfassenden Ganzen der „Physis", dem es als Lebewesen angehört, sowie der normativ geordneten gemeinsamen Handlungswelt herauszieht, an dessen Leben es im Sinne der Praxis teilgenommen hat. Jetzt stellt sich das Subjekt in theoretischer *und* praktischer Hinsicht auf einen Selbst-stand, von dem aus es sich die natürliche und geschichtliche Welt gegenüberstellt, um sie zu berechnen, zu konstruieren, technisch beherrschen und in die Hand bekommen zu können. Der Charakter der Welt, in die sich das Subjekt von diesem Standpunkt aus versetzt, sowie die Grund-stellung, die es deren Sachen und deren Personen gegenüber einnimmt, sollen im folgenden gekennzeichnet werden; dabei soll deutlich werden, daß das Gesicht, welches diese Welt sowie die Grundstellung des Subjekts ihr gegenüber zeigen, in den verschiedenen Perspektiven des theoretischen sowie auch des praktischen

Gebrauches des Denkens als ein und dasselbe erkennbar wird. Was besonders die Grundstellung des Subjekts seiner Welt gegenüber angeht, so wird erkennbar, daß dieses aufgrund der von ihm in Anspruch genommenen Selbst-ständigkeit im Sinne der Un-abhängigkeit von umfassenden physischen wie normativ-politischen Welt- und Zweckbezügen theoretisch sowie auch praktisch gesehen den Charakter der Freiheit einschließt.

Diese zeigt verschiedene Züge. Für die Handlungstheorie ist vor allem der Zug der Freiheit des selbst-ständigen Subjekts von Interesse, der in dessen Anspruch besteht, die allgemeinen Maßstäbe für die Orientierung im Denken und Handeln selbst vernünftig zu setzen und demgemäß seine Zwecke diesen Maßstäben entsprechend zu wählen, statt auf Lebenszusammenhänge zu achten, in denen es sich befindet. Es wählt seine Zwecke gemäß den in seiner Vernunft entworfenen Ideen des Menschseins; was die Mittel zur Verwirklichung dieser Zwecke betrifft, so legt sich das Subjekt seine Welt so zurecht, daß es ihm aufgrund seiner Kausalerkenntnis möglich wird, diese im Bereich technisch-praktischer Vernunft mit Sicherheit zu finden und zu gebrauchen.

Was die Grundstellung des selbst-ständigen Subjekts gegenüber der Natur in theoretischer Hinsicht angeht, so erkennt es diese nicht, wie es etwa dem Aristotelischen Physis-Begriff entsprechen würde, als System selbständiger, zweckmäßig verfaßter Gebilde an, sondern sieht in ihr einen Bereich mathematisch konstruierbarer Gestalten und Bewegungen. Das Subjekt versteht sich in dieser Lage nicht als der umfassenden, bildend gestaltenden Natur angehörig, sondern beansprucht für sich eine Stellung der Freiheit und der freien Verfügung über die Natur. Ich beschreibe die dadurch entstandene Situation in der Sprache Kants, der sie am schärfsten von allen neuzeitlichen Denkern gekennzeichnet hat.

Danach ist über das Subjekt der neuzeitlichen Naturwissenschaft und Technik zu sagen, daß es seine Stellung zum Seienden und zur Natur verglichen mit derjenigen verändert, die dem Programm der Erkenntnis des „Wesens“ der Naturdinge entspricht. Der neuen „Denkart“ entspricht es, sich nicht mehr Aristotelisch an der Physis als dem Bereich der Dinge zu orientieren, die den „Anfang ihrer Bewegungen“ in sich selbst haben, die sich von sich aus als zweckmäßige Gestalten erweisen und die selbständige substanzielle Einheiten darstellen. Erkenntnisgegenstand ist nicht das selbständige Wesen: vielmehr erhebt das Subjekt den Anspruch, die gegenständlichen „Sachen“ selbst in einem spontanen, ursprünglichen Denken und Tun zu Gegenständen überhaupt des Erkennens zu machen und zu Einheiten zu verbinden. Diese Verbindung geschieht in der Form einer Zusammen-stellung der zum Gegenstand der Erkenntnis als solchem gehörenden Strukturelemente, wie z.B. der extensiven und intensiven Größe, der Ursache und

Wirkung, der Substantialität usw. Der vor-gängige Aufbau der Gegenständlichkeit bezeichnet den Bereich *möglicher* Erfahrung und ist der Anfang der Naturerkenntnis. An der Leistung dieses Aufbaus zeigt sich, daß Erkennen von seiner ursprünglichen, apriorischen Quelle her als ein Handeln eigentümlicher Art aufzufassen ist. Das erkennende Subjekt beansprucht Freiheit und Souveränität über die Natur; es weist sich selbst die Rolle des Gesetzgebers der allgemeinen Gesetze der Natur an: zugleich auch die des Ingenieurs, der die Welt der Gegenstände am Leitfaden technisch-praktischer Begriffe konstruiert.

Damit wird eine Lage beschrieben, die schon durch die Erkenntnisarbeit der Naturforscher seit Galilei hergestellt war und die für die sogenannte exakte Naturwissenschaft und die von ihr begründete Technik auch heute noch besteht. Die Naturforscher haben in diesem Sinne immer wieder betont, nicht das „Wesen" der Naturgegenstände erkennen zu wollen und zu können, sondern vielmehr Erscheinungen in gesetzliche Zusammenhänge zu bringen, die vom Verstande geknüpft werden. Die grundlegende Erkenntnis Kants besteht darin, daß vor aller wirklichen Erfahrung und Bildung empirischer Theorien der Verstand Handlungen des Aufbaues des gegenständlichen Charakters der Gegenstände zu leisten hat.[10] Das Subjekt erhebt Anspruch auf Freiheit der Verfügung über die Dinge der Natur in der Weise, daß es diese von vornherein als gesetzlich bestimmt deklariert. Es versteht sich selbst als Gesetzgeber der allgemeinen Gesetze der Natur, der seine freie Stellung dieser gegenüber dadurch dokumentiert, daß er ihren Gegenständen, die zugleich Gegenstände seines Erkennens sind, das Netz der Notwendigkeit überwirft, um sie von vornherein in die Hand zu bekommen. Das Subjekt verwirklicht seine freie Stellung als theoretisches *und* handelndes Subjekt dadurch, daß es der Welt ein Grund-gesetz, eine Verfassung der Gegenständlichkeit ihrer Gegenstände auferlegt.

Dem „theoretischen" Handeln des ursprünglichen Gegenstandsaufbaus liegt eine Stellung des Subjekts zugrunde, in der dieses den Anspruch erheben muß, selbst den Sachen ihre gegenständlichen Grundstrukturen vorzuschreiben, statt sie als selbst-ständige, Zwecke in sich tragende Wesenheiten anzuerkennen. Kant drückt das so aus, daß wir bloße „Erscheinungen", nichtselbständige „Dinge an sich selbst" erkennen. Die Situation, die der moderne naturwissenschaftliche Verstand gegenüber seiner Welt herstellt, ist die einer Entscheidung für den *ersten* Fall folgender Alternative: entweder erweist sich das Subjekt als die Gegenstände in ursprünglichen Synthesen aufbauend und über sie in Freiheit verfügend und beherrschend: dann darf es

[10] Vgl. meine ›Philosophie der Beschreibung‹, Köln/Graz 1968, ebenso mein Buch: ›Das Prinzip Handlung in der Philosophie Kants‹, Berlin 1978.

diesen Gegenständen keinen selbst-ständigen Charakter zubilligen, den sie als „Dinge an sich selbst" hätten; die Selbständigkeit der „Wesen", die Aristoteles als Gegenstände des Erkennens angesprochen hatte, wurde von ihm auf deren innere Zwecknatur begründet. Oder aber, das wäre die andere Seite der Alternative, die Dinge werden als in sich zweckvoll anerkannt, dann kann das Subjekt nicht die Stellung der „Freiheit" und Herrschaft ihnen gegenüber behaupten, der es angemessen ist, den Gegenständen durch Synthesen Einheit zu verleihen, welche vom subjektiven Verstande geleistet werden. Der Verstand der modernen Naturwissenschaft weigert sich, in den Dingen selbst Zweckmäßigkeit anzuerkennen, weil er es selbst in die Hand zu nehmen beansprucht, das an sich unselbständige und chaotische Material der Erkenntnis auf die Sprache objektiver Zusammenhänge der Erfahrung zu bringen. Dem „theoretischen" Handeln, wie es sich in der ursprünglichen Leistung des Aufbaues der Gegenständlichkeit dokumentiert, liegt ein Begriff vom Sein der seienden Dinge zugrunde, demgemäß diese als vom subjektiven Verstande hergestellte erscheinende Gestalten begriffen werden. Dieser Ontologie, auf welcher die moderne Naturwissenschaft und ihre Technik beruht, entspricht die Voraussetzung, daß die Einheit der seienden Gestalten der Natur Ergebnis einer ursprünglichen Aufbauhandlung von seiten des subjektiven Verstandes ist. Die dementsprechende Stellung des Subjekts der natürlichen Welt gegenüber ist die des „Bestimmens", Beherrschens und Verfügens der Naturgegenstände. Ich spreche in diesem Zusammenhang von der „gefesselten" Natur, die von der „freien" Natur zu unterscheiden ist. Erstere ist der Bereich der Dinge, welche dem Diktat des die allgemeinen Gesetze der Natur vorschreibenden Verstandes unterworfen sind, während letztere eine Welt selbst-ständiger Gebilde ist, zu deren Selbständigkeit die Hervorbringung lebendiger Gestalten gehört, deren jede eine Einheit darstellt, die nicht vom Subjekt begründet, sondern in ihrer Natur selbst angelegt ist. Die Selbständigkeit dieses in sich einigen Gebildes wird an dem Charakter der Zweckmäßigkeit faßbar, die am Gestaltaufbau ebenso wie an der Geschichte der Entwicklung erkennbar ist, als welche sich das gestalthafte Wesen darstellt.

In diesem Zusammenhang soll ein kritischer Blick auf Überlegungen gelenkt werden, die sich bei N. Luhmann in handlungstheoretischer Absicht über die Funktion des Zweckprinzips finden.[11] Das Prinzip des Zweckes, so ist hier die Behauptung, erfülle die Funktion, die „nicht aufeinander zurückführbaren Grundbegriffe von Bewegung und Substanz" so in einen Zusammenhang zu bringen, daß die Bewegung als Einheit, als Feststellbares begriffen werden kann. Die Metaphysik postuliere, daß das Seiende in seinem Sein

[11] Niklas Luhmann, Zweckbegriff und Systemrationalität, Frankfurt 1973, S. 7f.

beständig sei: dieses Postulat der Ontologie könne im Hinblick auf den Bewegtheits- und Veränderungscharakter der Wirklichkeit nicht eingelöst werden. Um dieses Scheitern der Ontologie zu verdecken, so glaubt Luhmann das Zweckdenken der Philosophie entlarven zu können, habe man dem Geschehen einen Zweckcharakter unterschoben. Was die Handlung angeht, so sollte die philosophische Unterstellung, sie verfolge einen Zweck, die Aufgabe erfüllen, den ihr eigentümlichen Charakter des zeitlichen Verfließens dadurch im Sinne der Beständigkeit und des Bleibens zu überwinden, daß ihr das „Bleibende des Zweckes als ihr eigentliches Wesen" erklärt wird. Im „Zweck konnte die Bewegung als Substanz vorgestellt werden"[12].

Demgegenüber ist zu sagen, daß der Charakter des Bleibenden auch durch die Kategorie der zweckfreien Substanz verbürgt werden kann, wie das an der Kantischen Deutung der Substanz erkennbar wird, die er als das „Beharrliche im Wechsel der Veränderungen" deklariert. Falls Luhmann die philosophische Entwicklung vor Kant im Auge hätte, dann wäre ihm entgegenzuhalten, daß der Gebrauch der Zweckvorstellung z.B. bei Aristoteles nicht nur die Aufgabe erfüllen wollte, als „Hilfsvorstellung" Beständigkeit in die Unbeständigkeit des Werdens zu bringen. Vielmehr zeigt hier die Rede vom Zweck in den Naturgebilden ebenso wie in jeder Handlung ein Programm des Erkennens *und* Handelns an, welches von demjenigen der Moderne grundverschieden ist: als ontologische Kategorie soll der in die Sachen selbst hineinverlegte Zweck deren Selbst-ständigkeit anzeigen, die dem zu erkennenden „Wesen" als eigentümlich anerkannt wird. Die Einheit in der Entwicklung dieser Wesen wird in diesem erkenntnistheoretischen Programm nicht als Leistung des Subjekts aufgefaßt, welches beliebig Kategorien wie etwa die des Zweckes zu gewissen Aufgaben des Erkennens gebrauchen könnte; vielmehr dokumentiert der Zweck die Selbständigkeit in der Wesenseinheit in dem Sinne, daß diese als Ding an sich selbst vom Erkennenden anzuerkennen sei. Das neuzeitliche Erkenntnisprogramm, welches die Einheit und die Beharrlichkeit in den Naturgegenständen als eine Leistung des synthetisch verfahrenden Subjekts auffaßt, fordert im Interesse der Konsequenz, die in dieser Stellung des Subjekts der Welt gegenüber liegt, daß die zu erkennenden Gegenstände un-selbständig, auf die synthetische Arbeit des subjektiven Verstandes angewiesen sind: genau das ist der Grund der antiteleologischen Denkweise der modernen Naturwissenschaft, von welcher auch das Denken Luhmanns bestimmt zu sein scheint. Wenn in der Handlungstheorie, die auf einer neuzeitlichen Ontologie beruht, der Handlung ein Zweck zugeschrieben wird, dann wird hier unter diesen neuen Voraussetzungen Selbständigkeit für den Handelnden in Anspruch genommen: der seine

[12] Ibidem S. 8.

Zwecke in einem freien Entwurf Wählende beweist durch diese Wahl und die dadurch herbeigeführte Entscheidung zum Handeln seine „Freiheit".

Luhmann erörtert, seinem Programm gemäß, den Gedanken des Zweckes unter dem Aspekt der Funktion, die er zu erfüllen hat. Er reflektiert aber nicht darauf, daß diese Perspektive, in die er die Erörterung des Zweckes stellt, selbst der spezifisch neuzeitlichen Stellung entspricht, die das erkennende Subjekt seinem „Gegenstande" gegenüber einnimmt: hierbei wird der Zweck als frei wählbares Instrument des Denkens verstanden und behandelt, dem gewisse begriffliche Leistungen zugemutet werden dürfen. Daß aber der nützliche und geübte Gebrauch solcher Perspektiven wie der des Zweckes selbst unter einer Zweckentscheidung des erkennenden Bewußtseins steht und einem bestimmt gearteten Erkenntniszweck zu dienen hat, wird hier nicht reflektiert: ebensowenig wie der Unterschied berücksichtigt wird, der sich zwischen verschiedenen Programmen und Typen des Erkennens und des Handelns ergibt. Luhmann kann dem Zweckprinzip im Horizont der Handlungstheorie deshalb nicht gerecht werden, weil er den Zweck nicht inhaltlich, als Anzeige der Freiheit betrachtet, die der Handelnde durch seine Zweckwahl dokumentiert. Rein funktionalistisch gesehen verliert der Zweck in der Handlungstheorie seine eigentliche Bedeutung, so daß Luhmann einen Grund dafür in die Waagschale werfen kann, den Zweckbegriff aus der „Handlungslehre in die Systemtheorie" zu verlegen. Das heißt: nicht individuelle freie Zweckwahl und das daraus resultierende Handeln werden jetzt in den Blick gerückt, sondern praktische Rationalität von der Art, wie sie im Gebrauch von Zwecken von seiten des „Systems" begegnet, das durch einen Organismus, eine Person, eine Gruppe, eine Organisation repräsentiert sein kann.[13] Hierbei wird das System zu-grunde gelegt und ist in diesem Sinne als Objekt anzusprechen: dabei stellt sich die Aufgabe einer „Reduktion von Komplexität": d.h. der Auffindung einer übergreifenden vernünftigen Einheit über einer unübersehbaren Vielzahl von Zweckauffassungen. Zum Überleben bedarf ein System der Kunst, durch Auffindung der Einheit in der Vielheit, welche zugleich Reduktion von Komplexität bedeutet, seinen Bestand zu sichern. Man kann die Überlegungen Luhmanns auch wieder in eine handlungstheoretische Sprache zurückübersetzen: zu diesem Programm der Einigung des Vielen gehört auch die Bewältigung der Unendlichkeit der Realbedingungen des Handelns. Auf ihre radikalste Form gebracht, bedeutet diese Aufgabe eine Einigung der Vielheit der verschiedenen Handlungsperspektiven und Zweckkonzepte in einem System. Es sei hier schon vorausblickend bemerkt, daß dieser Gedanke in handlungstheoretischer Hinsicht in dem Zusammenhang begegnen wird, in welchem von

[13] Ibidem S. 13.

derjenigen Epoche der Geschichte einer Handlung die Rede sein wird, in der es um die Bewältigung und Beherrschung der unendlichen Vielheit der Handlungsbedingungen geht.

Noch auf eine Problematik werde hingewiesen, die der spezifisch neuzeitlichen Situation des Handelns, schon im theoretischen Sinne verstanden, eigentümlich ist. Sofern sich nämlich das Subjekt aus den Realbezügen der es umgebenden und sein Leben umgreifenden Physis herausgezogen hat, sieht es sich aus dieser isolierten Stellung heraus vor die Aufgabe gestellt, nachträglich den Bezug zur Realität wiederherzustellen. Das heißt: es muß die Frage nach den Kriterien der Realität der Außenwelt stellen und beantworten, da diese Realität nicht mehr selbstverständlich ist. So wird sich zeigen, daß auch der im modernen Sinne des Bewirkens Handelnde in einer ersten Epoche der Handlung vom Standpunkt seines Selbst-standes aus theoretische Leitlinien für sein künftiges Handeln und Pläne entwirft, die dann aber erst in der Epoche der wirklichen Ausführung und nach einem Übergang zur Handlungsrealität realtüchtig gemacht werden müssen. So ergibt sich für den im moralischen Sinne Handelnden die Aufgabe, sich zunächst an einem von seiner praktischen Vernunft entworfenen moralischen Weltgesetz zu orientieren und den Inhalt seiner Pflicht, des „Sollens“ zu finden, um aber dann, in der Epoche der Verwirklichung dieses Sollens auf den Standpunkt der sittlichen Wirklichkeit überzugehen und von ihm aus eine realtüchtige Deutung des Sollens zu vollziehen.

Die handelnde Vernunft, die sich als bewirkende versteht, hat eine Situation hergestellt, in der sie unabhängig von der bestimmenden Kraft der natürlichen Triebe und Affekte ebenso wie von dem Normenanspruch einer anderen Person oder einer sittlichen Gemeinschaft dem Handelnden einen Maßstab gibt, anhand dessen er die „guten“ Zwecke auszuwählen vermag. Dieser Maßstab dokumentiert die Freiheit des auf dem Standpunkt der „praktischen Vernunft“ stehenden Subjekts: es ist diejenige Vernunft, welche das Prinzip, d.h. den Anfang des Handelns als des Ein-wirkens in die Wirklichkeit gibt. Dieser Anfang muß als „rein“ vernünftiger durch das von der Vernunft gegebene *Gesetz* gesetzt werden, welches der Handelnde vergegenwärtigt, wenn er die Geschichte einer Handlung beginnt. Das allgemeine Gesetz, demzufolge ein Zweck mit der von der Vernunft gegebenen Gesetzlichkeit der Handlungswelt im Einklang stehen muß, gibt den Maßstab für die Auswahl der einzelnen Zwecke ab.

Unter dieser Voraussetzung besteht für die handelnde Vernunft in ihrer „technisch-praktischen“ (Kant) Gestalt die Aufgabe, für solche Zwecke, für die sich das handelnde Subjekt aufgrund seiner „moralisch-praktischen“ Vernunft entschieden hat, die entsprechenden Mittel zu deren Verwirklichung auszumachen. Von hier aus gesehen wird die Eigenart des modernen Handelns erkennbar, vom Stand der Selbständigkeit aus seine Zwecke zu wählen und die zu deren Verwirklichung passenden Mittel zu erkennen. Dabei tritt das Denken der Zweckrationalität (Max Weber) in Kraft, in welchem sich diejenige Vernunft bewährt, die zu gegebenen Zwecken die richtigen Mittel findet.

Zweckrationales Denken beruht auf dem Einklang zwischen derjenigen Seinsauffassung, die dem „theoretischen" Handeln eigentümlich ist, und derjenigen, die das „praktische" Handeln vertritt: wie dort die Dinge der natürlichen Wirklichkeit als den vom subjektiven Verstande gegebenen allgemeinen Gesetzen unterworfen und demgemäß als verfügbar verstanden werden, so werden sie hier als *brauchbare* Mittel für die Verwirklichung des gewählten Zwecks begriffen. Die Mittel zur Verwirklichung der Zwecke werden dem Verstand aufgrund der naturwissenschaftlich-technischen Erkenntnisse der Kausalzusammenhänge einsichtig und verfügbar. Handeln bedeutet in diesem Zusammenhang Verwirklichung der selbstgewählten Zwecke aufgrund zweckrationaler Erkenntnis der richtigen Mittel. Das handelnde Subjekt versteht sich selbst als bewirkende Ursache, welche aufgrund von Beratungen, Überlegungen und einer getroffenen Entscheidung in die natürliche und geschichtliche Wirklichkeit eingreift und durch Anwendung der naturwissenschaftlichen Kausalerkenntnisse die am meisten effektiven Mittel zur Verwirklichung seiner Zwecke wählt. Zweckrationalismus besteht in einer Rationalität des Denkens und Handelns von der Art, in der es darauf abgesehen ist, die gewählten Zwecke in optimaler Weise, durch ein Minimum von Energie-, Zeit- und Geldaufwand, zu verwirklichen. Als dementsprechender Imperativ kann der von Kant so genannte „hypothetische Imperativ" gelten, der bei gegebenem Zweck die Wahl und Ergreifung der richtigen, ihn verwirklichenden Mittel befiehlt.

Die Wendung zum modernen Begriff des Handelns wird durch den Übergang des handelnden Subjekts zu einem Standpunkt vollzogen, in welchem es den Anspruch auf seine Freiheit, Selbstbestimmung und Souveränität dadurch erhebt, daß es sich die Welt theoretisch und pragmatisch-praktisch gegenüberstellt, um sie in die Hand zu bekommen: die moderne Technik ist hierfür repräsentativ. Die hier zugrundeliegende Ontologie versteht die natürliche Wirklichkeit als den Inbegriff der „brauchbaren" Sachen. Der Charakter der ihr gemäßen Handlungswelt ist demgemäß auch von demjenigen verschieden, der für das Denken des im Sinne der Praxis Handelnden maßgebend ist: diese Welt wird vom neuzeitlichen Subjekt nicht als zweckmäßig geordnet und als Bereich selbständiger Wesen anerkannt; vielmehr behält sich das Subjekt im Interesse seiner eigenen Freiheit und Souveränität selbst vor, in seiner Handlungswelt seine selbstgewählten Zwecke zu verwirklichen und diese dadurch mit Sinn zu erfüllen.

Für die Situation des in diesem modernen Sinne handelnden Subjekts ist es charakteristisch, daß es die Normen, an denen es sein Handeln ausrichtet, nicht in der Form verwirklichter Sitte sucht und findet, sondern in derjenigen eines von der praktischen Vernunft gegebenen Gesetzes, welches sich nicht auf Vorbilder und wirklich gelebte Lebensformen beruft, sondern auf moralische Ideen, welche auch dann gelten, wenn sie noch niemand befolgt hätte oder in Zukunft auch niemand befolgen würde: es sind Ideen des Sollens. Das „Sollen" ist als ein von der praktischen Vernunft geleisteter freier Entwurf nicht durch Orientierung an gelebten Formen des Denkens und Handelns gebunden: diesen gegenüber, die das menschliche Verhalten in Formen bringen und ihm eine Gestalt vorschreiben, begreift sich der sich am Sollen Orientierende nicht als verpflichtet: im Verhältnis zu diesen Formen, die das Verhalten begrenzen, begibt sich derjenige, der die Wege des Sollens geht, in eine Richtung der Grenzen-losigkeit, sofern er es darauf absieht, seine eigene moralische Façon zu finden. Dieser Charakter der Grenzenlosigkeit tritt im besonderen auch im Bereich des spezifisch technischen Handelns hervor, wie sich im folgenden zeigen wird.

Die Stellung, die sich das Subjekt dieses Typus von Handeln der Welt gegenüber gibt, nimmt auch politische Gestalt an. Das Gesetz als ge-setzte Regel des gegenseitigen Sich-Verhaltens wird auch in der Konstruktion der modernen Gesellschaft maßgebend. Das Modell des Gesellschaftsvertrages liegt hier zugrunde. Für die Regelung des gegenseitigen Verhaltens sind nicht Naturgesetze, sondern juristische Gesetze maßgebend. Wie das theoretische Subjekt durch eine ursprüngliche Gesetzgebung die gegenständliche Welt als solche aufbaut, indem sie ihr eine Verfassung im Sinn eines „Grundgesetzes" gibt, so baut die praktisch-politische Vernunft eine Gesellschaft auf, die sie von vornherein als einen juridischen Zusammenhang interpretiert. Unter dieser Voraussetzung wird sichtbar, daß sich die Subjekte gegenseitig in ein Verhältnis setzen, dem gemäß sie sich nach rechtlichen Gesetzen zueinander verhalten. Dadurch wird deutlich, daß das die Gegenstandskonstitution leistende ursprüngliche Handeln unter demselben Zeichen der Freiheit der Gesetzgebung und der Befolgung des autonomen Gesetzes steht, wie die gesellschaftliche Interaktion. So, wie sich die theoretischen Subjekte untereinander als unter den Normen wissenschaftlichen Denkens und Sprechens stehende Mitglieder der wissenschaftlichen „Welt" verhalten, so stellt sich der Bürger unter das die moralisch-rechtliche Welt bestimmende Gesetz. Als Theoretiker unterstellt er sich den Normen, die durch die Institution: Wissenschaft gegeben sind; als Bürger ist er den rechtlichen Verhaltensregeln verpflichtet, die ihm den Gebrauch eines freien Spielraums sichern, der durch das System der Spielräume begrenzt wird, die vom Gesetz umschrieben werden.

Der Begriff der Handlung als eines Bewirkens und Veränderns wurde in einen Bezug zur Aristotelischen Poiesis und damit auch zur Technik gebracht. Dieses Verhältnis ist im folgenden näher zu untersuchen; es wird sich dabei erstens zeigen, daß die von Aristoteles ins Auge gefaßte, im Sinne der Poiesis verstandene Technik von derjenigen der Neuzeit in einem analogen Sinne zu unterscheiden ist, wie Praxis und Handlung im Sinne des Bewirkens. Daher soll zweitens die Zugehörigkeit der modernen Technik zu diesem von der Praxis zu unterscheidenden Handlungsbegriff überzeugend gemacht werden. Weiterhin ist beabsichtigt, den Begriff des „technischen Handelns" zu explizieren und nachzuweisen, daß er ohne Einholung des Prinzips: Praxis nicht auszukommen vermag.

3. Technisches Handeln und seine Vermittlung mit der „Praxis"

Zunächst ist an den Begriff der „Poiesis" anzuknüpfen, welcher den Charakter desjenigen Tuns kennzeichnet, der zur „Technik" im Aristotelischen Sinne zu rechnen ist. Zwar unterscheidet Aristoteles den Bereich der „Techne" von demjenigen der „Physis" in dem Sinne, daß die dem ersteren zugehörigen Gebilde nicht, wie diejenigen der Physis, Ergebnis eines Wachstumsprozesses, sondern der Tätigkeit des Hervorbringens von seiten des Menschen zu verdanken sind. Gleichwohl setzt der poietisch Handelnde eine auch ihn selbst als natürliches Wesen umgreifende Physis voraus, in deren Zweckzusammenhang er seine eigenen technischen Zwecke wählt und aus deren Bereich er seine Materien gewinnt, die er formt. Was die Abstimmung der poietisch-technischen Zwecke auf diejenigen der Natur angeht, so ist zum Beispiel daran zu erinnern, daß der Erbauer von Musikinstrumenten solche Gebilde beabsichtigt herzustellen, die im Hinblick auf Handhabung, Tonproduktion usw. den Gegebenheiten der menschlichen Physis angemessen sind. Auch die Physis des herstellenden Technikers selbst ist für den gewählten technischen Zweck bestimmend: er wird sich keine technischen Zwecke setzen, die er nicht zu verwirklichen vermag. So wird etwa der Hersteller von Leitern nicht ernsthaft darangehen wollen, eine Leiter zu bauen, mit Hilfe deren man auf den Mond gelangen kann.

Daraus resultiert, daß sich das poietisch-technische Bewußtsein, wie etwa dasjenige des Handwerkers, in das Weltmilieu der freien Natur versetzt, ohne sich dessen bewußt sein zu müssen. Demgemäß ist es ihm selbstverständlich, daß er das zu bearbeitende und zu formende Material schon immer als vorgeformt, als von der Physis selbst vorbereitet auffindet, dessen natürliche Möglichkeiten sowie dessen Belastungs- und Leistungs*grenzen* bei der technischen Zwecksetzung und der Verwirklichung des Zweckes zu berücksichtigen sind. Zum Bilde der dem poietisch-technischen Handeln zugrundeliegenden Welt gehört es auch, daß der Techniker selbst seine eigenen „physischen" Möglichkeiten und Grenzen kennt und darauf Rücksicht nimmt. Das der poietisch-technischen Tätigkeit zugrundeliegende Seinsverständnis rechnet mit der Selbständigkeit der physischen Gebilde und damit auch mit den Grenzen, die der technischen Produktion durch die physische Welt, in die sich der Techniker versetzt, gegeben sind. Poietisches Tun erfordert, das gehört zu diesem Bilde, physische Anlagen und Talente sowie Fertigkeiten, vor allem die Tüchtigkeit, der selbständigen physischen Realität im Sinne der Verwirklichung der gesetzten technischen Zwecke Herr zu werden. Auch der Handlungstypus der Praxis ist von der Art, daß der Handelnde sein Tun in den Rahmen der in der politischen Gemeinschaft verwirklichten Lebensform stellt.

Im Gegensatz dazu versetzt sich der moderne Techniker in die Welt der „gefesselten" Natur. Jetzt werden die Dinge der Natur nicht als selbständige Wesen stehengelassen und anerkannt; vielmehr wird ihr Sachcharakter als vom Verstande des Subjekts aufgebaut begriffen und behandelt. Für die moderne Naturwissenschaft ebenso wie für die auf ihr beruhende Technik ist eine gemeinsame Ontologie maßgebend, in welcher die Natur als Bereich der verfügbaren Gegenstände aufgefaßt wird. Aus der der modernen Technik maßgebenden Ontologie der gefesselten Natur kann ein Imperativ herausgehört werden, der zum Inhalt hat, durch Wissenschaft und Technik eine Situation herzustellen, in welcher jeder Rest von „Zufall" und Eigenwilligkeit der Naturgegenstände getilgt ist. Dieser Imperativ ist Ausdruck des Anspruchs des menschlichen Subjekts, sich der Natur gegenüber als Herr zu zeigen und sie zu unterwerfen.

Das moderne naturwissenschaftliche Bewußtsein bestimmt den Charakter der Stellung auch des technisch handelnden Subjekts der Natur gegenüber, sofern dieses nicht mehr die Konturen des Naturwesens nachzuzeichnen sich zur Aufgabe macht, sondern der Natur allgemeine Strukturen aufprägt, aufgrund deren es sie sich gefügig zu machen vermag.[14] Analog dazu formt

[14] Treffend stellt Hegel im Herr-Knecht-Abschnitt in der ›Phänomenologie des Geistes‹ dar, daß sich die „Selbständigkeit" des „Herrn" dadurch bewährt, daß er die Selbständigkeit der *Sache* dem Knecht überantwortet, dessen *zunächst* unselbständige Stellung darin besteht, für den „Herrn" die Sache zu „bearbeiten": d.h. ihre Selbständigkeit so weit aufzuheben, daß sie dem Herrn zu dessen Bedürfnisbefriedigung zu dienen vermag. Durch Aneignung der dazu gehörigen Tüchtigkeit und Disziplin aber gibt sich der Knecht die „bürgerliche" Stellung des Meisters der Sache und zuletzt auch des „Herrn" selbst. Kantisch gesprochen: der Knecht wird dadurch zum Herrn, daß er theoretisch *und* praktisch die Sache in die Rolle der „Erscheinung" zwingt, die er als „freies" Subjekt objektiv „bestimmt" und sie dadurch verfügbar macht.

das moderne Subjekt im technischen Handeln die Naturstoffe nach seinen Entwürfen und Plänen, ohne, wie das poietisch-handwerkliche Tun, die in der Natur des Stoffes angelegten Möglichkeiten und *Grenzen* zu berücksichtigen. Die dem entsprechende Ontologie stellt eine Subjekt-Objekt-Distanz zur Natur her, um Überblick, Unabhängigkeit, Herrschaft über die Naturvorgänge zu gewinnen. Die Aussagen der naturwissenschaftlichen Theorie sind nicht wie diejenigen der frühneuzeitlichen Ingenieure und „Virtuosi", die von der handwerklichen Seinsauffassung bestimmt waren, Erfahrungsberichte über erfolgreiches Hantieren mit der Natur. Vielmehr haben sie, zunächst unabhängig vom handwerklichen Umgang mit jedem Stoff, in *der* Bedeutung rein theoretischen Charakter, daß sie sich von jeder Abhängigkeit und Handgemeinschaft mit der Natur distanzieren, um aus dem Stande der „Freiheit" heraus allgemeine und notwendige Gesetzesaussagen machen zu können. Durch diese Distanzierung von der Befangenheit im Umgang mit der Natur gewinnt der Mensch zwar zunächst einen scheinbar rein theoretischen Stand, der unabhängig von Anwendung zu Hypothesen und Theorienbildung befähigt: genauer besehen aber wird dadurch erst überhaupt die Voraussetzung zum effizienten Handeln, Bearbeiten und Verfügen über die Natur geschaffen.

Diese Theorie, welche sich von der unmittelbaren Handhabung der Natur abgekehrt hat, um einen Stand des Überblicks, der Berechnung und der Verfügung zu gewinnen, wendet sich bei ihrer „Anwendung" um so erfolgreicher und wirksamer auf das technische Handeln zurück, weil sie sich die Freiheit zu allgemein gültigen und notwendigen Erkenntnissen verschafft hat. Scheinbar abstrakte Theorien, die den Ausdruck des rein wissenschaftlichen Vermögens des Entwurfs von Möglichkeiten zu sein scheinen, werden in überraschenden Augenblicken der Geschichte der Naturwissenschaft und Technik zur Grundlage für höchst erfolgreiche technische Anwendungen, wenn es nur dem Techniker gelingt, den Übergang zur Handlungs*wirklichkeit* zu schaffen. Für diese Situation, die sich das technisch handelnde Bewußtsein herstellt, ist *Grenzenlosigkeit* der Zwecksetzung und Planung charakteristisch. Das ist folgendermaßen zu verstehen: als Eigentümlichkeit des poietisch-technischen, an der Ontologie der freien Natur orientierten Tuns wurde es bezeichnet, daß sich dieses als im Rahmen der Physis und der physischen Vorgänge begriffen versteht. Der Arzt macht sich zum Beispiel in einem Krankheitsfall ein Bild vom Prozeß der Erkrankung, der Krise und Wiedergesundung des betreffenden Organismus; er trifft durch sein eigenes Eingreifen Maßnahmen, welche diesen Prozeß unterstützen und störende Faktoren abhalten. Das ist ein Verhalten im spezifischen Sinne der poietischen Technik, weil sich das Vorgehen des Arztes in den Rahmen der Prozeßgestalt einfügt, die der Physis des betreffenden Organismus eigentümlich ist. Zugrunde liegt hier die ontologische Vorstellung von der freien, selbständigen Natur, an welcher der be-handelnde Arzt sein poietisch-technisches Tun orientiert. Er faßt zum Beispiel das Leben des zu behandelnden Organismus als eine Geschichte auf, die ihre natürlichen Grenzen hat, die durch Wissenschaft und Technik nicht überschritten werden können und sollen.

Ontologie der gefesselten Natur, auf der dagegen modernes technisches Tun beruht, erkennt keine Grenzen eines selbständigen Naturgebildes mehr an. Jetzt hat sich das Subjekt die Freiheit genommen, der Natur eine gesetzliche Grundverfassung zu geben, um sie für seine beliebigen Zwecke durch Erfindungen dienstbar zu machen, die auf dem Boden dieser Ontologie geschehen und möglich sind. Vernunft kennt, wie Kant sagt, keine Grenzen ihrer Entwürfe; sie schafft sich durch eine von der Idee der Ontologie der gefesselten Natur bestimmten Technik auch die Möglichkeit der Verwirklichung dieser „grenzen“-losen Zweckentwürfe. Die poietische Ontologie des handwerklichen Tuns wird durch diejenige der gefesselten Natur ersetzt, in welcher das Programm des Hinausgehens über alle Grenzen, des Grenzübergangs maßgebend ist, was auch in der von Leibniz und Newton entwikkelten Infinitesimalrechnung erkennbar wird. Wenn das handwerkliche Bewußtsein Grenzen der Physis anerkannt hat, was auch dem lebensweltlichen Denken und seiner Ontologie der freien Natur angemessen ist, so bedeutet die moderne Naturwissenschaft und ihre Technik demgegenüber eine Revolution der Denkart insofern, daß jetzt Überschreitung der Grenzen zur Devise wird.

Die von der Naturwissenschaft inspirierte Technik gewann ihre entschiedene Gestalt durch Distanzierung von der lebensweltlichen Denkweise des Handwerkers, die dem poietischen „Techniker“ angemessen ist. Diese Distanzierung wird in der immer neuen Überschreitung der Grenzen faßbar. Dahin gehört die Beobachtung, daß zum Beginn des 17. Jahrhunderts innerhalb weniger Jahre die Ansprüche der Meßgenauigkeit beim Experimentieren so gestiegen sind, daß früher gebaute Instrumente als nicht mehr brauchbar erachtet wurden. Die zweite Hälfte des 17. Jahrhunderts brachte eine Reihe neuer Geräte in Gebrauch, wie zum Beispiel Pendeluhr, Visierfernrohr, Wasserwaage und Mikrometer. Durch diese Instrumente wurden die bis dahin geltenden Maßstäbe wissenschaftlicher Genauigkeit erheblich übertroffen. Maßstäbe, die zur Zeit von Newtons Tod (1727) herrschten, übertrafen erheblich diejenigen, die im Zeitalter Galileis und Keplers galten.[15] Dabei ist das Programm einer Überschreitung der Grenzen zum Zweck einer Verschärfung des Konzepts der sicheren Naturbeherrschung

[15] A. Rupert Hall, Die Geburt der naturwissenschaftlichen Methode 1630—1720, von Galilei bis Newton, Gütersloh 1965, S. 43.

erkennbar, die durch immer neue Überholung der Genauigkeitsansprüche ermöglicht wurde. Während es der Wirklichkeits- und Naturauffassung des poietischen Herstellens im Sinne des Aristoteles entspricht, das selbstgestaltete Wesen der Dinge zu berücksichtigen, fordert die Mentalität der gefesselten Natur dazu heraus, immer weitergehende quantitative Präzisierung bei der Herstellung von Instrumenten walten zu lassen. Das durch den Gedanken an die freie Natur und an die in ihr angelegten Grenzen bestimmte lebensweltliche Bewußtsein wird nach der naturwissenschaftlichen Revolution der Denkart in die Richtung des „immer genauer, immer erfolgreicher, immer schneller, immer weiter und umfassender usw." gelenkt.

In diesem Zusammenhang kann man auch vom „technischen" Handeln sprechen, weil der erwähnte Fortschritt, der zugleich ein Über-schritt über immer wieder sich ergebende Grenzen ist, Ausdruck eines allgemeinen Handlungs-Programms ist, dem zufolge die Natur zu beliebigen Zwecken brauchbar gemacht werden soll. In der Richtung dieses Programms liegt es auch, wenn der seine Zwecke verfolgende Techniker auch noch das Material synthetisch herstellt, mit dessen Hilfe er diese verwirklicht. Die moderne Technik stellt sich als Inbegriff von Handlungen dar, welche nicht, wie beim Handwerk, Sache eines mit dem „Glück" rechnenden Umgehens mit der Materie sind, zu deren Ausführung man sich eine Fertigkeit durch Einübung in der Lehre bei einem Meister geholt hat; vielmehr geschieht die Einübung von Handlungen und von technischen Verfahren jetzt auf der Basis einer naturwissenschaftlich-technischen Theorie. Es liegt in der Idee der modernen Technik, daß Glück und Zufall immer mehr ausgeschaltet werden, da die Wirklichkeit immer konsequenter auf die Sprache der notwendigen Gesetze gebracht und der Planung unterworfen wird. Die Intelligenz der Hand wird der in der Theorie vorgeschriebenen Regel unterstellt, die eine methodisch begründete Handlungsanleitung darstellt; die Maschine ist die materiell verwirklichte Gestalt dieser Regel.

Achtet man auf Aussagen von Technikern des 19. Jahrhunderts, in denen der Anspruch der Grenzenlosigkeit der Ziele und Mittel, sowie des Alles-Könnens ausgesprochen wird, dann begegnet immer wieder das Bekenntnis zu einem Handeln, in welchem die Herrschaft des Menschen über die Natur und über die eigene Geschichte dokumentiert wird. Dieser Anspruch stellt sich zum Beispiel in der Devise des englischen Technikers Maudsley vor: „Gewinne erst einmal eine klare Vorstellung von dem, was du bewerkstelligen möchtest, dann wird es dir aller Wahrscheinlichkeit nach auch gelingen, es auszuführen."[16] Die methodische, wissenschaftliche Behandlung des Stof-

[16] Zitiert nach Friedrich Klemm, Technik. Eine Geschichte ihrer Probleme, Freiburg/München 1954, S. 289.

fes, dessen Eigenwilligkeit und gelegentlich auch Widerständigkeit immer mehr gebrochen wird, gibt Aussicht darauf, daß der Techniker beliebige Produkte aus ihm zu machen vermag.

Daß technisches Agieren nicht nur in der Herstellung einzelner Produkte besteht, sondern zugleich auch ein allgemeines soziales Lebensprogramm repräsentiert, weshalb von „technischem Handeln" gesprochen werden kann, wird in einer Charakterisierung deutlich, die einer der Mitarbeiter des erwähnten Maudsley von diesem gegeben hat. „Herr Maudsley fand Vergnügen daran, mir das richtige System und die passende Methode der Behandlung aller Art von Werkstoffen zu zeigen, die in der mechanischen Technik angewandt werden. Er legte dar, wie sie behandelt werden müssen, damit sie dem Willen gehorchen und wie sie mit dem geringsten Aufwand an Zeit und Arbeit in die gewünschte Formen gebracht werden. Dies ist in der Tat die wahre Philosophie des Konstruierens. Wenn man durch sorgfältige Beobachtung und Erprobung über den Gegenstand klare Gedanken gefaßt hat, so wird mit relativer Leichtigkeit und Gewißheit vollkommene Meisterschaft über die hartnäckigsten Stoffe erlangt und ein gerader Weg zur Erreichung sowohl geschäftlichen als auch beruflichen Erfolgs eröffnet."[17] Tugenden wie Wahrheitsliebe und Genauigkeit werden, auch in calvinistischer Gesinnung, als moralische Vorzüge bei diesem Tum hervorgehoben: der technische Meister habe diese Art „Arbeit mehr um ihrer selbst willen" als wegen „ihrer materiellen Erträgnisse" geliebt. Die Interpretation technischen Tuns in der Perspektive moralischer Tugenden wie Genauigkeit, Fleiß, Disziplin, Selbstbeherrschung und Sparsamkeit rechtfertigt es, Technik nicht nur als Bereich des Hervorbringens nützlicher Produkte anzusprechen, sondern zugleich von einem „technischen Handeln" zu reden. Technik umfaßt, von hier aus gesehen, nicht nur den Inbegriff „technisch-praktischer" Verhaltensweisen, sondern zeigt auch „moralisch-praktischen" Charakter. Das ist in der ihr zugrundeliegenden Ontologie begründet, in welcher Natur als Inbegriff verfügbarer und brauchbarer, den Zwecken auch menschlichen Glückes dienender Materien und Kräfte aufgefaßt wird.

Arbeiten, Produzieren, Herstellen bezieht sich immer auf das Hervorbringen einzelner nützlicher Produkte. Aber technisches *Handeln* repräsentiert den auf einer Seins- und Wertauffassung der Natur und der menschlichen Angelegenheiten beruhenden Begriff von einer Handlungswelt, in der uns die Aufgabe gestellt ist, durch technische Beherrschung der Natur und der Geschichte das menschliche Glück zu befördern. Ein englischer Technik-Philosoph und Techniker des 19. Jahrhunderts feiert den durch Technik-Wissenschaften unterstützten Fortschritt in den Fabriken als Symptom und

[17] Ibidem S. 290.

zugleich Bedingung neuer Möglichkeiten menschlicher Glücksverwirklichung. Bei der Herstellung der Produkte bedürfe es keines Aufwandes von physischer Kraft von seiten des Menschen mehr, da Kraftmaschinen die Muskelkraft ersetzen. Wenn gesagt worden sei, so plädiert Ure, daß die Dampfmaschine das Tempo so beschleunige, daß die in einer Weberei Beschäftigten zu einem unmäßig schnellen Tempo angetrieben werden, während zum Beispiel der Handweber, der frei von einem solchen „ruhelosen Antreiber" sei, dem Herstellungsprozeß *seinen* Rhythmus vorschreiben könne, dann dürfe nicht übersehen werden, daß die treibende Kraft dem Beschäftigten alle körperliche Anstrengung abnimmt, wogegen der Handweber alles durch seine Muskelanstrengung bewerkstelligen muß. „Das beständige Ziel und die stete Wirkung wissenschaftlicher Verbesserungen in den Fabriken sind philanthropisch, denn sie streben dahin, die Arbeiter der Beschäftigung mit solchen kleinen Gegenständen zu entheben, welche den Geist erschöpfen und das Auge ermüden, oder ihnen dauernde Anstrengung zu ersparen, welche den Körper schwächt und verkrüppelt ..." Das Fabriksystem sei voll von Wundern der Mechanik und der Staatswirtschaftskunde, welches „bei noch weiterem Wachstum der große Beförderungsträger der Zivilisation zu werden verspricht und England in den Stand setzen wird, zugleich mit seiner Wirtschaft das Lebensblut der Wissenschaft und Religion Myriaden von Völkern zufließen zu lassen, welche noch im Dunkel leben."[18]

In diesen Sätzen begegnet wieder der technische Wille des Überschreitens aller erreichten Grenzen. In voller Deutlichkeit ist dieser in programmatischen Erklärungen ausgesprochen, wie sie zum Beispiel Rudolf Diesel abgegeben hat. Er bekennt, daß der Erfinder einen Überschuß von theoretischen Entwürfen zu verfügen habe, damit sich unter diesen ein geeigneter zum technischen Erfolg herauskristallisiere. Diesel hatte sich von Anfang an die Aufgabe gestellt, einen Motor zu konstruieren, der die in ihm hineingesteckte Energie höchstprozentig in mechanische Energie verwandelt; die unwirtschaftliche Dampfmaschine sollte ersetzt werden. Seine für das Programm der Überschreitung aller Grenzen charakteristische Devise lautete: Der Ingenieur kann alles. Für das moderne technische Handeln ist es charakteristisch, daß es unter der Devise von Zweckentwürfen steht, welche immer wieder durch neue, anspruchsvollere Entwürfe übertroffen werden. Die Entwicklung geht in die Richtung zu immer größeren und höheren Maßen der Geschwindigkeit, der Effektivität, des Einsparens von Energie bei Verwirklichung optimaler Leistungen. Die hier maßgebende Weltauffassung beruht auf dem Gedanken, daß das menschliche Glück an der Fähigkeit hängt, durch Wissenschaft und Technik die natürliche Wirklichkeit zu

[18] Ibidem S. 300. Das Zitat stammt aus Ures ›Philosophy of Manufacturers‹ (1835).

beherrschen und über ein Höchstmaß an Energie zu verfügen. Zu erinnern ist an den energetischen Imperativ Ostwalds, der lautet: Verschwende keine Energie. In der Richtung dieses Programms liegen die bis zur Gegenwart auch von Politikern vertretenen Ansprüche an die gesellschaftliche und ökonomische Planung, den Lebensstandard grenzenlos zu erhöhen, immer größere Einkommen und immer weniger Arbeit zu erreichen. Die im technischen ebenso wie im politischen und sozialen Handeln gültige Auffassung von Glück, vom Wert des Menschenlebens fordert eine Beurteilung der politischen Wirklichkeit am Maßstab quantitativ meßbarer Überschreitungen jeweils erreichter ökonomischer, technischer, zivilisatorischer Zustände.

Im Gegenzug gegen diese auf der Voraussetzung grenzenloser Freiheit der Zweckentwürfe begründeten Mentalität tritt die von den realen Verhältnissen selbst geforderte, erst in der Gegenwart in ihrer vollen Bedeutung begriffene Devise der Selbstbeschränkung in den Blick. Daß Handeln auch den Zug der Selbstbeschränkung zu zeigen hat, hebt Kant in seiner praktischen Philosophie, sowohl im Bereich der Moral wie auch des Rechts, hervor. Moralische und rechtliche Imperative gelten ihm als Selbstbegrenzungen des seiner praktischen Vernunft folgenden Menschen, der seine Ansprüche durch allgemeine moralische und rechtliche Gesetze beschränkt. Diese Erfahrung ist im Bereich technischen Handelns etwa auf die Formel zu bringen, daß das vom Programm der Grenzüberschreitung bestimmte technische Denken und Handeln zu überholen und durch die Devise der Selbstbegrenzung einzuschränken ist. Wenn man sich schon nicht als in die Bezüge der Physis und der des normativ geordneten gemeinschaftlichen Lebens einbegriffen und an die dadurch gegebenen „natürlichen" Grenzen gebunden versteht, dann ist es jetzt die Aufgabe, entsprechende Grenzen durch *Selbstbestimmung* zu setzen und zur Geltung zu bringen. Diese aufgrund unserer Erfahrungen mit der Technik und dem technischen Handeln sich ergebende Devise hat individuelle Bedeutung ebenso wie Bedeutung für die Gesellschaft. Das heißt: auch derjenige, der vom Standpunkt des Systems der Gesellschaft und deren Lebenszwecken her handelt, ist dazu aufgerufen, als deren Statthalter und Wortführer zur Selbstbegrenzung aufzufordern und dieses selbst zu üben. Damit ist zugleich auch die Aufforderung zur Überholung der Ontologie der gefesselten Natur selbst ausgesprochen, sofern im handelnden Bewußtsein eine Situation vergegenwärtigt werden soll, in der es sich der freien Natur, der Zugehörigkeit zur Physis und ihrer bildenden und zugleich begrenzenden Kräfte verpflichtet begreift. Damit verbunden ist auch die Verpflichtung gegenüber dem Ganzen der geschichtlich gewordenen sittlichen Gemeinschaft und deren normativ bestimmtem Leben. Die dementsprechende Selbstbegrenzung erfordert es, daß sich der technisch Denkende und Handelnde in den kosmischen und geschichtlichen Gesamtzusammenhang des menschlichen Lebens versetzt und sein Entwerfen und Planen durch das Recht des Menschen auf eine gesunde Umwelt, auf ihm entsprechende Arbeitsbedingungen, auf Schönheit der Umwelt abstimmt. Die Aufforderung an das technische Handeln, sich in die Totalität der moralisch und rechtlich normierten Handlungswelt zu versetzen, statt sein Denken und Handeln nur auf einzelne Zwecke wie dem des Reichtums, der Bequemlichkeit und so weiter hinzurichten, zielt auf eine bedeutsame Wendung im Bewußtsein des Technisch-handelnden ab: es ist die Wendung zur „Praxis".

An diesem Punkte wird in dem vorliegenden Gedankengang das Versprechen eingelöst, im Bereich des technischen Handelns zu zeigen, daß die Selbsterfahrungen des handelnden Bewußtseins auf eine Einholung der Erfordernisse der Praxis hindrängen. Praxis: das ist der Inbegriff derjenigen Vollzüge, durch welche der Handelnde ein sich in einen Gesamtzusammenhang der Natur und der Gesellschaft als eingebunden verstehendes Leben fortsetzt und befördert. Die Einholung der Züge des Handelns vom Typus der Praxis ist mit einer Wendung des technischen Bewußtseins verbunden, in welcher dieses lernt, die Natur nicht nur als Objekt der Verfügung anzusehen und zu behandeln, sondern sie auch als die uns umfassende Welt zu verstehen, in welcher wir als leibliche und zugleich geschichtliche Wesen leben. Das technische Handeln macht die Erfahrung, daß es sich umzuorientieren hat. Umorientierung vollzieht sich in der Weise einer Veränderung des Bewußtseins der Natur und unserer Stellung zu ihr. Hierbei ist eine durch die Wendung des modernen denkenden und handelnden Subjekts zur Selbst-ständigkeit bewirkte Entfremdung der Natur gegenüber auf einer höheren Stufe rückgängig zu machen und das Programm der Überschreitung der Grenzen selbst zu überschreiten. Technisches Handeln wird im Zuge dieser Selbsterfahrung nicht mehr auf die Verwirklichung einzelner, aus dem Ganzen des Zusammenhanges der Handlungswelt isolierter Zwecke hinarbeiten: vielmehr wird es die Wahl seiner Zwecke durch Bedingungen beschränken, die es erkennt, wenn es sich in das Ganze der kosmischen und geschichtlichen Welt versetzt.

Daß die Devise der Selbstbegrenzung zugleich eine Einholung von Zügen der Praxis in das technische Handeln und damit die Forderung bedeutet, die dieses an sich selbst stellt, sich in die Totalität des kosmischen und geschichtlichen Weltzusammenhanges hineinzuversetzen, soll an einer speziellen Überlegung verdeutlicht werden: vor dem Atomzeitalter konnte sich die Technik, auch wenn sie mit der Selbständigkeit der freien Natur nicht rechnen wollte, doch immer noch darauf verlassen, daß diese wiederherstellend, „heilend" und integrierend wirksam werden würde, wenn ein technischer Fehler gemacht worden ist. Ist irgendwo das Gleichgewicht der Natur gestört worden, so kam es dem technischen Handeln zugute, daß die freie

Natur in einer gewissen Zeit diesen Fehler wiedergutmachen würde, auch wenn die Technik diese Natur offiziell nicht wahrhaben wollte. Der Patient ist gelegentlich durch seine Natur, trotz ärztlicher Behandlung, wieder gesund geworden. Im Zeitalter der Verfügung über Atomkräfte und Elektronik aber haben die technischen Möglichkeiten des Eingreifens in die Natur solche Ausmaße angenommen, daß sie im Extremfall nicht mehr rückgängig zu machen sind. Erweisen sie sich als fehlerhaft, so bleibt der Natur selbst keine Möglichkeit mehr zur Korrektur. Störungen des Gleichgewichts der Natur werden von ihr nicht mehr behoben werden können. Daher wäre für technisches Handeln hieraus die Folgerung zu ziehen, die eigenen Zielsetzungen zu begrenzen und sie unter die Herrschaft eines ontologischen Denkens der Natur zu stellen, die nicht als gefesselte, sondern als freie Natur in Frage kommt, der wir selbst als Techniker angehören. In die Kalkulationen der Technik muß dann von Anfang an der Gedanke eingeholt werden, der seit Beginn der neuzeitlichen Naturwissenschaft und ihrer Technik als überholt galt: es ist der Gedanke an die Physis als an den Bereich, der auch die naturwissenschaftlich und technisch Handelnden noch umgibt und umfaßt, sofern sie als physisch-leibliche und geschichtliche Wesen darin leben.

Nach der „Wendung" zu einem technischen Handeln, welches sich *auch* als Praxis versteht, wird der Techniker Mensch sein Handeln dadurch begrenzen, daß er sich in den Totalzusammenhang seiner Handlungswelt versetzt: man wird ihn mit dem Erbauer einer Brücke vergleichen können, der die technischen und ökonomischen Ansprüche, die er an sie glaubt stellen zu müssen, auch im Aspekt ästhetischer Qualitäten, ihres Angepaßtseins an die Landschaft usw. deutet. Daß Namen wie Landschaft, Umwelt und dergleichen in der gegenwärtigen technischen und politischen Sprache programmatische Bedeutung annehmen, deutet auf ein Bedürfnis des Zeitgeistes danach hin, die technische Mentalität der gefesselten Natur auf den Rahmen abzustimmen, der sich für den ergibt, der sich in den Weltzusammenhang der freien Natur versetzt. Durch die Um-stellung des technischen Bewußtseins vom Programm des Machenwollens und seiner Ontologie der technischen Verfügung zu einem Denken und Handeln, welches Stand auf dem Boden der Natur selbst nimmt, wird die Totalität der Bezüge der Handlungswelt vergegenwärtigt.

Die Umwendung, die hierdurch in der Grundstellung des technisch Handelnden der Natur gegenüber gefordert ist, bedeutet zugleich eine Konzession an die Ansprüche, welche durch den Begriff der *Praxis* gegeben werden: der technisch Handelnde versteht sich nicht nur als ein Wirkungen hervorbringendes Wesen, sondern er versetzt sich in die Totalität der wirklichen Handlungswelt und begreift sein Handeln als Vollzug, in welchem er das ihn umgebende natürliche und geschichtliche Leben befördert. Der Über-gang zum Denken der freien Natur bedeutet eine Um-stellung des technisch handelnden Menschen der Natur gegenüber. Zugleich vollzieht sich aber auch eine Umstellung in dem sozialen Verhältnis des Bürgers zum Mitbürger. Nach der Um-stellung ver-halten wir uns zum Mitbürger nicht nur in der Erwartung gemeinsamer Befolgung der Gesetze und Methoden der Bearbeitung der Natur, sondern wir verstehen ihn zugleich als mit uns lebendes Wesen, mit dem wir gemeinsam auf dem Boden der freien Natur Stand genommen haben. Demgemäß vertreten wir ein gemeinsames Recht auf gesunde Umwelt, auf das Glück der Zugehörigkeit zu einem durch einseitigen technischen Zweckwillen nicht beeinträchtigten Ganzen der Natur und der Geschichte.

In den folgenden Abschnitten sollen die Ergebnisse, die bisher auf dem Gebiet des technischen Handelns gewonnen wurden, so verallgemeinert werden, daß die dabei gewonnenen Erfahrungen des praktischen Bewußtseins und dessen Anspruch, den Aspekt der Praxis einzuholen, auf die Handlungssituation des modernen Menschen ausgedehnt werden können. Insofern kann die neuzeitliche Technik als Muster für die Situation des modernen Menschen und seines Handelns überhaupt gelten, als sich dieser in der Behauptung seiner Subjektivität aus der Gemeinschaft mit der Natur und der geschichtlich verwirklichten Sitte herausgestellt hat, um von dem dadurch gewonnenen Stande der „Freiheit“ aus das zunächst zerschnittene Band mit der Handlungswelt wieder zu knüpfen. Im Bereich des technischen Handelns kommt diese Aufgabe in der Form der Selbstbegrenzung, der Berücksichtigung der freien Natur und der Einholung von Zügen der Praxis in den Blick.

Hier mag ein Gedanke angedeutet werden, der später im Zusammenhang mit dem Begriff der Handlung als einer Geschichte eine wichtige Rolle spielen wird: wenn man nämlich Handlung als Geschichte auffaßt, dann kann man eine erste Epoche des Planens, des theoretischen Entwerfens und Konstruierens von einer zweiten unterscheiden, in welcher der in der ersten Epoche tätige Verstand nicht nur zur „Anwendung“ übergeht, sondern in welcher zugleich auch der Standpunkt der planenden Ab-sicht auf einen besonderen, im technischen Denken gefaßten Zweck hin überschritten wird: bei diesem Übergang nimmt das handelnde Subjekt einen Stand auf dem Boden der *wirklichen* Handlungswelt und der Totalität ihrer Bezüge ein: dieser Stand wurde im vorigen auch als derjenige der Praxis bezeichnet. Während beim technischen Handeln im modernen Sinne das Hauptgewicht auf dem Planen, Konstruieren und Entwerfen liegt, verlegt sich der im Sinne der Praxis Handelnde auf die Berücksichtigung des Ganzen aller Realbezüge und versetzt sich auf den Boden der Handlungswelt des Ganzen. Für das handelnde Bewußtsein, welches diese Stellung zur Handlungswelt einnimmt, gilt die Forderung, die Aristoteles an den im Sinne der Praxis Handelnden gestellt hat: er soll eine Verfassung seines Handlungscharakters ausgebildet haben, aufgrund deren von ihm gesagt werden kann, daß er über ein *Können* in der Meisterung der Wirklichkeit verfügt. Er hat in sich den Habitus eines Handelnden ausgebildet, der es ihm ermöglicht, die Situation richtig zu begreifen und in dementsprechend angemessener Weise auf sie handelnd zu reagieren. Wenn man noch einmal auf den besonderen Fall des technischen Handelns zurückblickt, so dokumentiert die Aussage eines Technikers wie Rudolf Diesels die Erfahrung des Unterschiedes, der sich zwischen dem Stand des planenden und entwerfenden Denkens und demjenigen ergibt, der es mit der Be-handlung der Wirklichkeit der Kräfte und Stoffe der Natur zu tun hat. Er habe von sich bekannt, daß er gezwungen gewesen sei, „manche der theoretischen Ideen preiszugeben, an die er felsenfest geglaubt hatte und denen er die Kraft verdankte, das schier Unmögliche zu wagen".[19] Die ursprünglichen Entwürfe und technischen Ideen erweisen sich vom Standpunkt des Denkens und Handelns der Wirklichkeit aus als un-angemessen, weil der sie Entwerfende nicht auf die Totalität der Realbedingungen Rücksicht genommen hat: und auch nicht Rücksicht nehmen durfte, wenn es ihm gelingen sollte, dem technischen Handeln Ziele zu setzen. Die Funktion dieser abstrakten Zielsetzungen besteht darin, den Betreffenden zu Wagnissen zu ermutigen, mit den Planentwürfen den Übergang zum Standpunkt der wirklichen Handlungswelt zu vollziehen. Auf diesem Standpunkt freilich erfährt der technisch Handelnde, daß seine ursprünglichen Entwürfe von den Erfahrungen begrenzt und beschränkt werden, die das Bewußtsein im Umgang mit der Wirklichkeit gewonnen hat.

In der weiteren Verfolgung bisheriger Überlegungen wird im folgenden gezeigt werden, daß die Erfahrungen, die das im modernen Sinne des Bewirkens handelnde Bewußtsein mit sich gewonnen hat, zu der Konsequenz führen, auch den Ansprüchen der Praxis gerecht zu werden. Zu diesem Zwecke sind moderne Versionen der Unterscheidung zwischen dem Handeln im Sinne des Bewirkens und der Praxis zu erörtern und zugleich die Aufgabe ihrer Synthese zu erkennen.

[19] Eugen Diesel, „Jahrhundertwende, gesehen im Schicksal meines Vaters", Stuttgart 1949, S. 112.

Zweites Kapitel

WEITERE ASPEKTE DES UNTERSCHIEDES ZWISCHEN PRAXIS UND HANDELN IM SINNE DES BEWIRKENS: WEGE DER SYNTHESE

1. Der Richterspruch im Streit zwischen den Standpunkten des Seins und des Sollens

Für den Standpunkt der Praxis ist der Gedanke eines durch erfahrenen Umgang mit der Handlungswelt gewonnenen stabilen Handlungscharakters maßgebend. Aristoteles spricht von der habituellen Gestalt des Verhaltens (hexis), die eine stabile Verfassung des Handelnden bedeutet. Sie ist eine Tüchtigkeit, die den Handelnden in den Stand setzt, das für ihn und die sittliche Gemeinschaft, in der er lebt, Gute zu erkennen und sich für die richtigen Mittel zu dessen Verwirklichung zu entscheiden. Ich nenne diese Verfassung das „praktische Sein". Der Standpunkt des praktischen Seins macht von einer Rationalität des Handelns Gebrauch, der zufolge für den Handelnden nicht eine Norm, ein „Gesetz" bzw. ein „Sollen" maßgebend ist: vielmehr wird das Sein des Handelnden als Quelle angesehen, aus der sich die Handlungen mit einer gewissen Notwendigkeit — später wird von Sinn-Notwendigkeit die Rede sein — ergeben.

Das praktische Sein ist nicht von Natur angeboren, sondern stellt einen durch immer wieder geübtes Befolgen der in der Gemeinschaft verwirklichten Handlungsformen festgewordenen Charakter des Verhaltens dar. Träger dieser Verhaltensformen ist die sittliche Gemeinschaft, deren innere Gestaltungskräfte das Sein der ihr angehörigen Bürger prägt und ihre Praxis normiert. Freiheit im Aristotelischen Sinne besteht in der ungehinderten Entfaltung meines sittlichen Charakters, die nicht in anarchische Willkür ausartet, weil mein praktisches Sein die Normen der sittlichen Gemeinschaft widerspiegelt. Philosophen des Handelns, die Gewicht auf den sittlichen Charakter und das praktische Sein legen, bringen den Gedanken zur Geltung, daß sich der Handelnde in der Geschichte seines Handelns schon immer darin geübt hat, den gelebten Normen seiner Gemeinschaft genügen zu können. Die Bildung des praktischen Seins geschieht durch Handeln in einer geschichtlich-gesellschaftlichen Welt, in welcher Handlungsstandards zur Herrschaft gekommen sind und anerkannt werden, die sich auf den einzelnen und sein praktisches Sein gestaltend auswirken. Unter diesen Umständen, so argumentiert der Anwalt des Seins und der dieses fundierenden Sittlichkeit, kann es auch kritische Reflexion an herrschenden Normen nur von einem geschichtlichen Bewußtseinsstande aus geben, der diese Normen selbst in sich aufgenommen hat.

Hegel zeigt sich als im Einklang mit Aristoteles stehend, wenn er sich im Sinne der Ethik des Seins gegen diejenigen wendet, die den Handelnden auf seine subjektive Vernunft und das von dieser vorgeschriebene Sollen verweisen, statt sein Sein als Grundlage seines Handelns anzuerkennen. Mit einem Seitenblick auf Kant und Fichte sagt er, daß der Wortführer des Sollens zwar eine bestimmte Seite des Willens anspreche, es aber versäume, Handeln auf das praktische Sein zu gründen. Der Apologet des Sollens geht von der unbedingten Selbständigkeit aus, in die sich das auf seine Freiheit pochende neuzeitliche Subjekt gegenüber den Ansprüchen der Natur und der sittlichen Welt gesetzt hat. Er beruft sich auf die *„absolute Möglichkeit,* von jeder Bestimmung, in der ich mich finde und in die ich mich gesetzt habe, *abstrahieren* zu können“[1]. Diese Möglichkeit des Sichherausziehens aus allen Bezügen zur Realwelt wird „von der Vorstellung als die Freiheit festgehalten“: es ist aber nur die *negative* Freiheit, diejenige des Verstandes.

Demgegenüber bringt Hegel das Sein des Handelnden zur Geltung, der sich zu einem sittlichen Charakter im Staate durch ein Leben in der Gemeinschaft herausgebildet hat und insofern einen „freien Willen“ darstellt, als dasjenige, was die sittliche Gemeinschaft von ihm verlangt, in seinem Sein angelegt ist. Das auf diesem Sein beruhende Handeln findet an den Erwartungen und Normen der sittlichen Gemeinschaft keine Grenzen. Der Inhalt der Pflicht ergibt sich in diesem Zusammenhang nicht durch Reflexion der praktischen Vernunft über das Sollen und seine Rechtfertigung: vielmehr tritt die Pflicht an das Individuum in der Form der realen Aufgaben an ihn heran, die er im Staate zu erfüllen hat. Es sei leicht zu sagen, was der Mensch tun müsse und welches die Pflichten sind, die er zu erfüllen hat, um tugendhaft zu sein. „Es ist nichts anderes von ihm zu tun, als was ihm in seinen Verhältnissen vorgezeichnet, ausgesprochen und bekannt ist. Die Rechtschaffenheit ist das Allgemeine, was von ihm teils rechtlich, teils sittlich gefordert werden kann.“[2] Die rechte Beschaffenheit des Handelns besteht in einem Orientiertsein seines sittlichen Charakters, seines Seins an den Maßstäben der sittlichen Gemeinschaft, welches ihm Pflichten aufgibt, denen er von seinem Sein her konform ist. Für den „moralischen Standpunkt“, der auf Autonomie und Sollen pocht, scheint diese Rechtschaffenheit leicht etwas „Untergeordnetes, über das man an sich und andere noch mehr fordern müsse“, zu sein.

[1] Hegel, Grundlinien der Philosophie des Rechts (Hoffmeister), § 5.

[2] Ibidem § 150.

Dem praktischen Sein ist ein Willenscharakter eigentümlich, der nicht von einer Gegenwart zu einer andern immer wieder nach seinem Sollen fragt, sondern eine sichere, fraglose und beständige sittliche Bildung darstellt. Er wird nicht dadurch verunsichert, daß er in jedem Augenblick seine Autonomie durch Reflexion über das, was getan werden soll, neu zu gewinnen oder zu bestätigen hat. Seine Beständigkeit gesellt sich zu der Notwendigkeit seines Handelns: die Pflichten, an die sich das praktische Sein bindet, gehören mit Notwendigkeit zu ihm und sind für ihn charakteristisch. Es sind *seine* Pflichten. Das praktische Sein macht den Eindruck einer „Natur": in Wahrheit zeigt sich hier eine zweite Natur, sofern sie Ergebnis einer Geschichte freien Hineinwachsens in die Handlungsform der Gemeinschaft ist. Hier wird nicht nach einem Sollen gefragt; vielmehr vollziehen sich die Handlungen mit einer gewissen Notwendigkeit, die im praktischen Sein angelegt ist.

Der Standpunkt des Sollens, der die Autonomie als maßgebend für Handeln erklärt, behauptet dagegen, daß der Inhalt meiner Pflicht unabhängig von meinen Bezügen zur sittlichen Gemeinschaft von meiner eigenen praktischen Vernunft gegeben sei und in dieser Form anerkannt werden müsse. Er beruft sich auf einen reinen, ursprünglichen Maßstab der praktischen Vernunft, an dem sich der Handelnde zu orientieren hat und aufgrund dessen er sein Urteil über eigene Handlungen sowie die der andern zu gewinnen vermag. Geschichtlich oder auch natürlich gewachsene Normen dürfen keinen bestimmenden Einfluß auf das handelnde Subjekt ausüben. Von dem durch Vernunft gegebenen Maßstab aus sollen auch die gesellschaftlichen Standards des Verhaltens und Urteilens kritisch geprüft werden. Während der Wortführer des Seins für die Geschichtlichkeit und gesellschaftlich konkrete Gültigkeit der Normen eintritt, beruft sich der Apologet des Sollens auf reine Vernunft, die ihre Forderung kategorisch an das handelnde Subjekt stellt.

Es stehen sich hier zwei Standpunkte als Parteien einander gegenüber, zwischen denen der Richter Vernunft gerecht zu entscheiden hat. Würde er dem Standpunkt des Seins allein recht geben, dann würde er der Konsequenz Geltung verschaffen, daß sich Handeln naturhaft und in Unfreiheit vollzieht. In diesem Falle wäre eine geschichtliche Entwicklung der sittlichen Handlungsformen in Gesellschaft und im Sein des Individuums nicht möglich und auch nicht begreifbar, da jede Motivation für ein Darüberhinausgehen und eine Veränderung wegfiele, die sich immer nur aufgrund von Freiheit und Autonomie ergeben kann. Das Leben, Denken und Handeln des praktischen Seins würde dann den Typus ungeschichtlichen, instinktgeleiteten Verhaltens zeigen, dem in derselben Weise Naturbestimmtheit eigentümlich wäre, wie es beim Tier der Fall ist, da sich an ihm kein Zug von Reflexion, Kritik und Prüfungsanspruch finden würde.

Die Partei des Sollens dagegen abstrahiert davon, daß der Handelnde einer Geschichte des Denkens und Verhaltens angehört, als deren Ergebnis er sein praktisches Sein anzusehen hat. Würde man diesem Standpunkt allein recht geben, so käme die Situation zustande, die Hegel als die der negativen Freiheit bezeichnet hat.[3] In diesem Fall zieht sich das Subjekt aus den Bezügen zur Realität der sittlichen Gemeinschaft heraus, die es dann als „äußere" anspricht. Es legt seine Freiheit als Negation der Normen der sittlichen Gemeinschaft aus, deren Ansprüche es nur als äußere Schranken, nicht als positive Möglichkeit seines Handelns beurteilt und behandelt. Dabei zeigt sich aber, daß die dadurch behauptete negative Freiheit in Wahrheit Unfreiheit ist, da sie in Wahrheit indirekte Abhängigkeit von den negierten Ansprüchen der Gesellschaft bedeutet.

Der Richter in diesem Streit zwischen den Standpunkten des Seins und des Sollens wird zu bedenken haben, daß der Gedanke des praktischen Seins zum Umkreis der Praxis gehört, weil diese Inbegriff von Handlungsvollzügen ist, in denen das gemeinsame Leben der sittlichen Gemeinschaft gefördert wird und der in ihr Handelnde sich zu einem praxis-tüchtigen Sein heranbildet. Er wird unter Zustimmung beider Parteien feststellen, daß es dem Standpunkt des Seins möglich ist, im Hinblick auf die freie Natur des Menschen, zu der Leib, Leidenschaft, Affekte, Instinkte usw. gehören, die inhaltlichen Ansprüche zur Geltung zu bringen, die von dieser Seite her erhoben werden. Aber er wird auch dem Anspruch der andern Partei gerecht werden, der es um Autonomie und Prüfung der von seiten der gesellschaftlichen Sitte an das Subjekt herantretenden Normenansprüche geht. Um dieser Forderung gerecht zu werden, muß die vom Standpunkt des Seins in Schutz genommene freie Natur des Subjekts als von ihm selbst und von seiner eigenen Vernunft anerkannt und gerechtfertigt verstanden werden. Wenn der Standpunkt des Sollens, der sich im weiteren auch als derjenige der „Moralität" erweist, dann auch Trieben und Affekten eine Stimme im Zustandekommen der praktischen Entscheidung einräumt, so dürfen diese nicht als „unmittelbare", rein natürliche Triebkräfte verstanden werden. Vielmehr müssen sie als zweite Natur, als Ergebnis moralischer Bildung aufgefaßt werden. Nur unter dieser Voraussetzung, daß die Triebe in das praktische vernünftige Handlungsprogramm eingeholt werden und dadurch an der vernünftigen Freiheit und Selbständigkeit des Handelnden teilnehmen, widerfährt dem Standpunkt des Sollens und seinem Plädoyer für Selbständigkeit des Entscheidens und Handelns Gerechtigkeit.

Der Richter im Streit der Parteien des Seins und des Sollens wird die Interessen beider aufeinander abstimmen: er wird es der Partei des Sollens aufer-

[3] Ibidem § 5.

legen, einen aus einer gemeinsamen Geschichte des Denkens und Handelns gewachsenen Handlungscharakter anzuerkennen, der aufgrund seines Bezuges zur sittlichen Gemeinschaft seine Pflichten als die *seinigen* wählt und erfüllt. Demnach wird der Standpunkt des Sollens dazu verpflichtet, die dem praktischen Sein eigentümlichen Triebkräfte des Gefühls der Leidenschaft, der Affekte als motivationstüchtig — und berechtigt anzuerkennen.

Auf der anderen Seite wird der Richter dem Standpunkt des Sollens insofern Recht lassen, als er in seinem Richterspruch darauf besteht, daß sich der Handelnde jederzeit reflektierend und kritisch prüfend den Normen der Sitte gegenüber zu verhalten und sich die Freiheit zu nehmen habe, sie sich nach eigener vernünftiger Entscheidung zu eigen zu machen. Der Richter wird das vom Standpunkt des Sollens vertretene Interesse an Freiheit und Autonomie als zu Recht bestehend erklären und auf der Möglichkeit des Handelnden bestehen, kritisch zu reflektieren und sich jederzeit aus den Bezügen der gesellschaftlichen Sitte herausziehen zu können. Zugleich aber wird er auch den Anspruch der Partei des Sollens in der Weise einschränken, daß die inhaltlichen Normvorschläge, die der kritischen Prüfung unterworfen werden sollen, als von der Seite der gesellschaftlichen Sitte und deren Institutionen kommend anerkannt werden. Er wird einer einsamen, reinen Vernunft nicht das Recht zugestehen, auch Quelle der Inhalte zu sein. So wird der Richter beiden Standpunkten, dem des Seins sowie des Sollens, zugestehen, im Rahmen der jedem zukommenden Rechte zum Bild des Ganzen der Praxisgestalt beizutragen, an der sich die Züge der Selbstverantwortlichkeit und zugleich des Abgestimmtseins auf die sittliche Welt gemeinschaftlichen Handelns zeigen.

Die Überlegungen, die zum Richterspruch führen, welcher zugleich auch eine philosophische Erkenntnis über das Ganze der Handlungsgestalt ergibt, öffnen den Weg zu weiteren Einsichten über das praktische Sein und den von ihm begründeten Handlungscharakter. Der Richter kann den Handlungstheoretiker auf eine Leistung des praktischen Denkens hinweisen, die als Stand-nehmen des handelnden Bewußtseins zu bezeichnen ist. Das praktische Sein verwirklicht sich als Standnehmen des handelnden Subjekts auf dem Boden der „Welt", die sich als Kosmos der in der sittlichen Gemeinschaft vertretenen Normen und Bewertungen darstellt. Das Sein als Handlungscharakter erweist sich als Standnehmen und damit zugleich als Ent-scheiden für eine Welt charakteristischer Denk- und Handlungsformen. Derjenige, der in eine sittlich geordnete Welt mit den in ihr geschichtlich gewachsenen Formen des Denkens und Handelns eingelebt ist, stellt sich als praktisches Sein dar, welches sich zugleich auch die Freiheit nimmt, das Recht der Ansprüche, die diese Welt an ihn stellt, durch Vernunft zu prüfen. In dem Falle, daß sich diese Ansprüche als gerechtfertigt erweisen, wird er sagen, daß er in freier Entscheidung Stand auf dem Boden dieser Welt nimmt und sich an ihren vorbildhaften Gestalten ausrichtet. Gemäß seinem in dieser Welt ausgebildeten Handlungscharakter ver-hält er sich zu den Mitpersonen und Sachen.

Das Bedürfnis des praktischen Seins, sich an einer Welt gemeinsamer Lebensformen zu orientieren und sich in der Auseinandersetzung mit dieser zu gewinnen, kann an der Sprache verdeutlicht werden. Derjenige, der in die Sprachsitte einer sprechenden Gemeinschaft hineinwächst, bildet sich dabei zu dem „Sein" eines Sprech-Charakters heran. Aufgrund dieses Seins vermag er fraglos und ohne Reflexion über sprachliche Normen die Sprachhandlungen zu vollziehen, welche von ihm von der Gemeinschaft der Sprechenden erwartet werden. So werden seine Sprachhandlungen durch das Sein seines Sprech-Charakters motiviert. Auf der anderen Seite aber ist an diesem Beispiel auch das Recht des Standpunktes des Sollens erkennbar: dieser kann sich nämlich darauf berufen, daß entweder aufgrund eines immer wieder sich vollziehenden Wandels der Sprachsitte oder auch infolge neuer Gegebenheiten im Bereich der Handlungswelt Situationen auftreten, in welcher sich der Sprechende zu der Frage veranlaßt sieht, wie man eigentlich sprechen *soll.* Im Hinblick auf das hier vor Augen stehende Problem des Verhältnisses zwischen dem Sein und dem Sollen wäre seine Frage auch so zu stellen: Wie soll sich der Sprechende in dieser bestimmten Situation verhalten, wenn er der „inneren Sprachform" (Humboldt) der betreffenden Sprache gerecht werden will?

Legt man zugrunde, daß Sprechen ein Handeln besonderer Art ist,[4] so läßt sich an diesem Beispiel auch zeigen, daß der Gedanke an das Sein des Sprechenden mit demjenigen der „Praxis" verbunden ist; diese hat sich als Inbegriff der einen Lebenszusammenhang fortsetzenden und ihn befördernden Handlungsvollzüge erwiesen. Praktisches Sein erweist sich insofern als zur „Praxis" des Sprachhandelns gehörig, als es sich durch einen dauernden Mitvollzug des Sprech-handelns gebildet hat und zugleich auch durch gekonntes Sprechen immer neue Situationen herstellt, durch welche das Leben der sprechenden Gemeinschaft weitergebildet wird.

Das Sein des Sprechenden bewirkt, daß dieser sich in Unmittelbarkeit und mit einer gewissen Notwendigkeit in seinem Sprechen situationsgemäß verhält. Bei seinen Sprachhandlungen bleibt im Normalfall kein Platz für Reflexionen darüber, wie er eigentlich hätte sprechen „sollen". Gleichwohl aber ist der Aspekt des Sollens immer gegenwärtig und tritt dann in den Vordergrund, wenn der Sprechende neue sprachliche Möglichkeiten zu erschließen im Begriff ist und sich dabei fragt, wie er den dabei sich stellenden sprach-

[4] Vgl. Kap. VI.

lichen Aufgaben gerecht werden „soll". Dann wird er bei der Beantwortung dieser Frage seine individuelle Auslegung der in der Sprachsitte verwirklichten Normen des Sprechens zur Geltung bringen.

Die Überlegungen im Bereich der Aufgabe der Einigung der miteinander in Spannung befindlichen Pole des Seins und des Sollens führen auch zu dem Thema: Geschichte und Vernunft. Praktisches Sein und Geschichte sind insofern auf einer gemeinsamen Ebene zu finden, als sich der Handlungscharakter durch die Geschichte des Mit-handelns im Verband einer sittlichen Gemeinschaft zu einem stabilen praktischen Sein herausbildet. Fragt der Handelnde aber nach dem Sollen, dann wird seine praktische Vernunft maßgebend, die sich in Unabhängigkeit und Freiheit von tradierten Denk- und Handlungsformen der sittlichen Gemeinschaft gestellt hat. Wo die Geschichte maßgebend wird, da scheint die Vernunft als autonome Vernunft nicht bestimmend zu sein und umgekehrt. Wer den Menschen als von seiner Geschichte abhängig erklärt, kann ihn nicht zugleich als frei, autonom und ihr gegenüber kritisch sich verhaltend begreifen. Wer andererseits die a priori gesetzgebende und gesetzprüfende Vernunft zum Maßstab des Denkens und Handelns macht, scheint der Geschichte keinen Platz einzuräumen, die er als unerwünschte Quelle von ungeprüften Vorurteilen betrachten muß.

Der zwischen den Standpunkten des Seins und des Sollens gefällte Richterspruch aber ergibt auch die Voraussetzung für eine einigende Vermittlung zwischen Geschichte und reiner Vernunft. Im Hinblick auf diese Vermittlung wird sich aus dem Richterspruch ergeben, daß demjenigen dann Recht gegeben werden kann, der den Menschen und sein Handeln in eine geschichtliche Tradition hineinstellt, wenn er sich zu einer Auslegung seiner These etwa in folgendem Sinne bereit erklärt: Denken und Handeln des Menschen vollziehen sich innerhalb der Bezüge seiner Geschichte so, daß der Handelnde sein eigenes praktisches Sein als Ergebnis dieser Geschichte begreift: dieser Bezug zur Geschichte muß aber als freies Stellungnehmen ihr gegenüber zugestanden werden, das von einem sich über den geschichtlichen Verlauf stellenden Standpunkt der „reinen" Vernunft aus vollzogen wird. Er versteht sich einerseits als autonomes Bewußtsein, andererseits begreift er, daß sich diese Autonomie der Teilnahme an den geschichtlich gewonnenen Errungenschaften der Freiheit des Prüfens und Rechtfertigens verdankt. Der Wortführer der autonomen Vernunft kann nur insofern Anerkennung finden, als er seiner Gegenpartei zugesteht, daß sich der freie kritische Vernunftgebrauch jederzeit und in jedem Augenblick als in der Gegenwart einer geschichtlichen Entwicklung vollziehend verstehen muß. So kann man Sprachhandeln nur insofern als selbstverantwortlich, individuell und autonom anerkennen, sofern man in der Geschichte des Hineinwachsens in die Sprachsitte in den Stand gesetzt worden ist, frei, individuell und autonom diese Formen zu handhaben. Es hat einer geschichtlichen Entwicklung bedurft, damit der Stand der Erfahrungen des Bewußtseins erreicht wurde, der dem gegenwärtigen Anspruch auf Autonomie gemäß ist.

Wenn zum Beispiel der Bürger der Gegenwart seine Ansprüche und Rechte zur Sprache bringt, dann gebraucht er auch das Wort „Selbstverwirklichung". Er bringt damit eine Devise der freien autonomen Vernunft zur Geltung, aber in einer Auslegung, die nur im Zuge der „Geschichte der Vernunft" (Kant) möglich geworden ist. Diese Vernunft wacht von einem selbst über der Geschichte stehenden Standpunkt aus zugleich auch darüber, daß diese Auslegung dem Sinn der gesetzlich bestimmten Freiheit nicht widerspricht. Würde ein Zeitgenosse eine Auslegung dieser Devise in der Bedeutung übernehmen, daß er um seiner Selbstverwirklichung willen keine soziale Berufspflicht anerkennen will und statt dessen dafür eine soziale Versorgung von seiten des Staates beansprucht, so wird die autonome Instanz der praktischen Vernunft mit ihrer Forderung auf den Plan treten. Sie wird diesem Anspruch kein Recht zubilligen können, da durch diese Devise das Recht der andern verletzt wird, die für den Betreffenden arbeiten müßten und dadurch in ihrer eigenen Freiheit beschränkt würden, was möglicherweise eine Einbuße an *ihrer* Selbstverwirklichung bedeuten kann.

Ein auf sein ihm gemäßes Sollen abgestimmtes praktisches Sein ist als Standnehmen in einer normativ bedeutsamen Welt und damit auch als Überzeugt-sein von der Gültigkeit dieser Normen zu verstehen. Daher können die Maximen und Werturteile, denen sich der Handelnde verpflichtet, als Ausdruck seines praktischen Seins, seines moralischen Charakters begriffen werden. Es wird vom Charakter des jeweiligen praktischen Seins abhängen, welche Zwecke er als die seinen wählt: ob er zum Beispiel um seines Glückes oder um seiner Pflicht willen handelt; ob er den Erfolg der Handlung oder die Gesinnung, in der sie geschieht, als maßgebend ansieht; ob er sein Glück im Gewinn von Erkenntnis oder anderer „Güter" wie Macht und Reichtum sieht.

Es ist zu erinnern: praktisches Sein hat sich als Standnehmen auf dem Boden einer Welt von handlungsorientierenden Normen erwiesen. In jeder Gegenwart seiner Geschichte repräsentiert das praktische Sein seine Welt, an deren normativer Struktur es sich orientiert. Praktisches Sein ist als Standnehmen auf dem Boden dieser Welt zugleich ein Überzeugt-sein von der Gültigkeit dieser Normen, die sich durch kritische Anerkennung ihrer Inhalte hergestellt hat. Die orientierende Handlungswelt ist daher nicht Ergebnis einer willkürlichen Setzung, sondern Inbegriff vernünftig gerechtfertigter Normen und Formen der sittlichen Wirklichkeit. Praktische Vernunft befolgt bei der Entscheidung für eine dementsprechende Welt die Methode des Experimentes. In diesem wird auf dem Wege das Für und Wider alternativer Weltentwürfe geprüft; daraus resultiert die Erkenntnis der Welt, welche die Aufgabe der Orientierung für einen bestimmt gearteten Handlungscharakter und sein praktisches Sein zu erfüllen vermag.

Nachdem die Möglichkeiten des Richterspruches im Streit zwischen den Standpunkten des Seins und des Sollens, der Geschichte und der reinen Vernunft erörtert wurden, soll in *diesem* Zusammenhang der Blick noch einmal auf das Bedürfnis der Handlungstheorie gelenkt werden, die beiden verschiedenen Versionen des Handelns: Praxis und Handeln, im Sinne des Bewirkens zur Einheit zu bringen. Hierzu ist zu sagen: wenn der Richter es vermochte, die Interessen der Standpunkte des Seins und des Sollens, der Geschichte und der reinen Vernunft miteinander zu vermitteln, dann hat er auch den Weg für eine Vereinigung beider Handlungstypen geebnet; denn das Sein ist dem Handlungstypus der Praxis zuzuordnen, da es sich als Ergebnis eines Handelns im Lebenszusammenhang der sittlichen Gemeinschaft und zugleich als Ausgangspunkt für künftiges Handeln versteht. Hierzu sind Aristotelische Überlegungen in Erinnerung zu rufen: das praktische Sein, der Habitus des Handelnden, bildet sich als Fertigkeit des richtigen Urteilens und Handelns in der Weise heraus, wie zum Beispiel auch ein musikalisches Können: der Zitherspieler erreicht dadurch den Stand des Könnens, daß er sich in der Praxis der Bemeisterung seines Instrumentes einübt und eine Meisterschaft erreicht, aufgrund deren er das allgemeine und gemeinsame Leben der Musik zu befördern vermag. Andererseits orientiert sich derjenige, der sich dem Programm des Handelns als eines Bewirkens verschrieben hat, am Sollen, sofern es ihm darum zu tun ist, über die von ihm als heteronom angesehenen Normenansprüche der gemeinschaftlichen sittlich-rechtlichen Welt hinausgehend einem von der reinen Vernunft aufgetragenen Sollen Folge zu leisten. Für die Lösung der Aufgabe der Einigung des Begriffes der Praxis mit dem des Handelns im Sinne des Bewirkens resultiert aus dem „Richterspruch“: der auf Bewirken Ausgehende ist zugleich immer als handelndes Subjekt zu verstehen, welches sich als Handlungscharakter im Sinne eines praktischen Seins begreift, das die Wirkungen, die es hervorzubringen bestrebt ist, im Rahmen seiner Handlungswelt konzipiert und deutet. Wer zum Beispiel die Verhältnisse in der Richtung einer Verwirklichung sozialistischer Vorstellungen verändern will, deutet seine politischen Ziele, sein „Sollen“, aufgrund seines Handlungscharakters und in der Mentalität seines praktischen Seins im Rahmen der diesem angemessenen Handlungswelt. Er versteht sich als Repräsentant der vom politischen Denken dieses Seins entworfenen Handlungswelt und geht von ihr aus gesehen nicht nur auf Bewirken und Verändern der Verhältnisse aus, sondern will auch durch sein Handeln im Sinne der Praxis zum normativen Leben der Gemeinschaft seiner Gesinnungsgenossen beitragen.

Zusammenfassend ist zu sagen, daß der Richterspruch dem Standpunkt des Seins insofern recht gibt, als dieser es vermag, die Unmittelbarkeit des Entscheidens zum Handeln zu erklären. Er hebt die Entschiedenheit und Entschlossenheit des Handlungscharakters, des praktischen Seins hervor, welches jeweils imstande ist, die aktuelle Situation zu erkennen, zu beurteilen und sich im rechten Augenblick zu entscheiden. Dem Standpunkt des Seins wird weiterhin vom Richter bescheinigt, daß er dem Zug der Beständigkeit und der Identität des Handlungscharakters gerecht wird. Der Standpunkt des Seins fordert, daß das zu diesem Charakter gehörige Triebgefüge des Menschen beim Handeln zur Geltung kommen müsse. Der Richter wird aber auf der anderen Seite im Interesse des Standpunktes des Sollens fordern, daß das Triebsystem des praktischen Seins nur als ein vom Ich und seiner Freiheit durchdrungenes und es vergegenwärtigend zu begreifen ist. Praktisches Sein erweist sich als ein in Freiheit vollzogenes Standnehmen auf dem Boden einer angemessenen Welt, innerhalb deren der Handelnde seine Zwecke wählt. Der Richterspruch, der zwischen Sein und Sollen vermittelt, findet auch einen Weg, die Zugehörigkeit des Handelnden zu der geschichtlichen Welt der tradierten Normen in Einklang mit der Freiheit zu bringen, welche die reine Vernunft mit ihrem Anspruch behauptet, das Sollen unabhängig von Bindungen der sittlichen Gemeinschaft gegenüber vorzuschreiben. Der vermittelnde Urteilsspruch im Streit zwischen den Parteien des praktischen Seins und des Sollens ergibt auch das Bild einer Handlungssituation, in welcher sich der Handelnde sowohl im Sinne der Praxis als auch in demjenigen des bewirkenden Handelns versteht und verhält. Er respektiert an dieser Situation, daß sich aus der geschichtlichen Tradition der sittlichen Gemeinschaft, in der er lebt, für ihn Handlungserwartungen bestimmter Art ergeben. Der Richterspruch im Streit zwischen Sein und Sollen fordert den Handelnden aber auch auf, sich als selbständiges, autonomes Subjekt zu verstehen, welches sich den aus der sittlichen Tradition auf ihn zukommenden Normansprüchen gegenüber das Recht des Prüfens und der Kritik nimmt. Der Handelnde befördert im Sinne der Praxis das normative Leben seiner Handlungswelt, indem er, dem Sollen die Ehre gebend, auf Bewirken und Verändern ausgeht.

Handeln sowohl vom Aspekt der Praxis wie auch des Bewirkens her gesehen vollzieht sich als Geschichte, als zeitliche Erstreckung ebenso wie als räumliche Gestalt. Das impliziert, daß der Handlungscharakter, das praktische Sein des handelnden Menschen, auch als mit Freiheit durchdrungene leibliche Subjektivität zu begreifen ist. Darauf soll im folgenden eingegangen werden.

2. Die Leiblichkeit des praktischen Seins

An dem besonderen Fall der Sprechhandlung soll zunächst gezeigt werden, wie sich der Handelnde in seiner Handlung als leibliches Sein dar-stellt. Der Sprechende repräsentiert schon durch sein Dasein an einem Orte, auf den er sich in freier Wahl stellt und von dem aus er mit anderen spricht, einen Willen: vielleicht dokumentiert er durch sein bloßes Auf-treten an diesem Orte und seine Anwesenheit dem anderen eine diesem verstehbare Absicht.[5] So dokumentieren Demonstranten durch ihre leibliche Anwesenheit an einem Orte einen bestimmten politischen Willen. Außer der verbalen Sprache, deren sich ihr Wortführer in einer Rede bedienen mag, machen sie von der Sprache des In-Erscheinung-Tretens an einem Orte als leibliche Existenzen Gebrauch.

Durch leibliches Erscheinen an einem Orte repräsentiert ein individueller Organismus in einer auch für den anderen verstehbaren „Sprache" jeweils ein Handlungsprogramm; er wird etwa als Konservativer im Parlament rechts sitzen, als betont Progressiver links; er wird, um seinem Protest Ausdruck zu geben, aufstehen und eine Versammlung verlassen usw. Durch leibliches In-Erscheinung-Treten vergegenwärtige ich mein praktisches Sein und gebe meine Stellung gegenüber der Handlungswelt kund. Die leibliche Erscheinung eines Individuums ist das Anwesend-Sein, welches zugleich auch das Sein seines Handlungscharakters bedeutet, der sich als ein Jetzt-Hiersein darstellt. Das praktische Sein symbolisiert als leibhaftige Gegenwart die Handlungswelt, an deren normativem Aufbau es sich orientiert: der Richter zum Beispiel, der den für ihn bestimmten Platz im Gerichtssaal zur Ausübung seiner Amtspflicht einnimmt, repräsentiert schon durch seine Anwesenheit, sein Jetzt-Hiersein das Gesetz und das Recht, an welche seine Rechtsprechung gebunden ist; er symbolisiert den Willen, die für die rechtliche Handlungswelt maßgebenden juridischen Normen zu befolgen. Schon seine bloße Anwesenheit vergegenwärtigt seine Grund-handlung des Standnehmens auf dem Boden der Rechtswelt, welche ihm die Maßstäbe für sein Urteilen, für die Wahl seiner Zwecke und für das Fällen seiner Entscheidungen abgibt. Diejenigen, die im Gerichtssaal an der Handlung des Richters, sich als leib-haftige Anwesenheit darzustellen, beteiligt sind, antworten mit einer entsprechenden leiblichen Reaktion: sie stehen zum Beispiel auf, wenn

[5] So begann zum Beispiel Schelling seine erste Vorlesung in Berlin (15. November 1841) mit den Worten: „... Wie könnte ich es mir selbst verhehlen oder wie *Ihnen* verbergen wollen, was durch meine bloße Erscheinung an dieser Stelle ausgesprochen und erklärt ist? Gewiß, m.H., hätte ich nicht die Überzeugung, durch meine Anwesenheit der Philosophie einen wesentlichen, ja einen größeren Dienst zu leisten, als ich ihr je früher zu leisten imstande gewesen; so stünde ich nicht vor *Ihnen.*"

das „Hohe Gericht“ den Saal betritt. Dieses Aufstehen ist eine leibliche Geste, mit der die Beteiligten ihrerseits auf die Aktion des Richters re-agieren, durch welche dieser durch sein leibhaftiges Auftreten auf der Bühne des Geschehens den Beginn der Rechtshandlung dokumentiert. Die an dieser Handlung beteiligten leiblichen Subjekte „antworten“ auf das Auftreten des Richters gemäß den Spielregeln der Rechtshandlung durch Aufstehen und bringen ihrerseits dadurch zum Ausdruck, daß ihr eigenes praktisches Sein, ihr Handlungscharakter, derselben rechtlichen Handlungsgemeinschaft angehört und an ihrer Geschichte teilnimmt, als der zugehörig sich auch der Richter durch sein gegenwärtiges Auftreten bekennt.

Der Handlungswille des praktischen Seins stellt sich selbst als erscheinende Gestalt dar, die sich durch symbolisches Anwesendsein, durch Gesten und Bewegungen in den Raum ihrer Handlungswelt ausdehnt. Dieser Raum weist nicht nur eine lebensweltlich-pragmatische Gliederung, wie rechts und links, oben und unten usw. auf, durch deren Beachtung ich mich lebensweltlich zu orientieren vermöchte: vielmehr unterscheiden sich seine verschiedenen „Gegenden“, wie Kant es genannt hat, vor allem auch durch die Bedeutsamkeit für die Normorientierung des Handelns. Es macht z.B. einen bedeutenden rechtlichen Unterschied aus, ob man im Straßenverkehr auf der rechten oder der linken Seite fährt. Um wieder auf das Beispiel des Gerichtssaales zu kommen: er ist der umgrenzte und räumlich abgeschlossene Bezirk, innerhalb dessen die Geschichten der Rechtsprozesse ablaufen: die Orte, in die er aufgegliedert ist, unterscheiden sich durch ihre Bedeutsamkeit für diese Geschichte: jeder der an ihr beteiligten Personen kommt gemäß ihrer Funktion ein ihr angewiesener Ort zu.[6] Demgemäß repräsentiert jeder „Mitspieler“ im Gerichtssaal eine Rolle, die ihm im Zusammenhang mit dem rechtlichen Schauspiel im Ganzen angemessen ist und für die ein räumlicher Aktionskreis vorgesehen ist. Jeder dabei Beteiligte begreift sich und die anderen als leiblich sich darstellende Vergegenwärtigung der rechtlichen Handlungswelt. Sein Dasein als das einer leiblichen Gestalt bedeutet zugleich den Anspruch und das Recht, von den anderen als Vergegenwärtigung und Darstellung seines Handlungscharakters, seines Seins anerkannt zu werden. Die anderen sehen schon in dessen Da-sein eine Handlung des Sich-in-Szene-Setzens und antworten mit einer entsprechenden Reaktion. Das Sein jeder der Beteiligten symbolisiert als leib-haftige Gegenwart die rechtliche Handlungswelt, an deren normativem Aufbau es sich orientiert.

Als leibliche Existenz behauptet der Handelnde eine normgeladene Handlungswelt, zu der andere leibliche Subjekte und auch physische Gegenstände gehören. Kant nennt zum Beispiel das Eigentumsverhältnis zu einer phy-

[6] Vgl. mein Buch: Die Metaphysik des Raumes bei Leibniz und Kant. Köln, 1960.

sischen Sache einen intelligiblen Besitz. Er will damit sagen: Mein räumliches Verhältnis zur Sache ist als Ausdruck für den „intelligiblen“, rein rechtlichen Bezug auszulegen, in dem ich zu dieser Sache stehe. Auch rein pragmatisch, also von der Seite des richtigen und erfolgreichen Gebrauchs gesehen, sind Sachen, Geräte, Werkzeuge, die in der Handlungswelt begegnen, bedeutungsgeladen. Ihre Bedeutung besteht in der symbolischen Aufforderung, sie „richtig“ zu gebrauchen.

Es ist noch einmal in Erinnerung zu rufen, daß schon das Anwesend- und Gegenwärtigsein des Subjekts als das einer leiblichen Existenz eine Handlung bedeutet: es schafft dadurch eine Situation, welche die andern als Darstellung der Absichten und zuletzt des ganzen Handlungsprogrammes, also des Handlungscharakters des Betreffenden verstehen müssen. Demgemäß ist der Raum der gemeinsamen Handlungswelt nach normativen Gesichtspunkten gegliedert: an dieser Gliederung des Raumes der Handlungswelt nehmen auch die Sachen, mit denen die Handelnden zu tun haben, teil. Die rechtliche Praxis trägt dem normativen Aufbau des Raumes der rechtlich-gesellschaftlichen Handlungswelt in mehrfacher Weise Rechnung. Auf das Beispiel der rechtlichen Bedeutsamkeit des Rechts und Links im Straßenverkehr wäre hier hinzuweisen. Die Staatszugehörigkeit eines Individuums bedeutet, daß seine bürgerliche Identität an dieses Territorium gebunden ist und daß es dieses nur „mit staatlichen Dokumenten versehen und nur kontrolliert verlassen darf ...“[7].

Sofern sich vom Gedanken des praktischen Seins aus für die Handlungstheorie das Bedürfnis ergibt, zu dem Begriff des Handelns auch Züge der „Praxis“ einzuholen, stellt sich die entsprechende Aufgabe auch vom Aspekt der leiblichen Selbstdarstellung dieses Seins aus. Wenn erklärt wurde, daß schon das Anwesend-sein des Richters im Gerichtssaal, das Platznehmen auf seinem Richterstuhle eine symbolische Handlung bedeutet, dann ist an dieser nachzuweisen, daß an ihr nicht nur der Zug des Bewirkens, sondern auch der des Beitrags zu einem gemeinsamen rechtlichen Leben eigentümlich ist. Daß der Richter schon durch sein Auftreten eine Wirkung hervorruft, wird daran ersichtlich, daß dadurch für jeden an der betreffenden Gerichtsverhandlung Teilnehmenden erkennbar deren Beginn signalisiert wird. Daß seine leibliche Anwesenheit aber auch ein Praxisvollzug ist, wird erkennbar, wenn man bedenkt, daß es als Beitrag zum gemeinsamen rechtlichen Leben anzusehen ist, durch den für dieses eine Situation geschaffen wird, auf welche die andern zum Beispiel durch Aufstehen von ihren Plätzen eine „Antwort“ in der Form von Gesten ihres leiblichen Organismus geben. Handeln als leiblicher Ausdruck des Seins eines Handlungscharakters und dessen Welt ist

[7] E. J. Lampe, Rechtsanthropologie, Berlin 1970, 1. Bd., S. 183.

insofern als Praxis anzusprechen, als es sich im Normenbereich einer Gemeinschaft von Subjekten, die ihrerseits leibliche Existenz haben, vollzieht.

Die Bedeutung der leiblichen Gestalt, ihrer Anwesenheit und ihrer Bewegung ist sowohl als Handeln im Sinne des Bewirkens wie auch als Praxisvollzug zu deuten. In beiden Hinsichten ist der Leib nicht der physische Körper, der dem „Ich will" zum Mittel dient, um dadurch Wirkungen zu erreichen. Der Leib ist nicht Objekt, sondern selber Subjekt, von der Freiheit des „Ich will" bzw. des „Ich bin" durchdrungene Vergegenwärtigung jeweils der Welt, auf deren Boden ich handelnd Stand nehme. Der handelnde Leib Wilhelm Tells zum Beispiel ist kein physischer Körper, der dem angeblich rein vernünftigen Willen der Befreiung des Landes zum Mittel gedient hätte, um dem Pfeil die Kraft mitzuteilen, in den Leib des tyrannischen Landvogts einzudringen. Vielmehr gewinnt der Leib Tells für seine entscheidende Handlung insofern Bedeutung, als er das Programm politischer Freiheit vergegenwärtigt und sich als Darstellung dieser Freiheit versteht und auch als solche verstanden wird. Als zugehörig zu dem geschichtlichen Handlungszusammenhang des Praxisvollzuges sind alle Mitspielenden Leib-Subjekte. Jedes dieser Subjekte stellt sich schon durch sein Auftreten im „Schauspiel" gemäß seiner Rolle durch seinen als leibliche Anwesenheit Ausdruck findenden Charakter als zur Gesamt-praxis beitragend dar. Durch die von ihm gehaltenen Reden legt jeder der Mithandelnden das Weltprogramm seines praktischen Seins aus.

Wenn der Richter den Gerichtssaal betritt und auf dem Richterstuhl Platz nimmt, dann vollzieht er dadurch eine symbolische Handlung, deren begrifflich-wörtliche Auslegung etwa so lauten wird: Hiermit signalisiere ich gemäß den Spielregeln, nach denen ein Rechtsprozeß abläuft, den Anfang der Geschichte solch eines Prozesses. Dadurch kommt zugleich auch der *zeitliche* Aspekt in der Handlung des leibhaftigen Jetzt-Hierseins in den Blick. Das Sein des Richters stellt sich durch leib-haftiges Gegenwärtigsein als Repräsentation einer rechtlichen Handlungswelt und zugleich einer besonderen Geschichte dar, die innerhalb dieser jetzt beginnt. Dieser Beginn versteht sich als gegenwärtiger Augenblick innerhalb einer Gesamtgeschichte, von dem aus ein in die Vergangenheit sich erstreckender Verlauf, eine Vorgeschichte zu überblicken ist, ebenso wie auf ein künftiges Geschehen vorauszublicken ist, dessen Ende am Beginn dieser Geschichte wenigstens im Plan zu einem bestimmten Zeitpunkt vor-gesehen ist. Im Umkreis der leiblichen Vergegenwärtigung der einer Handlung eigentümlichen Bedeutungen ist somit ein Thema in den Blick getreten, auf das in einem späteren Kapitel noch genauer eingegangen werden wird: es besteht in dem Gedanken, daß die Handlung jeweils eine Geschichte ist, an der Anfang, Verlauf und Ende festzustellen und an der verschiedene „Epochen“ zu unterscheiden sind. Eine Epoche des Planens wird von einer darauffolgenden Epoche des „eigentlichen“ Handelns, der Ausführung des Planens abgelöst, worauf die dritte Epoche der Reflexion und der Beurteilung über die geschehene Handlung folgt.

Die leibliche Gegenwart jeweils eines praktischen Seins bedeutet, so wurde gesagt, ein Jetzt-Hiersein des Handelnden in der Geschichte einer Handlung. Wenn der Politiker im Parlament an das für Redner bestimmte Pult hintritt, dann signalisiert er damit seinen Willen, jetzt mit einer Rede zu beginnen. Es hat einen guten Sinn, von „symbolischen Handlungen“ zu sprechen: aber man muß dabei bedenken, daß *jede* Handlung einen symbolischen Aspekt zeigt, sofern sie von einem Ich-Leib vollzogen wird, der schon in dem Augenblick, in welchem er sich als zur Handlung entschlossen darstellt und damit durch sein leibhaftiges Auftreten den Willen zur Ausführung des Handlungsplanes symbolisiert, selbst schon immer handelt.

Das leibliche Subjekt kann durch sein Anwesend- und Gegenwärtigsein sowie durch Bewegung und Gesten jeweils eine Absicht zu erkennen geben : sie kann den Charakter der Menschlichkeit, der Friedfertigkeit oder auch den der Aggressionsbereitschaft und der Feindseligkeit zeigen. Es ist zum Beispiel auch juristisch von Belang, von welchem Augenblick an eine Person, die von einer anderen belästigt wird, Grund hat anzunehmen, daß der weitere Verlauf eine Gefahr für Leib und Leben bringen wird, so daß sie sich in der Lage der Notwehr befindet. Die Verhaltensfigur des Leibes des Angreifenden im zeitlichen Verlauf des Angriffs zeigt sich, sofern sie in der Perspektive der juristischen Handlungswelt gesehen wird, in ihrer rechtlichen Bedeutsamkeit.

Da der leibliche Aspekt des praktischen Seins innerhalb seiner Handlungswelt und in bezug auf deren Räumlichkeit und Zeitlichkeit zur Debatte steht, ist auch auf den leiblichen Aspekt des Handeln*könnens* ein Blick zu werfen. Ob der Habitus des praktischen Seins so beschaffen ist, daß dieses seine gewählten Zwecke verwirklichen *kann*, zeigt sich erst im Vollzug des Handelns selbst: auch der beste Plan bietet prinzipiell keine Sicherheit für den Erfolg. Am praktischen Sein des Handelnden, an der Verfassung des „Ich denke“, „Ich will“ und vor allem des „Ich bin“ sind Charakterzüge der Tüchtigkeit und des Könnens hervorzuheben, die in der traditionellen praktischen Philosophie auch als „Tugenden“ bezeichnet wurden. Auch Leistungen des Denkens, wie die der geübten Urteilskraft des den Fall richtig diagnostizierenden Arztes oder die Entschlußkraft des Politikers zeigen eine leibliche Seite, sofern auch in diesen Fällen eine geschärfte sinnliche Wahrnehmungsfähigkeit mitspielt. Deutlicher wird der leibliche Charakter des Könnens an der Qualität des Ohres oder der geübten Hand beim Instrumentalmusiker erkennbar. Im Hinblick auf moralisch-rechtliches Handeln wird der leibliche Aspekt im Hinblick auf die Verfassung des Systems der Trieb- und Affekt-Kräfte der handelnden Person relevant. Diese Verfassung bestimmt das praktische Sein, den Handlungscharakter: dieser stellt sich vom Aspekt der Leiblichkeit als System von Anlagen und Tüchtigkeiten zum Handeln dar. Die leibliche Organisation dessen, der sich zum Beispiel darauf eingestellt hat, seinen Mitmenschen Achtung entgegenzubringen und ihre Anwesenheit schon zu „spüren", wird demgemäß über ausgebildete und geübte „Organe" auch sinnlicher Art verfügen, mit deren Hilfe er das Dasein des anderen zu empfinden vermag.

Die Fähigkeiten der leiblichen Organe des Empfindens, Wahrnehmens und Beobachtens haben sich unter der Leitung der Interessen ausgebildet, die ihnen die Richtung ihrer Betätigung verleihen. Diese Interessen selbst wieder entsprechen dem individuellen Sein und seiner leiblichen Eigenart. In dieser wiederum stellt sich eine jeweils eigentümliche Auffassung der Welt und eine entsprechende Stellung dieser gegenüber dar. Ein Mensch, dem rechtliches Denken und Handeln zur „zweiten Natur" geworden ist und der durch sein Sein und Handeln das Recht verkörpert und vergegenwärtigt, hat entsprechendes Denken und Tun auch zur Sache seiner Triebe und seines Begehrens gemacht. Seine leibliche Triebkonstitution zeigt von sich aus eine rechtliche Intelligenz; die Leiblichkeit seines Seins „denkt" und „will" von „Natur" aus das Rechte. Dieses Sein ist demgemäß aufgrund seiner inneren Notwendigkeit auf die Verwirklichung derjenigen Forderungen angelegt, welche der Standpunkt des Sollens erhebt. In diesem Falle sagt die Sprache, daß dem Betreffenden Sein rechtliches Wollen, Denken und Tun „in Fleisch und Blut" übergegangen sei. Damit will ausgedrückt werden, daß der Aufbau des Triebsystems, der Empfindung, des Begehrens usw. des betreffenden Charakters nichts als das Rechte will und tun *kann*. Der Rechts-Wille muß ihm nicht gleichsam von „außen" her als befehlende Instanz vorgesetzt werden. Dieses praktische Sein ist aufgrund seiner zweiten Natur so geartet, daß sein Leib, dessen Affekte, Triebe, Empfindungen und Gefühle vom Rechts-Willen durchdrungen sind.

Wenn das praktische Sein im Hinblick auf seine Leiblichkeit als zweite Natur angesprochen wurde, so wird damit betont, daß es nicht als unmittelbare, rohe und wilde Natur in Frage kommt: vielmehr ist seine Verfassung als Ergebnis der praktischen Übung in den Denk- und Verhaltensformen der gesellschaftlichen Welt zu begreifen. Von „außen her" gesehen kann man im Hinblick darauf von einer Einwirkung von seiten der Gesellschaft und ihrer Normansprüche auf das Individuum sprechen; aber dieses bildet sein Sein als Selbst-sein in der Weise aus, daß es sich die Lebens- und Denkformen, in deren Milieu es lebt und in die es hineinwächst, selbständig angeeignet hat, statt ihr passives Produkt zu sein. Dann ist die zweite Natur Ergebnis eines freien und ursprünglichen Stellungnehmens auf dem Boden einer normativ geregelten Welt. Auch Triebe, Empfindungen und Gefühle, in denen sich die Leiblichkeit des Seins manifestiert, sind nicht als „angeborene" Natur zu verstehen, sondern als Ergebnis eines freien, selbständigen und ursprünglichen Stand-nehmens auf dem Boden der Handlungswelt und der Einübung in deren Lebens-, Denk- und Handlungsformen. Diese Welt ist uns nicht vorgegeben; ebenso werden die hier immanenten Normen nicht nur intellektuell gefordert: vielmehr machen wir sie in einem freien und ursprünglichen Standnehmen zu „unserer" Welt.

Das praktische Sein wurde als leiblicher Charakter in zweierlei Hinsicht vor den Blick gebracht. Einerseits wurde es als zur gemeinsamen und allgemeinen Welt des Handelns zugehörig angesprochen und innerhalb dieser als Vergegenwärtigung einer seiner Stellung in dieser Welt entsprechenden Normgesinnung dargestellt. Andererseits wurde es „von innen" betrachtet und als System leiblicher Triebkräfte angesprochen, von deren jeder eine Normintelligenz eigentümlich ist: sie machen zusammen das Ganze des individuellen praktischen Seins aus. Beide Aspekte, der innere und der äußere, beziehen sich aufeinander und lassen erkennen, daß sich das leiblich verstandene praktische Sein als Repräsentant der Handlungswelt, dem es angehört, versteht. Dadurch, daß sich die Triebe im individuellen Organismus zu einer von Freiheit und Vernunft durchdrungenen Einheit organisieren, wird ein Sein hergestellt, welches im Sinne allgemeiner und gemeinsamer Normen begehrt, empfindet, denkt, handelt und will. Die leibliche Organisation des Seins versteht sich zugleich als Darstellung der normativ geordneten Welt des Handelns. Der Bezug zwischen der individuellen leiblichen Organisation des praktischen Seins und der normativ gearteten Welt ist nach dem Muster des Sprechens zu verstehen: so, wie das sprechende Individuum die allgemeinen und gemeinsamen Verhaltensformen des Sprechens in seiner individuellen Weise darstellt und repräsentiert, so vergegenwärtigt das leibliche Sein das Weltmilieu, innerhalb dessen es existiert.

An früherer Stelle wurde das individuelle praktische Sein als Fundament des Bewußt-seins der Pflicht erklärt. Es liegt zugrunde, wenn sich der Handelnde unmittelbar und mit fragloser Sicherheit, also frei von verunsichernder Reflexion dazu entscheidet, seine Pflicht zu tun. Jetzt kann gesagt werden, daß an dieser Entscheidung auch die Intelligenz des Leibes beteiligt ist. Denn das leiblich-praktische Sein stellt sich als zweite Natur dar, als Inbegriff von Triebkräften, die sich zur Einheit einer mit normativem Sinn durchdrungenen leiblichen Handlungsgestalt eines Charakters organisiert haben. Denken und Handeln erfolgen demgemäß mit Notwendigkeit aus der so gearteten Freiheit des leiblichen Seins. Diese Notwendigkeit ist mit der des gesetzlich bestimmten Naturgeschehens nicht gleichzusetzen: sie ist Sinn-Notwendigkeit, sofern sich aufgrund des leiblichen Seins ein Denken und Handeln von der Art ergibt, daß für das reflektierende Erörtern von Möglichkeiten kein Raum bleibt. Notwendigkeit in diesem Sinne wird so verstanden, wie der Dramatiker das Geschehen als aus der Notwendigkeit der Charaktere folgend auffaßt, die er gleichwohl als freie Personen handeln läßt. Ist das praktische Sein in Freiheit hergestellt, so sind mit Sinn-Notwendigkeit die aus ihm folgenden Gedanken und Handlungen zu verstehen. Die Leiblichkeit des Seins bedeutet demnach nicht Objektsein im Sinne naturgesetzlich notwendiger Bestimmtheit; vielmehr nimmt sie an der Subjektivität und Freiheit des selbständigen Individuums teil. Sie ist von normativer Vernunft durchdrungen.

Im Vorhergehenden wurden die Standpunkte des Seins und des Sollens auf eine Einheit gebracht, die derjenigen zwischen Praxis und Handlung im Sinne des Bewirkens analog ist. Die Proportion, der gemäß sich Praxis zum Handeln im Sinne des Bewirkens verhält, wie praktisches Sein zum Sollen, ist jetzt auch auf das Verhältnis von Sittlichkeit und Moralität zu erweitern: beide sind demgemäß zu unterscheiden und schließlich zur Einheit zu bringen.

3. Sittlichkeit und Moralität

Die Terminologie dieser Unterscheidung geht auf Hegel zurück, der es sich zur Aufgabe setzte, die von Kant und Fichte ausgebaute, an der absoluten Freiheit des handelnden Subjekts orientierte Ethik des Sollens in eine praktische Philosophie einzuholen, in welcher sich das praktische Sein bei seinem Beraten, Entscheiden und Handeln an den gelebten Normen der sittlichen Gemeinschaft zu orientieren hat. Hegels philosophische Absicht geht dahin, die beiden miteinander konkurrierenden Formen der Rationalität des Handelns aufeinander abzustimmen: in der Weise, daß die „Moralität", wie er, Kant folgend, die erste Form genannt hat, in die „Sittlichkeit" eingeholt wird: mit diesem Namen hat er die zweite Form der praktischen Rationalität bezeichnet. Summarisch gesagt: es geht Hegel darum, die kantische Position der „Moralität" mit der aristotelischen Auffassung vom sittlichen Sein, welches sich als in die Denk- und Handlungsformen der politischen Gemeinschaft eingebunden versteht, zu verbinden. Insofern es um die Absicht geht, beide Typen des Handelns und der praktischen Rationalität sowie die diesen entsprechenden philosophischen Standpunkte der Moralität und der Sittlichkeit auf eine Einheit zu bringen, stimmen wir mit Hegel überein. Wir unterscheiden uns von ihm nur in der Art, wie diese Einheit herzustellen ist. Während nämlich Hegel der Sittlichkeit die „höhere" Stellung anweist, zu welcher der Gedanke gelangt, wenn er über die Moralität hinausgegangen ist, ist es die Absicht dieser Darstellung, beide Standpunkte, den der Moralität und den der Sittlichkeit als gleichberechtigte Dialogpartner anzuerkennen, die, sofern es um die Ebene des handelnden Bewußtseins selbst geht, durch ihre Spannung und gegenseitige Herausforderung den Bildungsprozeß des praktischen Seins hervorrufen.

Es handelt sich dabei um einen Unterschied, der in den bisherigen Erörterungen in der Gestalt der Gegenüberstellung von Sein und Sollen, Praxis und Handeln im Sinne des Bewirkens begegnet ist: so wie sich Sein zum Sollen, Praxis zu dem als Bewirken sich verstehenden Handeln verhalten, so verhält sich Sittlichkeit zur Moralität. Was den Standpunkt der Moralität angeht, so sieht Hegel die Situation des handelnden Subjekts so, daß dieses sich aus den Bezügen, in die es schon immer zur Natur und zur Geschichte der umgebenden Gemeinschaft verwoben war, herauszieht, um sich selbstgesetzgebend und prüfend in Freiheit zum Handeln zu motivieren. Das Subjekt urteilt und entscheidet von dem so gewonnenen Standpunkt aus nach autonomen Maßstäben. Für diesen Standpunkt sind Devisen wie Freiheit, Gewissen, Gesinnung, guter Wille charakteristisch. Der Wortführer der Sittlichkeit dagegen sieht es als seine Aufgabe an, das handelnde Subjekt von diesem Standpunkt seiner „negativen" Freiheit, wie Hegel sie nennt, selbst wieder zu befreien, indem er es in die sittliche Gemeinschaft wiedereinzuholen gedenkt. Zwischen beiden Standpunkten ergibt sich demgemäß ein Unterschied in der Auffassung von der Handlungsmotivation: der Wortführer der Moralität läßt den Handelnden durch das selbstgegebene Gesetz als solches motiviert sein, während sein „Gegner" diejenige Motivation als die rechtmäßige ansieht, der gemäß sich der Handelnde durch die Forderungen von seiten der gemeinschaftlichen Sitte zum Handeln verpflichtet fühlt.

Demgemäß ist auch ein Unterschied entsprechender Formen der Rationalität zu beachten, die von beiden Standpunkten vertreten werden. Der Standpunkt der Moralität begründet das Handeln in der gesetzlichen Form der gewählten Pflicht. Die Stellung des handelnden Bewußtseins zu den tradierten Normen der sittlichen Wirklichkeit ist demnach von der Art, daß deren Verbindlichkeit nicht als fraglos gültig anerkannt wird; vielmehr hat sich das Subjekt dem Anspruch dieser Verbindlichkeit entzogen, um aufgrund eigener Maßstäbe seiner praktischen Vernunft die als gültig in Frage kommenden Normen zu prüfen und zu rechtfertigen oder zu verwerfen. Der Standpunkt der Moralität fordert vom Handelnden, daß er am Maßstab der Gesetzlichkeit der praktischen Vernunft seine Pflichten in immer neu vollzogenen Akten der Prüfung und der moralischen Reflexion wählt, begründet und rational rechtfertigt.

Der Standpunkt der Moralität verlangt „Gewissenhaftigkeit" vom Handelnden. Ich beanspruche aus Überzeugtheit, die ich in der Gewißheit meiner unvertretbaren Subjektivität gewonnen habe, zu handeln und meine Freiheit dadurch zu verwirklichen, daß ich weder im Sinne des Herkommens noch durch Befolgung an mich von anderer Seite herangetragener Forderungen handle. Der subjektive Wille, so heißt es bei Hegel, ist insofern im moralischen Sinne frei, als die Bestimmungen seines Handelns „innerlich *als die seinigen gesetzt* und von ihm gewollt werden. Seine tätliche Äußerung in dieser Freiheit ist *Handlung*, in deren Äußerlichkeit er nur dasjenige als das seinige anerkennt und sich zurechnen läßt, was er davon in sich selbst gewußt und gewollt hat"[8]. Als subjektiver, moralischer Wille stellt sich, vom Standpunkt der Moralität aus gesehen, das Subjekt durch seine Handlung in „äußerer", objektiver Erscheinungswirklichkeit dar.[9]

Dem entspricht auch ein Zug an der Moralität, welcher bewirken kann, daß der allzu Gewissenhafte sich selbst an der Entscheidung zum Handeln hindert. Seine Lage ist die, daß er in jedem Moment des Handelns seinen Anspruch auf Prüfung und Rechtfertigung erfüllt wissen will. Seine Gewissenhaftigkeit verpflichtet ihn zu unablässiger, dauernder Reflexion, die ihn nicht zur Entscheidung kommen läßt: denn der Handelnde ist „gewissenlos", als den ihn Goethe in dem Sinne versteht, daß er in dem Augenblick, in welchem er seine Entscheidung zu fällen hat, die vom Gewissen vorgeschriebene, in der moralischen Reflexion verwirklichte Prüfung der Situation und seiner Handlungsmotive zu Ende zu bringen hat. Entscheidung ist als Übergang über die Grenze anzusprechen, welche zwischen der gewissenhaften moralischen Reflexion und der Ausführung der Handlung verläuft: Kann sich das Subjekt von derjenigen Epoche der Handlung, welche durch die Reflexion ausgefüllt ist, nicht trennen, dann ist es ihm nicht möglich, in der Entscheidung zum Handeln die Grenze zu überschreiten, von der ab die Reflexion zu schweigen hat, weil das handelnde Bewußtsein ganz von der Aufgabe in Anspruch genommen wird, die Wirklichkeit zu meistern. Entscheidung ist, von hieraus gesehen, zugleich der Abschied von der Epoche der moralischen Reflexion und der Über-gang über die Grenze, welche den Standpunkt des Beratens und Überlegens von demjenigen „scheidet", der sich auf den Boden der Handlungs*wirklichkeit* stellt.

Schließlich ist auch auf den Zug der Moralität hinzuweisen, daß sie den Maßstab für die moralische Beurteilung einer Handlung in die „Gesinnung" des Handelnden verlegt. Für Kant zum Beispiel ist der Maßstab für die

[8] G. W. F. Hegel, Enzyklopädie der philosophischen Wissenschaften im Grundrisse (G. Lasson), Leipzig 1911, § 503.

[9] Vgl. auch ›Grundlinien der Philosophie des Rechts‹ (Hoffmeister), § 113.

moralische Handlung der „gute Wille", d. h. derjenige, welcher die Handlung nur um der gesetzlichen Form willen getan hat, in welcher sie geboten wurde. Dem Standpunkt der Moralität ist in dieser Hinsicht insofern Recht zuzubilligen, als die Gesinnung, aus der eine Handlung geschieht, erkannt werden muß, um den Handelnden verstehend zu begreifen und beurteilen zu können. Beruft sich aber der Standpunkt der Moralität in abstrakter und einseitiger Weise auf die Gesinnung, dann begeht er den Fehler, eine Grenze zwischen „innen" und „außen", zwischen der Verfassung des handelnden Bewußtseins und dem äußeren Verlauf der Handlung zu ziehen. In Wahrheit umfaßt die Handlung das Äußere wie auch das Innere zugleich: eine Tat der Hilfeleistung, die aus einem indirekten Egoismus geschehen ist, ist eine andere Handlung als die, die aus Verpflichtung dem andern Menschen gegenüber getan wurde, selbst wenn die eine Handlungsfigur von der andern, als reines Verhaltensmuster betrachtet, nicht zu unterscheiden wäre. Aber auch demjenigen Handlungstheoretiker, der den Wert einer Handlung nur von ihrem „äußeren" Erfolg her bemißt, ist derselbe Fehler einer unerlaubten Trennung zwischen dem Innen und Außen vorzuwerfen. Sowohl der einseitige Vertreter der „Gesinnungsethik" wie auch derjenige der „Verantwortungsethik" muß sich darüber belehren lassen, daß er dem Begriff der Handlung nicht gerecht wird, da diese nicht nur auf Bewirken abzielt, sondern sich auch im Sinne der Praxis als Weiterführung und Beförderung des gemeinsamen normativen Lebens versteht, welches sich als Hervorbringen erscheinender Sinngestalten darstellt.

Von hier aus gesehen wird die Aufgabe überzeugend, das Recht des Standpunktes der Moralität auf dasjenige abzustimmen, welches der Standpunkt der Sittlichkeit für sich in Anspruch nimmt. Dieser gebraucht für die Beurteilung der Handlung den Maßstab, der in der Frage an diese zum Ausdruck kommt, ob sie der allgemeinen Sitte des Denkens und Handelns gerecht geworden ist oder nicht. Der Standpunkt der Sittlichkeit fordert nicht dazu auf, zwischen „innen" und „außen" zu unterscheiden, sondern er fordert, daß sich der Handelnde den im Leben der Gemeinschaft verwirklichten und in deren Tradition gewachsenen Normen des Denkens *und* Handelns verpflichtet. Diesem Standpunkt gemäß ist nicht ein in unablässiger Reflexion gedachtes „Sollen", sondern das Sein des Handelnden maßgebend. Vom Standpunkt der Sittlichkeit aus gesehen sind diejenigen Ansprüche der Wirklichkeit des gemeinschaftlichen Lebens, die der Wortführer der Moralität als heteronom, als sich von „außen" her dem handelnden Bewußtsein anbietend deklariert, zugleich auch als „innere" Forderungen zu bewerten. Denn in diesem Lebenszusammenhang bildet sich das Sein der handelnden Person heraus, welches den Handelnden befähigt und auch berechtigt, im Augenblick der Entscheidung seine Reflexionen zu beenden und zur Tagesordnung des Handlungsvollzuges überzugehen.

Demgemäß interpretiert der Anwalt der Sittlichkeit die Freiheit nicht als Anspruch des Subjekts auf Herrschaft über Natur und Geschichte und auf einen in jedem Augenblick des Handelns zu setzenden Anfang. Er hält es als mit dem Begriff der Freiheit unvereinbar, wenn sie von einem Subjekt in Anspruch genommen wird, das sich der natürlichen und geschichtlichen Wirklichkeit gegenüberstellt. Damit würde sich das Subjekt in den Augen des Wortführers der Sittlichkeit auch dann in Abhängigkeit von einem von ihm in die Stellung der Äußerlichkeit verwiesenen Anspruch setzen, wenn es Unabhängigkeit von ihm beanspruchen würde.

Demgegenüber bringt der Anwalt der Moralität den Gedanken zur Geltung, daß sich das Subjekt nur in solchen glücklichen Zeiten mit der gemeinsamen und allgemeinen Sittlichkeit zu arrangieren vermag, in denen diese mit ungebrochener Kraft die allgemeine Überzeugung auf ihrer Seite hat und „geglaubt" wird. Aber in dem Augenblick, in welchem dieser Glaube keine Überzeugungskraft mehr hat, muß, so argumentiert der Anwalt der Moralität, das Subjekt vom Standpunkt seiner gesetzgebenden Vernunft aus selbständig Maßstäbe setzen und sich als werteschaffend erweisen. In dieser kritischen Situation wird die Bedeutung des Standpunktes der Moralität erkennbar, der eine Normierung des Handelns auch dann zu erklären vermag, wenn sich die Einheit des sittlichen Lebens aufgelöst hat.

Die Aufgabe einer einigenden Vermittlung zwischen beiden Standpunkten, die gestellt wurde, ist im Blick auf diese kritische Situation so zu erfüllen: Auch in dieser behauptet die Moralität nicht absolut das Feld. Ihre Verbindung mit der Sittlichkeit wird einsichtig, wenn man bedenkt, daß auch in den Zeiten des „Umbruches" der Sittlichkeit das Subjekt nicht allein auf seine isolierte und einsame Reflexion verwiesen wird, sondern immer noch aufgrund eines habituellen Handlungscharakters reflektiert und handelt, der durch die Kräfte des sittlichen Lebens gebildet wurde, die jetzt außer Kraft gesetzt werden. So hat zum Beispiel Luther seine reformatorische Tat des Thesenanschlags an der Schloßkirche zu Wittenberg als immer noch zum Leben der Kirche gehörig verstanden, der er bis dahin angehörte. Moralische Reflexion tritt nicht der Sittlichkeit als ihre unversöhnbare Gegenposition gegenüber, sondern sie gehört als prüfende, rechtfertigende und dem Prozeß der Entwicklung des gemeinsamen sittlichen Lebens in Gang haltende Instanz zu diesem: demgemäß bedarf die Moralität des von der Sittlichkeit gebildeten praktischen Seins, welches die Grundlage für die Unruhe und das Veränderungspotential der Reflexion abgibt. Neue Orientierung ist immer Um-orientierung eines schon verwirklichten Seins und dessen Bewußtseins.

Künftig wird der Begriff des praktischen Seins in der Weise verstanden werden, daß die Ansprüche der Moralität eingeholt werden. Dieses wird als eine in der Normenpraxis der sittlichen und rechtlichen Gemeinschaft eingeübte Verfassung zu begreifen sein, welche von dem gewonnenen Normstand aus ein prüfendes und kritisches Verhalten gegenüber der eigenen sittlichen Herkunft fundiert.

Drittes Kapitel

TYPEN DER RATIONALITÄT DES HANDELNS UND DER HANDLUNGSTHEORIE

Im folgenden sollen fünf Standpunkte unterschieden werden, in deren Perspektiven Handeln und Handlung begründet oder, je nach der Absicht eines dieser Standpunkte, erklärt oder verstanden werden kann. Sie ergeben verschiedene Weisen der Begründung einer Handlung: sie entsprechen analogen Typen der „Rationalität" im praktischen Sinne. Diese Standpunkte und die ihnen entsprechenden Typen der praktischen Rationalität sollen als der naturalistische, der teleologische, der Standpunkt des praktischen Seins und derjenige der Systemtheorie bezeichnet werden: schließlich ist noch ein Sinnbezug des Handelns zu berücksichtigen, der das „Wozu?" des Handelns überhaupt betrifft: dabei wird vom Terminus „Sinn" in einem engeren Sinne Gebrauch gemacht werden.

Die Rede von „Rationalität" kann sich in diesem Zusammenhang einerseits auf die Begründungs- und Motivationsleistung des Handelnden selbst berufen, andererseits kann sie als Rationalität des Handlungstheoretikers verstanden werden, der es sich zur Aufgabe macht, Handeln zu begründen. Beide Aspekte sind in einem gewissen Zusammenhang zu sehen, auf den hier nicht näher eingegangen werden soll. Im folgenden wird Rationalität für die Begründungsleistung des Handlungstheoretikers in Anspruch genommen werden. Zunächst soll der naturalistische Standpunkt und seine Kausaltheorie des Handelns zu Worte kommen.

1. Der naturalistische Standpunkt und die Kausaltheorie des Handelns: Erklärung und Explanation

An früherer Stelle wurde bemerkt, daß sich der Philosoph im Falle der Theorie des Handelns in derselben Weise zu verhalten habe wie auch in anderen philosophischen Disziplinen: er muß eine geschichtliche Wirklichkeit voraussetzen, die durch schon immer geschehenes Denken und Handeln geschaffen worden ist. Versucht er einen Begriff des Handelns zu gewinnen, dann muß er die Situation des Handelns und die Handlungswelt bedenken, die sich das handelnde Bewußtsein einer bestimmten Gegenwart seiner Geschichte gemäß geschaffen hat. Der Begriff des Handelns ist immer auf eine Handlungssituation bezogen, die das handelnde Subjekt durch seine

Auffassung des Seins und seine Stellung zu ihm und der praktischen Welt hergestellt hat. Dadurch, daß die Wirklichkeit immer eine vom handelnden Subjekt interpretierte ist, entsteht ein unvermeidlicher Zirkel: er besteht darin, daß sich der Handelnde einerseits seine Handlungswelt durch die Grundhandlung einer Interpretation der Wirklichkeit herstellt, sich andererseits dadurch aber erst die Möglichkeit des Handelns schafft.

Beispielsweise ist daran zu erinnern, daß die Ontologie der gefesselten Natur die für Handeln im Sinne des Bewirkens charakteristische Stellung des Subjekts der Wirklichkeit gegenüber begründet und daß die diese Ontologie herstellende Grund-handlung des Weltentwurfes die moderne Handlungssituation fundiert. Das moderne Bewußtsein des Handelnden legt sich einen Schauplatz seines Handelns zurecht, auf welchem es die Vorgänge naturgesetzlich beherrscht und vom Standpunkt des freien, verfügenden Subjekts aus die Natur als Inbegriff gefesselter Objekte behandelt. Handeln versteht sich unter dieser Voraussetzung als erfolgreiches, sachkundiges und zweckentsprechendes Bewirken. Die für das hier gefragte praktische Denken maßgebende Kategorie ist die der Kausalität. Züge wie Bewirken, Leisten, Verändern, Herstellen von Wirklichkeit sind für die Physiognomie dieses Handlungstypus eigentümlich.

Demgemäß versteht sich das handelnde Subjekt als „Ursache" von Wirkungen, die es aufgrund seiner Kausalerkenntnis durch einen Einsatz der richtigen Mittel herbeiführen will. Im Sinne des Begriffs der Handlung als eines Bewirkens erklärt Kant das handelnde Subjekt als Ursache: aber er ist darauf bedacht, diese Ursache nicht als erscheinendes Ding und als der Naturnotwendigkeit unterworfenes Objekt zu begreifen, sondern ihren Freiheitscharakter anzuerkennen: er versteht sie als „freie" Ursache, die selbst nicht durch eine Ursache be-dingt ist; er begreift sie als un-bedingt und spricht ihren Ursachcharakter als „Kausalität durch Freiheit" an.[1] „Meine" Handlung kann dann als eine Geschichte beschrieben werden, deren Akteur „ich" bin, nicht eine mich an Marionettenfäden ziehende äußere Macht. Während eine Ursache, im Sinne einer gesetzlich bestimmten Naturkausalität verstanden, nur als einzelnes Glied in der Kette der Kausalität aufzufassen und zu begreifen ist, bin ich als freie Ursache das die ganze Kette von ihrem Anfang bis zu ihrem Ende zusammenhaltende Band. Ich identisiere mich dann mit der Geschichte meiner Handlung im Ganzen, indem ich mich als das „Prinzip" ihrer Kausalkette, als ihren ersten Anfang und als den sie einigenden Zusammenhang ihres Verlaufes verhalte und begreife.

[1] Vgl. mein Buch: Das Prinzip Handlung in der Philosophie Kants. Berlin 1978, S. 300f.

Um das „Prinzip", d.h. den un-bedingten Anfang der Handlung in der freien Entscheidung des Subjekts in den Blick zu bekommen, dazu bedarf es einer spezifisch philosophischen Perspektive, die ihrerseits durch die Einnahme eines entsprechenden Standpunktes der Erkenntnis gewonnen wird. Dieser ist durch Über-gang über den Horizont der bloßen Objekt-Welt zu demjenigen zu gewinnen, innerhalb dessen das „Ich denke" bzw. „Ich handle" und das „Ich nehme zu den Objekten Stellung", sowie die dazugehörige „Welt" in den Blickkreis der Philosophie treten. Infolge ihrer empiristisch-nominalistischen Denkrichtung findet und sucht die analytische Philosophie zu diesem Denkbereich keinen Zugang. Ihr steht nur diejenige Perspektive zur Verfügung, von der auch der Vertreter der Naturwissenschaft Gebrauch macht, wenn er Objekte und ihr Verhalten in der Welt der physischen Erscheinungen beschreibt.

Die Rationalität, von der die kausale Theorie des Handelns Gebrauch macht, ist derjenigen der Naturwissenschaft vergleichbar, wenn die Willens- und Entscheidungsbildung auf die Sprache kausaler Erklärung gebracht wird. Der Fall der kausalen Begründung und Erklärung einer Handlung in primitiver Form wäre gegeben, wenn man eine Entscheidung bestimmter Art etwa auf die Wirkung eines Medikamentes zurückführen würde. Dann würde die Entscheidung auf ein und dieselbe Ebene der Naturtatsachen gestellt, wie auch das Medikament, so daß zwischen beiden „Objekten" eine Kausalbeziehung möglich wäre. Auch in gegenwärtigen sublimeren Formen der kausalen Handlungstheorie ist dasselbe Verfahren zu beobachten, durch welches subjektive Bewegungen des Denkens und Wollens im kausalen Sinne dadurch rationabel gemacht werden, daß sie in Objekte, in Tatsachen des Bewußtseins umgedeutet werden.

So werden in gegenwärtigen Kausaltheorien des Handelns nichtobjektivierbare, subjektive Bewegungen wie die „Intention" auf Zwecke, die von der Philosophie als Äußerung der Freiheit erklärt wird, in die Rolle einer kausalgesetzlich begreifbaren Tatsache gezwungen. Leistungen wie freie Wahl, Entscheidung, Intention werden nicht als Symptome der Freiheit philosophisch verstanden und als vernünftig motivierbares sich selbst auslegendes Verhalten begriffen: vielmehr werden sie als objektive Tatsachen des Bewußtseins zu kausalen Faktoren umgedeutet.

Vom Standpunkt der kausalen Theorie aus gesehen gehört zur Beschreibung eines Ereignisses, welches als Handlung genannt zu werden verdient, die Feststellung, daß die handelnde Person ein Ergebnis „verursacht". Das Programm der kausalen Deutung erstreckt sich nicht nur auf das „äußere" Handlungsgeschehen: vielmehr werden auch „innere" Vorgänge kausal gedeutet. Es wird nämlich angenommen, daß Wollen und Vorstellen einer Person „Ursache" für deren Verhalten sind.[2] Vorstellungen von dem zu erreichenden und angestrebten Ziel werden als „Ursache" der Entscheidung und des Eingreifens in die Wirklichkeit angesprochen. Eine Handlung wie die des Tyrannenmordes, den Wilhelm Tell an Geßler verübt hat, wird in einer kausalen Darstellung nicht, wie die Sprache es will, die von dieser individuellen Handlung Wilhelm Tells spricht, als zusammenhängende kontinuierliche Geschichte verstanden und begriffen: vielmehr gliedert eine nach dieser Theorie des Handelns vorgehende Darstellung dieses Ereignisses die Geschichte dieser Handlung in einzelne Elemente auf, die in kausale Verbindung gebracht werden. Aus dem Ganzen dieser Handlung werden einzelne Tatsachen herausgelöst, wie etwa Absicht, Wille, Entscheidung des Handelnden, die als „innere" Fakten gedeutet werden; diese werden mit Fakten „äußerer" Art, wie die des Auflegens des Pfeiles, des Spannens, Zielens und Abdrückens auf eine gemeinsame Ebene der Kausalerklärung gestellt.[3] Seit dem terminologischen Vorschlag W. Diltheys wird das wissenschaftliche Verfahren, welches sich der Rationalität kausaler Darstellung bedient, als „Erklären" bezeichnet. Erklären macht von der Rationalitätsform der Kausalität Gebrauch, der folgende Methode entspricht: die erklärend zu „beschreibende" Geschichte der Handlung wird in einzelne Fakten aufgelöst, die dann durch das Band der Kausalrelation zu einem rational beherrschbaren Beziehungszusammenhang verbunden werden, welcher als Begriff der zu erklärenden Handlung ausgegeben wird.

Diese Methode wird von dem Programm einer Rationalität bestimmt, der es darauf ankommt, die natürliche und geschichtliche Wirklichkeit einer Handlung auf die Sprache von Beziehungszusammenhängen zu bringen und dabei nur „objektive" Bedeutungen von Wörtern und Begriffen zuzulassen: d. h. solche, die nur durch den Blick auf Objekte und Objekt-Zusammenhänge verstanden werden; ausgegrenzt werden solche Bedeutungen, die einen Mitvollzug des Denkens dieser gedanklichen und willentlichen Bewegung des Handelnden erfordern, um verstanden zu werden. Wenn man hier von einem Programm der „absoluten Objektivierung" sprechen darf, dann ist zugleich hinzuzufügen, daß die Absicht dieses Programms zu einer noch radikaleren Form der entsprechenden Rationalität des Begreifens der Handlung geführt hat. Man kann von hier aus gesehen beanstanden, daß die Rede von der Kausalität noch zuviel Möglichkeiten bietet, an subjektive Bewegungen des Denkens und Wollens zu denken. So gibt es die Möglichkeit, der „Ur-

[2] Donald Davidson, Handeln. In: Analytische Handlungstheorie (hrsg. von G. Meggle). Frankfurt 1977, Bd. 1, S. 286.

[3] Vgl. auch Frederik Stoutland, Die kausale Theorie der Handlung. In: Neue Versuche über Erklären und Verstehen (hrsg. von K.-O. Apel, J. Manninen u. R. Tuomela). Frankfurt 1978, S. 113.

sache" Freiheit und Selbständigkeit zuzubilligen, sofern es sich um „Kausalität durch Freiheit" handelt, wie Kant sie genannt hat. Solche auf die Freiheit hinweisenden Bedeutungen passen nicht in das mit einseitiger Konsequenz verfolgte Programm des naturgesetzlichen Beschreibens in der Sprache notwendiger objektiver Zusammenhänge. Wenn die Rede von der Kausalität noch den Blick auf ein Ursache*sein* des Handelnden auf dessen Freiheit hoffen läßt, dann kann sie in einem streng „nomologischen" Denken und Sprechen nicht zugelassen werden; Kausalität muß dann auf einen Folgezusammenhang von Sätzen reduziert werden.

Die Konsequenz daraus ist in dem bekannten Modell der Explanation von Hempel und Oppenheim gezogen worden, in welchem die Absicht abgewehrt wird, von einer Ur-sache als einem zugrundeliegenden, eine Wirkung hervorbringenden Seienden zu sprechen. Kausalität wird jetzt auf die Form logischer Abhängigkeit von Sätzen gebracht, welche Ereignisse der Natur, Handlungen von Menschen usw. zu beschreiben haben.[4] Konsequenterweise müßte man diese radikale Form nomologischer Rationalität von der des „Erklärens" im harmlosen Sinne der herkömmlichen Kausalität unterscheiden und im Unterschied dazu von „Explanieren" bzw. „Explanation" sprechen.

Nicht Beziehungen zwischen Objekten werden vom Programm der nomologischen Rationalität in das Blickfeld gerückt, sondern logische Abhängigkeitsverhältnisse zwischen Sätzen eines Syllogismus. Die Explanation eines Ereignisses wie desjenigen einer Handlung geschieht nach folgendem Muster: eine beliebige Anzahl von soziologischen oder historischen „Gesetzen" wird so zusammengefaßt, daß ein Satz entsteht, der im Syllogismus die Rolle eines Major spielen kann. Um den dazugehörigen Minor-Satz zu gewinnen, werden einschränkende Realbedingungen, die für das vorliegende zu explanierende Ereignis maßgebend sind, auf eine Formel gebracht. Es liegt in der Absicht der Wortführer der nomologischen Explanation, ihr Programm auch in den Humanwissenschaften, also etwa in Soziologie und Geschichte zu verwirklichen. Angestrebt wird eine „genetische Erklärung" der Handlungen. Diese soll den Historiker in den Stand setzen, Geschichte nicht nur durch Aufreihung aufeinanderfolgender Fakten zu beschreiben, sondern sie als nomologischen Zusammenhang zu entwickeln. In der naiven Meinung, als ob es nur die Alternative zwischen Erzählung von Geschichten und nomologischer Darstellung gäbe, wird argumentiert, daß bloße Aufzählung zum Beispiel der „wichtigen Ereignisse des Jahres" in einem Tagebuch in

[4] Z.B. H. G. Hempel, Erklärung in Naturwissenschaft und Geschichte, aus: Erkenntnisprobleme der Naturwissenschaft (hrsg. von Lorenz Krüger), Köln/ Berlin 1970, S. 215.

der Reihenfolge ihres Auftretens nicht als genetische Erklärung eines in der Geschichte dieses Jahres vorkommenden Ereignisses angesehen werden kann.[5] Im Programm der genetischen Explanation ist vorgesehen, daß von jedem Stadium der Geschichte einer Handlung aus seine Herkunft aus den vorhergehenden Ereignissen erschließbar wird und daß Sätze über künftige Ereignisse abgeleitet werden können. Zugegeben wird dabei, daß sich die Rationalität dieser Weise des Beschreibens der Wirklichkeit nicht von derjenigen unterscheidet, welche die beschreibende Explanation eines physikalischen Ereignisses bestimmt. Was die Explanation einer Handlung angeht, so ist der hier erhobene Anspruch so zu verstehen, daß durch die „genetische Explanation" die einzelnen Phasen der Geschichte einer Handlung als Stationen eines statistisch-gesetzlichen Vorgangs zu begreifen sind.

Vertreten wird die These, daß historische Explanationen von Handlungen von Wahrscheinlichkeitsgesetzen Gebrauch zu machen haben. An folgendes Modell wäre hierbei zu denken: Ein Historiker beschreibt etwa Werdegang und frühes Auftreten Napoleons. Es würde sich ihm anbieten, von einem statistischen Gesetz etwa folgender Art Gebrauch zu machen: Wenn alte Ordnungen aufgelöst werden, wie es in der Französischen Revolution der Fall war, dann ist die Möglichkeit für das Emporkommen genialer und ehrgeiziger Führerpersönlichkeiten gegeben. Dieser Fall begegnet in der Person Napoleons. Die dementsprechende Rekonstruktion der Geschichte ergibt als Conclusio, daß Napoleon mit erdrückender Wahrscheinlichkeit große Karriere machen mußte.

Der naturalistische Charakter dieses Programms zeigt sich darin, daß Sinnverhalten des Handelnden, sein Stellungnehmen, sein Überlegen und Entscheiden als objektive „Fakten" gedeutet und behandelt werden, die in die entsprechenden Leerstellen der nomologischen Syllogismus-Formel eingesetzt werden. Subjektive Bewegungen des Denkens, die nur auf dem Wege eines Mitvollzuges verstanden werden können, werden als objektive Dinge, als Tatsachen des Bewußtseins gedeutet und behandelt. Einen „Grund" für eine Entscheidung haben und für eine Entscheidung „motiviert" sein, wird im Sinne dieses naturalistischen Programms als „Disposition" des Handelnden gedeutet. Dem Handelnden wird eine Disposition in derselben Bedeutung unterstellt, wie sie von einem Stück Schwefel ausgesagt wird, das darauf hin angelegt ist, bei Erhitzung zu schmelzen. Soll die Disposition des Han-

[5] Ibidem S. 227. Unter Berufung auf W. Dray, Law and Explanation in history, Oxford 1957, wird auch vom covering-law-model gesprochen und damit angedeutet, daß zur Erklärung nicht nur ein einziges Gesetz, sondern mehrere Gesetze herangezogen werden müssen. Hier ist der Begriff einer hervorbringenden Ursache, die eine Wirkung zur Folge hat, durch eine logische Beziehung zwischen einer Gruppe von Gesetzen und Fakten ersetzt worden, die unter diese Gesetze subsumiert werden.

delnden im Sinne des genetischen Explanations-Modells zur Sprache gebracht werden, dann gibt sich eine Satzfolge etwa von der Art: Ein Handelnder A war in einer Situation des Typs C. A war disponiert vernünftig zu handeln. Jemand, der disponiert ist, vernünftig zu handeln, wird in einer Situation des Typs C mit hoher Wahrscheinlichkeit stets X tun.[6] Der Gebrauch des Dispositionsbegriffes führt im Rahmen dieses Programms zu der Möglichkeit, naturalistisch solche der ganz anderen Sprache dem Standpunkte der Freiheit angehörender Namen wie: Rechtfertigung, Motivation, Begründung der Handlung usw. als „objektive" Tatsachen zu deuten.

Der von diesem naturalistischen Programm in Anspruch genommenen Rationalität ist es gemäß, alle dem Bereich der Erscheinungen und der zeitlich-räumlichen Ereignisse angehörenden Gestalten und Vorgänge als Sonderfälle von „Gesetzen" zu interpretieren und zu behandeln, mag es sich hierbei um Handlungen oder um physische Vorgänge handeln. Vom Standpunkt des erfolgreichen, „bewirkenden" Handelns aus gesehen ist dieser Perspektive insofern ein relatives Recht zuzubilligen, als ihr Hauptgesichtspunkt der der „Berechenbarkeit" des Handelnden ist. Der mit und unter Umständen gegen ihn Handelnde hat ein Interesse daran, es mit einem berechenbaren Gegenüber zu tun zu haben, um seine eigenen Zweckabsichten mit der Aussicht auf ein relativ sicheres Ergebnis verfolgen zu können. Dieser Aspekt spielt zum Beispiel bei außenpolitischem Handeln der Staaten und ihrem gegenseitigen Verkehr eine entscheidende Rolle.

Aber das handelnde Bewußtsein erklärt sich mit dem Portrait, welches die nomologische Theorie von seiner Rationalität zeichnet, nicht zufriedengestellt: es verlangt vom philosophischen Portraitisten ein vollkommeneres Bild, in welchem auch andere, wesentlichere Züge getroffen sind, deren es als der seinigen gewiß ist.

Wie das gemeint ist, kann an der Aufgabe verdeutlicht werden, die sich für einen Kriminalbeamten ergibt, wenn er einen Mord aufzuklären hat. Aufklärung heißt in diesem Falle: es geht darum, die Handlung zu erkennen, die geschehen sein mußte, damit ein vorliegender Tatbestand erklärbar bzw. explanierbar wird. Dem Programm der Explanation zufolge muß der Syllogismus gefunden werden, dessen Schlußfolgerung so lautet: Also mußte das Individuum X den Y, dessen Leiche hier im Zimmer liegt, umgebracht haben. In Wahrheit aber verläuft der Gedankengang des Kriminalbeamten ganz anders: um aus der verwirrenden Fülle der zum Tatbestand gehörenden feststellbaren Einzelheiten das charakteristische Bild der Handlung zu gewinnen, das zu den Gegebenheiten des vorliegenden Tatbestandbildes paßt, fragt der Beamte nicht nach allgemeinen Gesetzen, die hier Anwendung

[6] Ibidem S. 252.

gefunden haben mögen, sondern nach der Individualität des Handelnden, der den Tatbestand „bewirkt“ haben kann: die Erkenntnis dieser Individualität, ihres Charakters, der sie bestimmenden Motive ermöglicht es, den Charakter auch der Handlung und deren Verlauf selbst zu erkennen, um die es hier geht. Dieser Charakter der Handlung kann, in juristischer Perspektive, die Entscheidung darüber begründen, ob es sich um Totschlag oder um Mord gehandelt hat. Der Kriminalist stellt demgemäß die Frage, welch eine Art von menschlichem Individuum muß hier angenommen werden, dessen Handlung mit dem Bilde übereinstimmt, welches der Tatbestand ergibt: möge dieses Bild etwa die Züge der Grausamkeit, der Hinterlist, der kalten Berechnung oder des Affektes ergeben. Im eigentümlichen Charakter der Handlung ist das Bild des handelnden Individuums zu sehen und umgekehrt zugleich auch das Individuum aus dem Charakter der Handlung zu erkennen, die ihm zuzurechnen ist. Die Einheit der Handlungsgestalt, welche es erlaubt, von „dieser“ Handlung zu sprechen, ist Ausdruck für die Art und Weise, in welcher der Handelnde sich in die Geschichte seines Handelns hineinerstreckt. Um eine Handlung als diesen charakteristischen Verlauf ansprechen und nennen zu können, den man unter ein Gesetz subsumieren kann, muß sie schon immer vorher als Ausdruck des Handelnden und seines Handlungscharakters begriffen worden sein. Auf diese Weise kommt eine Rationalität des Begreifens einer Handlung zur Geltung, die als „teleologische“ bezeichnet werden soll.

2. Der Rationalitätscharakter der teleologischen Deutung der Handlung: das „Verstehen“

Die teleologische Perspektive rückt den Charakter der Freiheit des Handelnden in den Blick, der sich für einen bestimmten Grundsatz seines Handelns und einen dementsprechenden Zweck entscheidet und die zur Verwirklichung dieses Zweckes passenden Mittel wählt. Die Rationalität, von der hierbei Gebrauch gemacht wird, fordert von demjenigen, der in ihrem Sinne eine Handlung begründet und das ihre Geschichte zusammenhaltende Band begreift, diejenige Leistung heraus, die man seit W. Dilthey die des „Verstehens“ im Unterschied zu der des Erklärens nennt. Das Programm der nomologischen Beschreibung der Handlung versagt in dem Augenblick, in welchem die Aufgabe gestellt ist, der Freiheit des handelnden Subjekts und damit der Individualität der Handlung gerecht zu werden. Versucht z.B. der einen Angeklagten in der Gerichtsverhandlung verteidigende Anwalt das Gericht davon zu überzeugen, daß sein Klient für seine Handlung nicht zurechnungsfähig und daher für sie nicht verantwortlich zu machen ist, dann stellt er ihn als durch Zwänge determiniert dar. Dabei macht er vom nomologischen Modell der Explanation der betreffenden strafbaren Handlung Gebrauch: er beruft sich vielleicht auf Urteile von Gutachtern, welche im Prinzip nachweisen sollten, daß der Betreffende unter den Zwängen eines bestimmten soziologischen oder psychologischen „Gesetzes" steht und daher seine Handlung nicht in „Freiheit" getan hat: vielmehr *mußte* er aufgrund der Gesetze, unter denen er stand, und der faktischen Bedingungen, die für ihn geltend waren, die betreffende Handlung begehen.

Von der hierbei maßgebenden Rationalität des Erklärens bzw. Explanierens unterscheidet sich diejenige des Verstehenden, welcher der Freiheit des Handelnden und dessen Individualität gerecht wird, wobei er sich in eine mit diesem gemeinsame Handlungswelt versetzt. Die Leistung des Verstehens verlangt Erkenntnis des Handelnden, seiner Maßstäbe, seines Seins und seiner Motivationen: dessen, was sich „hinter" der Bühne ereignet, auf der die sichtbaren und äußerlich beschreibbaren Vorgänge des Handlungsverlaufes geschehen. Um dieses Geschehen hinter der Bühne zu erkennen, dazu genügt es nicht, ihm gegenüber in einer objektivierenden Distanz zu verbleiben. Vielmehr muß man, wie Hegel einmal in der Phänomenologie des Geistes sagt, „dahinter gehen". Das heißt: Verstehen fordert gedankliche Leistungen wie die des „Standnehmens" auf dem Boden einer Handlungswelt, die mit derjenigen des Verstehenden und seiner Handlung Eines ist. Der Verstehende unterscheidet sich von dem Wortführer der Explanation vor allem dadurch, daß er nicht wie dieser seinem „Gegenstand" gegenüber die Stellung des Subjektes einnimmt, welches sich sein „Objekt" gegenüberstellt und es in der Sprache funktionaler Beziehungen buchstabiert. Das verstehende Subjekt versetzt sich in ein und denselben Sinnzusammenhang, dem auch sein „Gegenstand" angehört: es stellt eine Art von Identität mit ihm her. Dilthey hat die Möglichkeit des Einfühlens, des Mitvollzuges der in dem zu verstehenden Subjekt stattfindenden inneren Bewegungen, seiner Zwecksetzungen, seiner Seinsauffassung und „Weltanschauung", seiner Lebenspläne und seines Selbstverständnisses gefordert. Mit Recht hat man gegen ihn geltend gemacht, daß eine distanzlose Identisierung des Verstehenden mit seinem „Gegenstande" dessen wahrer hermeneutischer Stellung nicht gerecht wird. Der Verstehende nimmt seinem Gegenstande gegenüber eine distanzierte Stellung ein: die Distanz ergibt sich dadurch, daß sich der Verstehende zu seinem „Gegenstand" in ein geschichtliches Verhältnis setzt. Er begreift seinen eigenen Standpunkt als Ergebnis einer Geschichte der Erfahrungen, die seit dem Auftreten seines „Gegenstandes" sich ereignet hat und die durch diesen vielleicht sogar in Gang gesetzt worden ist. Der Verstehende begreift sich der seit dem Auftreten seines Gegenstandes verflossenen Geschichte der Erfahrungen zugehörig, so daß er sich mit ihm in einen gemeinsamen Sinnzusammenhang versetzt.

Während der Wortführer der kausalen Handlungstheorie und ebenso derjenige des nomologischen Programms die Handlung als durch einzelne Wirkungsschritte zusammengesetzt begreift, faßt sie der sie Verstehende als einen kontinuierlichen, unteilbaren Zusammenhang auf, in welchem sich das Subjekt in die Geschichte seines Handelns hineinerstreckt. Zwar gehört auch zur teleologischen Auffassung der Handlung ein kausales Denken: denn dieses dient der zweckrationalen Überlegung dazu, die richtigen Mittel zur Verwirklichung der Zwecke zu finden. Aber das einigende Band des Zweckzusammenhanges umfaßt auch die vom Kausaldenken voneinander getrennten Beziehungselemente und ermöglicht es auf diese Weise, diese als zum Ganzen eines einzigen Handlungsverlaufes gehörig zu begreifen.

Unter diesem Gesichtspunkt mag der Blick auf eine neuerdings vorgetragene Theorie gelenkt werden, in welcher die Absicht besteht, die naturalistischen Einseitigkeiten des Programms der Erklärung bzw. der Explanation zu überwinden. Von Wright setzt sich mit dem deterministischen Charakter dieses Programms auseinander: er definiert diejenigen Vorstellungen als deterministisch, nach denen „das, was *ist*“ sein *muß*. Als einschlägige Modalität des deterministischen Denkens zeigt sich die der Notwendigkeit. Den Nachweis des Determiniertseins von Wirklichkeit erbringen bedeutet, die sich in dieser ereignenden Vorgänge als durch Kräfte „bestimmt“ bzw. durch sie „beherrscht“ zu erweisen. In den Sozialwissenschaften handelt es sich um „Determinanten“ für das Handeln, welche in der Gestalt von Motivation, sozialem Druck, Zielgerichtetheit, kurz, von „Intentionalität“ auftreten.[7] Naturwissenschaft und Sozialwissenschaft stehen zueinander in der Relation eines „methodologischen Parallelismus“, sofern beide auf ihre Weise nach der Auffassung von Wrights nomologisch denken. Er sieht zwischen beiden nur den grundlegenden Unterschied, daß es der ersten um die Beschreibung eines Seienden, der letzteren aber darum geht, ein Sollen zur Geltung zu bringen. Die Naturgesetze müsse man als „faktische Regularitäten“ ansehen, nach denen sich die Ereignisse in der Natur faktisch vollziehen und vollziehen *müssen:* die sozialen Gesetze dagegen enthalten angeblich normative Bedeutungen, denen gemäß sich die Mitglieder der Gesellschaft verhalten *sollen.*

Der Versuch von Wrights, am nomologischen Programm festzuhalten, es andererseits aber so zu erweitern, daß der Anspruch der Freiheit erfüllt und ein einseitiger Determinismus vermieden wird, kann nicht als gelungen angesehen werden: da nicht zugegeben werden kann, daß eine Wissenschaft, die Seiendes zum Gegenstand hat, Sollensaussagen zu machen vermag, mag sie nun Naturwissenschaft oder Sozialwissenschaft heißen. Auch wenn im

[7] G. H. von Wright, Handlung, Norm und Intention. Untersuchungen zur deontischen Logik. Berlin/New York 1977, S. 131.

Bereich der letzteren Wissenschaft Aussagen über Gesetze menschlichen Verhaltens gemacht werden, so geschehen diese doch nicht in praktischer, sondern in theoretischer Absicht: es sind Gesetze, in denen über faktisches Verhalten und über ein tatsächliches Überzeugtsein von moralischen Gesetzen die Rede ist; aber solche sozialwissenschaftlichen Gesetze, in denen die Anerkennung *moralischer* Gesetze in *theoretischer* Absicht zur Sprache gebracht wird, können doch nicht selbst einen Sollensanspruch an das Handeln erheben. Logisch gesprochen sind sozialwissenschaftliche Gesetze über die Rolle des Überzeugtseins von Menschen oder einer Gruppe von Menschen von moralischen Normen Gesetze zweiter Stufe, die selbst nicht den Normenanspruch der Gesetze erster Stufe erheben können. Warum folgt man hier nicht der Kantischen Unterscheidung zwischen theoretischer und praktischer Vernunft? Es würde sich dann zeigen, daß von Wrights Unterscheidung zwischen naturgesetzlicher und sollens-gesetzlicher Notwendigkeit in die Wege Kantischer Moralphilosophie einlenkt. Man denke an die Kantische Unterscheidung zwischen Naturgesetzen, denen die Gegenstände und Ereignisse der Natur folgen *müssen,* und Gesetzen der Freiheit, die sich das praktisch-vernünftige Subjekt selbst gibt, um sich durch autonome Verpflichtung ihnen gegenüber als freies Subjekt zu verwirklichen. Da sich von Wright ganz auf die theoretische Leistung der Sozialwissenschaften beruft, versperrt er sich selbst den Zugang zu dem einzig möglichen Weg, auf dem eine praktische Notwendigkeit als Kehrseite der moralischen, autonomen Gesetze erkannt wird. Statt auf praktische Gesetze der Freiheit beruft er sich auf soziologische Gesetze, deren Notwendigkeit er nicht auf das nomologisch-deterministische Programm begrenzt: unberechtigterweise interpretiert er sie mit der unkritischen Begründung auch als Notwendigkeit des Sollens bzw. als „praktische" Notwendigkeit, daß die sozialwissenschaftlichen Gesetze zugleich auch Sollensaussagen enthalten. Der zwischen Gesetzesaussagen erster und zweiter Stufe zu beachtende Unterschied wird dabei übersehen.

Um die deterministischen Einseitigkeiten der nomologischen Erklärung einer Handlung zu überwinden und einen angemessenen Begriff praktischer Notwendigkeit zu gewinnen, hat von Wright weitere, über das bisher Dargestellte hinausgehende Versuche gemacht. Es setzt sich bei ihm der Gedanke durch, daß Überlegungen in theoretischer Absicht und logisches Folgern im handelnden Subjekt nicht die Triebkräfte erregen können, deren es bedarf, um dieses zu einer Entscheidung zu motivieren und seinen Willen auf den Plan zu rufen. So sieht sich von Wright von der Seite des Problems der Triebfedern und der Entschließungskraft her dazu veranlaßt, über den Ansatz einer Begründung des Sollens auf sozialwissenschaftliche Aussagen hinauszugehen: in handlungstheoretischer Hinsicht ist es zu bedauern, daß er dem andern Aspekt der Begründung des Sollens und seiner Notwendigkeit durch den Standpunkt der spezifisch praktischen Vernunft keine weitere Beachtung mehr schenkt.

Daß die praktische, für die Entscheidungskraft des Willens relevante Notwendigkeit nicht auf diejenige eines theoretisch-logischen Schlusses reduziert werden kann, darauf ist in der Geschichte der praktischen Philosophie mehrmals hingewiesen worden. In diesem Zusammenhang hat etwa Hume die Ohnmacht des bloßen Verstandes zur Bildung von Entscheidung und Willensentschluß hervorgehoben und das „Gefühl" in Anspruch genommen, in welchem allein die Kraft des Willens zur Ausführung der Handlung gesucht werden müsse.[8] Um die Kraft der „Triebfeder" für die wirkliche Ausführung der erkannten Pflicht zu garantieren, hat auch Kant in seinem System dem moralischen „Gefühl" einen Platz eingeräumt: er spricht bekanntlich vom Gefühl der Achtung vor der Menschheit, die sich im andern Menschen darstellt.

Um der teleologischen und der Freiheit des Handelnden zur Zweckwahl angemessenen Rationalität gerecht zu werden, dazu bedarf es von seiten des Handlungstheoretikers einer Bewegung seines Denkens, in welcher er sich selbst hinter die Kulissen der Bühne begibt, auf der sich die sichtbaren, beschreibbaren und auch erklärbaren Handlungsvorgänge ereignen: hinter diesen Kulissen wird der Handlungstheoretiker dann den Ursprung der praktischen Ideen in den Blick bekommen, die auf der Bühne des Handelns in beschreibbaren und erklärbaren Handlungsfiguren Gestalt gewinnen. Der Handlungstheoretiker wird Bewegungen des Denkens und Wollens im Handelnden erblicken, die auf dessen Freiheit beruhen: er wird diese als Standnehmen auf dem Boden einer Handlungswelt, als Beratung, als Zweckwahl und Entscheidung ansprechen. Es ist von Wright vorzuwerfen, daß er trotz des Versuches, auf die durch das teleologische Programm der Handlungstheorie gestellte Aufgabe der Zweckwahl, der Intention, der Beratung und des Entschlusses einzugehen, über den Horizont des nomologisch-deterministischen Denkens im Prinzip nicht hinauskommt. Das hängt daran, daß er die Aufgabe des „Dahintergehens" hinter die Kulissen, vor denen sich das nomologisch erklärbare Geschehen abspielt, nicht erkennt und daher auch nicht erfüllt. Wenn von Wright seine Theorie des Handelns als „teleologisch" bezeichnet, weil er nicht nur „äußere", sondern auch sogenannte „innere" Determinanten wie Zweckwahl, Intention usw. berücksichtigt, dann kann diese Bezeichnung so lange nicht ernst genommen werden, als er sich nicht entschließt, die Methode seines eigenen handlungstheoretischen Denkens

[8] Vgl. mein Buch: Das Prinzip Handlung in der Philosophie Kants. Berlin, 1978, S. 164f.

von der Aufgabe bestimmt sein zu lassen, „hinter" die Kulissen auf der Bühne des Handelns selbst zu gehen.

Da der Handlungstheoretiker von Wright seinem „Gegenstande", der Handlung selbst gegenüber, dieselbe Stellung einnimmt, wie sie dem nomologisch verfahrenden Deterministen eigentümlich ist, kann er es sich auch nicht zutrauen, die wahren Möglichkeiten „innerer" Determinanten zu erkennen und wahrzunehmen. Es kann daher als charakteristisch für diese Situation des von Wrightschen Denkens angesehen werden, daß er die von der Handlungstheorie zu fordernde Triebfeder, welche dem Handelnden die Kraft für die Ausführung der erkannten Pflicht verleiht, nicht in der Freiheit des handelnden Subjekts und seinem praktischen *Sein* sucht, sondern in „äußeren" Faktoren: er lenkt zu diesem Zwecke den Blick auf das, was er den „Normendruck" nennt, der von seiten der Gesellschaft auf das handelnde Individuum ausgeübt wird.

Es muß auch als Schwäche des von Wrightschen Standpunktes angesehen werden, daß derjenige, der seine Position darstellt, dazu genötigt wird, von der Sprache des „Innen" und „Außen" Gebrauch zu machen. Würde man nämlich wirklich im Sinne einer teleologischen Theorie der Handlung den Standpunkt der Freiheit *einnehmen*, dann würde gelten: auch die mich zur Ausführung meiner praktischen Erkenntnis terminierende, angeblich „äußere" Kraft, wie sie etwa in der Erwartung gegeben ist, welche die sittliche Gemeinschaft mir gegenüber hegt, muß als „innere" erkannt werden, wenn sie für mein Handeln bedeutsam sein will; zuletzt beruht eine Handlung immer auf einer freien Entscheidung und wird, wenn man schon diese Sprache wählt, durch „innere" Determinanten bewirkt, auch wenn ich von seiten der Gesellschaft unter Druck gesetzt werden sollte. Es ist in diesem Falle dann jeweils „mein" Zustand, in den ich mich durch solche Einflüsse versetzen lasse. Die angeblich „externen" Determinanten können nur überhaupt für Handeln bestimmend sein, wenn sie von mir jeweils als die „mich" betreffenden angeeignet werden. Wenn von Wright sagt, die „Aneignung institutionalisierter Verhaltensformen ist mit charakteristischen Motivationen verknüpft" und durch diese Wendung die Art des Einwirkens externer Handlungsdeterminanten beschreibt, so wird der Naturalismus dieser deterministischen Auffassung nicht durch die Erklärung gemildert, daß es sich hierbei um „nur" äußere Faktoren handelt, auf die wir zu „reagieren" haben. Von Wright deutet die Handlung und ihre Rationalität nach dem Muster der Theorie von Versuch und Irrtum, wenn er erklärt, daß die „externe" Determinante zu Reaktionen des handelnden Subjekts herausfordere: sie bestehen in normadäquaten Verhaltensmustern, deren gekonnte Ausführung eingeübt werden muß. Die geglückte Befolgung der Normen wird mit Belohnung, mit Achtungs- und Vertrauensbeweisen bedacht, während ihre Verfehlung Mißtrauen, Mißbilligung und Sanktionen zur Folge hat.[9]

Noch einmal soll der Blick auf von Wrights Versuch gelenkt werden, eine spezifisch praktische Form der Notwendigkeit zu kennzeichnen, die sich von derjenigen des kausalen Gesetzes wie auch von der logischen unterscheidet. Zur Kennzeichnung dieser Form von Notwendigkeit dient folgende Beschreibung: Der Handelnde steht unter der Verbindlichkeit „äußerer" Normen. Als praktisch relevant sind diese nicht im Sinne naturgesetzlich begreifbarer Determinanten zu verstehen, da Naturgesetze Regeln sind, welche aussagen, wie sich die ihnen unterworfenen Dinge praktisch verhalten und verhalten *müssen.* Gesellschaftlich institutionalisierte Verhaltensmuster aber „bestimmen" die Mitglieder der Gesellschaft in der Form des „Sollens". Diesem Sollen ist Notwendigkeit eigentümlich, die auch nicht logischer Natur ist, da sonst ihre Nichtbefolgung als „Widerspruch" zu bezeichnen wäre.[10] Das geht deshalb nicht an, weil es sich hier um eine *reale* Divergenz zwischen Verhalten und Norm handeln würde, die im extremen Falle die Form des Sichwidersetzens annehmen müßte. Welcher Art aber ist dann die Notwendigkeit der Beziehung zwischen Normverbindlichkeit und wirklicher Folgsamkeit? Wie muß die Kraft der Determination durch Pflicht gekennzeichnet werden?

Kant spricht von dem vernunftgewirkten „Gefühl" der Achtung vor dem Sittengesetz, dem er die Funktion einer moralischen Triebkraft überträgt. Derjenige, über welchen das Gefühl der Achtung vor dem Sittengesetz Macht hat, folgt diesem nicht nur, weil er es als verpflichtend erkennt, sondern weil ihn dieses Gefühl mit einer gewissen Notwendigkeit antreibt. *Diese* Notwendigkeit ist von derjenigen des Sollens zu unterscheiden. Während diese eine Modalität der Gültigkeit des moralischen Imperativs ist, ist die Notwendigkeit der Befolgung des Sittengesetzes eine Modalität des Norm- bzw. Sinnverhaltens des handelnden Subjekts. Wir werden ihr im nächsten Abschnitt weiterhin begegnen: dort wird sie den Namen der Sinn-Notwen-

[9] Von Wright, Handlung, Norm und Intention. Untersuchungen zur deontischen Logik. Berlin/New York 1977, S. 136.

[10] Ein Seitenblick ist auch auf das von v. Wright nicht berücksichtigte Problem zu werfen, unter welcher Voraussetzung dem Sollen überhaupt praktische Notwendigkeit zuzusprechen ist. Hierfür ist wieder Kant zu Rate zu ziehen, der den Notwendigkeitscharakter des Sollens auf dessen Qualität der Unbedingtheit gründet. Unter von Wrightschen Voraussetzungen aber kommt nur bedingtes Sollen in den Blick, dem etwa die Formel zu geben wäre: Wenn du Sanktionen im Falle einer Verfehlung der von der Gesellschaft dir aufgetragenen Normenerfüllung vermeiden willst, dann leiste ihnen Folge. Nur unter der Voraussetzung der Autonomie des Sollens kommt diesem praktische Notwendigkeit zu, die den Charakter der Unbedingtheit hat.

digkeit tragen. Zwischen diesen beiden Formen der moralischen Notwendigkeit wäre ein scharfer Unterschied zu machen, dem von Wright nicht gerecht wird. Statt Pflicht als das notwendig verpflichtende Sollen anzuerkennen, dem ich mich als dem Gebot meiner praktischen Vernunft unterwerfe: statt ihr also die Notwendigkeit der moralischen *Geltung* beizulegen, wird sie soziologisch als Erwartungsinhalt gedeutet, der mit meiner Rolle verbunden ist, die ich in der Gesellschaft spiele. Dadurch wird der Pflicht die ihr nicht angemessene Notwendigkeit der Triebkraft unterstellt, die einem aus der Quelle der Freiheit entspringenden Gefühl wie dem der Achtung zugeordnet werden muß. Vom Arzt erwartet man, daß er die Pflicht der Behandlung des Kranken erfüllt, und vom Polizisten, daß er die öffentliche Ordnung aufrechterhält usw.

Unter diesen Voraussetzungen wird der Autonomiecharakter der Pflicht verfehlt, da diese weder als ein vom handelnden Subjekt selbstgewähltes Sollen noch als die Stimme eines aus der Quelle dieser Autonomie sich ergebenden und daher der Freiheit verpflichteten moralischen Gefühls begriffen wird. Wenn die Notwendigkeit der Pflichtausübung nicht auf den Ursprung der Freiheit zurückgeführt wird, dann besteht kein Recht, sie als „praktische" Notwendigkeit zu bezeichnen und von der deterministischen Notwendigkeit der Naturgesetze zu unterscheiden.

Die in von Wrights Handlungstheorie vertretene Denkart und die ihr gemäße Methode werden nicht dem un-bedingten, absoluten Charakter der Freiheit gerecht: daher ist es nicht eine philosophische, sondern eine soziologische Perspektive, von der der handlungstheoretische Ansatz von Wrights Gebrauch macht. Das soziologische Denken deutet Kategorien der Freiheit in „Determinanten" um. Dem soziologischen Denken und seiner Sprache entspricht auch der Terminus: Internalisieren, durch den das Übergreifen und Mächtigwerden „äußerer" gesellschaftlicher Standards auf das „Innere" des Subjekts bezeichnet werden soll. Durch dieses Wort wird die Vorstellung nahegelegt, daß in der Gesellschaft eingebürgerte, äußere Verhaltensformen in das Innere der Individuen hinüberwandern, wobei diese als das weiche Material vorgestellt werden, auf welches angeblich eine von „außen" herankommende Kraft prägend einwirkt. Vom Standpunkt des philosophischen Denkens der Freiheit aus muß diese Vorstellung in der Weise korrigiert werden, daß der Prozeß der „Internalisierung" ebenso den Aspekt der Bewegung des Externalisierens zeigt, sofern das Hineinwachsen der Subjekte in gesellschaftliche Verhaltensformen und Denkarten zugleich auch als durch Spontaneität und Autonomie begründet zu verstehen ist. Dadurch ergibt es sich, daß der im Sinne der angeeigneten Normen Handelnde diesem in seinem Handeln „äußere" Gestalt gibt. So zeigt es sich, daß die in der gesellschaftlichen Sitte verwirklichten Verhaltensformen und Denkarten nicht als „Determinanten" verstanden werden dürfen, die von „außen" her wirken, sondern zugleich auch als *Forderungen* zu begreifen sind, die das handelnde Subjekt in autonomer Einstellung an sich selbst richtet. In einer fortgeschrittenen Gesellschaft ist die Forderung kritischen Verhaltens und autonomer Stellungnahme dem „Normendruck" gegenüber ein unentbehrlicher Bestandteil der gesellschaftlichen Lebensform.

Gegen von Wright ist zur Geltung zu bringen, daß es keine Überwindung des Kausalismus bedeutet, wenn man als Bewegkräfte des Handelns „innere" Ursachen annimmt, denen man dann doch die Qualität „äußerer" Bewegkräfte gibt. Dem in Anspruch genommenen Namen einer „teleologischen" Handlungstheorie zum Trotz wird der Handelnde kausalistisch als von der Kraft des Normendrucks kausal bestimmt interpretiert. Der Handelnde wird als Objekt auf ihn einwirkender Kräfte, mögen sie innere oder äußere sein, verstanden, statt als Subjekt, welches die ihm gegenüber den Anspruch der Verbindlichkeit erhebende Norm in Selbstbestimmung anerkennt und sie zu der „seinigen" macht.

Nicht gerechtfertigt ist daher auch der Anspruch von Wrights, sich unter Berufung auf seine Art von „Teleologie" als Wortführer der Methode des Verstehens auszugeben. Man würde dieser Methode erst dann gerecht werden, wenn man die gedanklichen und willentlichen Akte des Aneignens der zunächst „äußeren" Normen berücksichtigen würde, in denen der Handelnde diese und die ihnen entsprechenden Zwecke zu den „seinigen" macht.

Von Wright nennt unterschiedslos Talente des Handelnden, physische Anlagen, äußere Bedingungen wie zum Beispiel klimatische Gegebenheiten als „Determinanten" des Handelns. Auch eine seelische Naturanlage, wie etwa ein „gutes Herz", kommt dafür in Frage: in gleicher Weise wie ein körperlicher Vorzug oder ein Gebrechen. Hier zeigt sich in der Deutung des Begriffes „Determinante" des Handelns das der teleologischen Auffassung und dem Standpunkt der Freiheit in Wahrheit fremde, naturalistische Denken von Wrights: er deutet diesen Begriff in dem Sinne eines den Handelnden bedingenden Faktors, der jenen zu einem bestimmten Handeln zwingt. Im Grunde genommen besteht zwischen dieser Auffassung und der kausalistischen Deutung der Handlung kein prinzipieller Unterschied. Dem Programm einer teleologischen Rationalität des Handelns wird man nur dann gerecht, wenn man nicht den Handelnden durch solche „Determinanten" bestimmt sein läßt, sondern es seiner Freiheit anheimstellt, Gegebenheiten wie ein gutes Herz oder eine körperliche Qualität zu *seinen* Determinanten zu machen. Solche Gegebenheiten werden, vom wahrhaft teleologischen Standpunkt aus betrachtet, nur dann bestimmend für mein Handeln, wenn ich ihnen durch mein Stellungnehmen, durch ihre Anerkennung als „meine" Handlungsbedingungen, die Bedeutung von Determinanten meines Handelns gegeben habe. Nur unter dieser Bedingung könnte die Rede von Handlungsdeterminanten mit dem Gedanken an die Freiheit des Handelnden vereinbar sein. Von Wright aber spricht von Handlungsdeterminanten im Sinne von Faktoren, deren Zusammenspiel die Notwendigkeit für ein Handeln ergibt. Er behandelt das Zustandekommen zum Beispiel einer Willensentscheidung wie das Auftreten einer physikalischen Resultante im Parallelogramm der Kräfte. In Wahrheit wäre immer von dem sich entscheidenden Ich auszugehen und zu bedenken, daß es die Aufgabe der Handlungsphilosophie wäre, dem Anspruch des Handelnden auf Verantwortlichkeit und Freiheit gerecht zu werden. Nur unter dieser Voraussetzung wäre es erlaubt, von „Verstehen" der Handlung, statt vom bloßen „Erklären" ihres Verlaufes zu reden. Die Realität meiner Situation gründet auf der Interpretation, die ich ihr gebe. Von Wright spricht von dem Zusammenspiel solcher „Faktoren", zu denen er Situationsveränderung, Intentionalität, den normativen Hintergrund des Handelns rechnet: im System dieser Faktoren glaubt er die „Logik der Geschehnisse" entdecken zu können. Er versäumt es aber, diese Faktoren als Bedingungen meines Handelns von der Art zu deuten, der gemäß ich sie erst zu den „meinigen" mache. Ein musikalisches Talent zum Beispiel, welches mir von Natur aus verliehen ist, wird erst dadurch zu einer Bedingung *meines* Handelns, daß ich es durch Kultivierung zu dem „meinigen" mache. Angebliche Dispositionen zum Handeln werden erst zu den meinigen, indem ich sie in der Handlung verwirkliche. Sie gehen nicht meiner Handlung, sondern meine Handlung geht ihnen voran. Die Aufgabe kann nicht sein, eine Theorie des Handelns in der Form einer „Logik der Geschehnisse" aufzubauen: vielmehr geht es darum einzusehen, daß ich selbst die Logik des Handelns *durch mein* Handeln verwirkliche.

Insofern ist eine enge Berührung der Absichten dieses Buches mit der von Wrightschen Version einer teleologischen Handlungstheorie zu bemerken, als in dieser der Frage eine zentrale Stelle angewiesen wird, wie die deontische Notwendigkeit des Sollens mit der praktischen Notwendigkeit der Verwirklichung des Sollens durch Handlung zu vereinigen ist. Es ist die Frage, wie es zu begreifen ist, daß die als verbindlich erkannte Pflicht auf den Handelnden zugleich auch die „Kraft" ausübt, deren er bedarf, um sie zu verwirklichen. Wie ist, so würde die Frage in einem anderen Gewande lauten, der Über-gang vom praktischen Denken zur Willensentscheidung möglich? Es ist die Frage nach den „Triebfedern", wie ein Kantischer Ausdruck lautet, die das handelnde Bewußtsein zum Handeln nötigen. Von Wright macht bei der Beantwortung dieser Frage von einem physikalischen Modell Gebrauch, welches der Freiheit des Handelnden nicht gerecht wird: er spricht von „Determinanten", die auf den Handelnden mit einer Notwendigkeit einwirken, die von derjenigen der Naturgesetze nicht unterscheidbar ist. Die von ihm gebrauchte Wendung des „Normendrucks", der von seiten der Gesellschaft auf das handelnde Individuum einwirkt, ist bezeichnend.

Demgegenüber ist es die Aufgabe einer der Freiheit des Handelnden Rechnung tragenden Theorie, den Begriff der Selbstgesetzgebung durch denjenigen der Selbstdetermination zur Befolgung der erkannten Pflichten zu ergänzen, also Freiheit mit Selbst-herrschaft zu verbinden. Das führt zu derjenigen Form der Rationalität des Handelns, die als dem praktischen Sein zugehörig zu charakterisieren ist.

3. Handlungsrationalität des praktischen Seins

Die handlungstheoretische Rationalität des praktischen Seins entspricht dem Programm, dieses als Fundament, als Grundlage der Handlungen zu erweisen, die als mit einer gewissen Notwendigkeit aus dem praktischen Sein folgend aufgefaßt werden. Im Sinne der Rationalität des praktischen Seins argumentiert der alltägliche, lebensweltliche Verstand, wenn er mit Recht Handlungen eines Individuums als aus seinem „Charakter" mit „Notwendigkeit" hervorgehend begreift. Im Sinne dieser Rationalität denkt zum Beispiel Wallenstein, dem Schiller die Worte in den Mund legt:

> Hab ich des Menschen Kern erst untersucht,
> so weiß ich auch sein Wollen und sein Handeln.

Die Zuordnung der Handlungen zu ihrem Handlungscharakter, dem praktischen Sein, macht diese aufgrund der Notwendigkeit berechenbar, mit der die Handlungen aus dem Sein hervorfließen. Im praktischen Sein ist die Bürgschaft dafür gegeben, daß der Handelnde nicht nur in Freiheit Zwecke wählt und Pflichten erkennen kann, sondern daß er diese auch zu verwirklichen vermag. Unter diesem Aspekt wurde der Gedanke des Handlungscharakters, des praktischen Seins dem Umkreis des Denkens der Praxis zugeordnet: denn zu dieser gehört eine verläßliche Verfassung des Handelnden, der zufolge sich dieser als tüchtig dazu erweist, die in seiner sittlichen Gemeinschaft gelebten Normen seinerseits zu verwirklichen und die dementsprechenden Erwartungen zu erfüllen: also das Leben der Gemeinschaft zu befördern. Das handelnde Subjekt hat sich als praktisches Sein durch Einübung im richtigen Handeln herausgebildet. Sein Sein stellt sich als Durchdrungensein seiner Triebe, Affekte und Gefühle durch die Vernunft gemeinsamen normativen Handelns dar: so daß es sein Handeln mit Notwendigkeit auf die Erwartungen der sittlichen Gemeinschaft abstimmen muß. Seine Gefühle, Triebe, Leidenschaften sind nicht als „äußere" Determinanten zu bewerten, sie sind nicht Objekt der Bearbeitung durch ein intelligibles moralisches Subjekt, sondern gehören zur Subjektivität des Handelnden hinzu.

Praktisches Sein ist nicht als angeborener Charakter, sondern einerseits als Ergebnis einer Geschichte von Handlungen, andererseits als Grundlage für künftiges Handeln zu begreifen. So ist es als mit Freiheit durchdrungen aufzufassen: zumal es sich nicht als ein für alle Mal festgelegtes System von Handlungsdispositionen darstellt, sondern Inbegriff einer Geschichte von Handlungen ist. Der „Kern" des handelnden Menschen, dessen Erkenntnis diesen in seinem Handeln berechenbar macht, kann selbst wiederum nur durch schon vollzogene Handlungen erkannt werden.

Als Grund-handlung, die das Fundament für den weiteren rationalen Aufbau des praktischen Seins ergibt, erweist sich die grundsätzliche Entscheidung des handelnden Subjekts für eine bestimmt geartete Handlungswelt. Sofern diese Grundentscheidung in politischer Gestalt auftritt, kann sie in eine demokratische oder diktatorische, in eine freiheitliche oder totalitäre Richtung weisen. Durch diese Grundentscheidung gewinnt der Handelnde die Maßstäbe für die Wahl seiner Handlungsgrundsätze, seiner Zwecke und der zu ihrer Verwirklichung gebrauchten Mittel. Ist die Grundentscheidung für die Maßstäbe der Handlungswelt getroffen, dann ergeben sich mit Notwendigkeit sekundäre Entscheidungen für besondere Handlungsdevisen und Zwecke.

Der Inbegriff derjenigen Grund-handlungen, in denen sich der Handelnde für einen Welt-stand entscheidet, ist sein praktisches Sein. Der Charakter einer Handlung ist von den Zügen der Welt abhängig, auf deren Boden der Handelnde Stand nimmt und in deren Perspektive er seinen Zwecken Wert und Bedeutung gibt. Ärztliches Handeln zeigt zum Beispiel einen verschiedenen Charakter: je nachdem, ob der Arzt selbst es sich zur Grundaufgabe macht, das Funktionieren des Organismus zu sichern oder gegebenenfalls wiederherzustellen, oder ob er einen Begriff von Heilen und Heilung zugrunde legt, der von Gedanken der Lebensgeschichte des Patienten her bestimmt ist, in welcher eine Erkrankung als Krise aufzufassen ist. Je nach dem zugrundeliegenden Weltentwurf ergibt sich für den Arzt der Begriff von Krankheit und Gesundheit, der seinerseits dem praktischen Sein des Arztes und dessen Handeln entspricht.

Demgemäß sind im Aufbau des praktischen Geistes des Individuums folgende zwei Ebenen zu unterscheiden: diejenige des praktischen Seins, welches sich als Geschichte von Grundentscheidungen je für eine Handlungswelt verwirklicht, und die andere, auf der das zwecksetzende, beratende und entscheidende Bewußtsein die einzelnen zu dieser Welt passenden Zwecke wählt. Auf dieser letzteren Ebene erfüllt das Bewußtsein die Aufgabe des Vor-stellens von Handlungsmöglichkeiten. Das vorstellende Bewußtsein leistet die vordergründige Arbeit des Überlegens, Beratens, Auswählens der Zwecke und der Mittel. Auf dieser Ebene ist das „zweckrationale" Denken am Werk. Wenn Zwecke und Mittel dem Scheinwerferlicht des Bewußtseins klar und deutlich konzipiert sind, dann hat das praktische Denken auf dieser Ebene seine Aufgabe erfüllt. Hierbei ist der praktische „Verstand" am Werke, der zwischen Zweck und Mittel, Ursache und Wirkung unterscheidet und das Unterschiedene aufeinander bezieht.

Die Leistungen des Verstandes aber beruhen ihrerseits auf einer Grundentscheidung: derjenigen, in der sich das praktische Sein konsolidiert, indem es Stand auf dem Boden seiner von Normen bestimmten Handlungswelt nimmt. Demnach vollzieht sich auf dem Grunde des bewußten, einzelne Zwecke und Mittel wählenden Verstandes noch ein fundamentaleres, umfassenderes, zugleich aber auch verborgeneres Denken: dieses gehört der praktischen „Vernunft" an: Vernunft in dem spezielleren Sinne der Abgrenzung gegen den praktischen Verstand entwirft die Welt, auf deren Boden der Handelnde Stand nimmt und innerhalb deren er seine Zwecke und Mittel wählt. Während das zweckrationale Denken des praktischen Verstandes eine klare und deutliche Wahl abgrenzbarer einzelner Zwecke und Mittel leistet, versetzt das auf der Ebene der praktischen Vernunft vollzogene Denken den Handelnden zusammen mit seinen „Gegenständen" und Mithandelnden auf den Boden der praktischen Welt.

Die von der praktischen Vernunft entworfene Handlungswelt gibt den Orientierungsrahmen und die Maßstäbe für das Erkennen jeweils einzelner Zwecke ab, zu deren Verwirklichung sich der Handelnde entscheidet. Der praktische Verstand ordnet sein vor-stellendes Tun unter die von der praktischen Vernunft gesetzten Maßstäbe, die nur dem auf das Ganze der Handlungswelt gerichteten Denken erkennbar sind. Die normativen Grund-züge der von der praktischen Vernunft entworfenen Welt werden in praktischen Grund-sätzen ausgesprochen, durch welche das Handeln normiert wird. Tritt zum Beispiel ein Politiker bei jeder Gelegenheit für die Verstaatlichung der Banken oder der Industrie ein, so wird man darin Zwecke sehen müssen, welche für die Handlungswelt charakteristisch und symptomatisch sind, auf deren Boden er Stand nimmt und an der er sich bei der Wahl seiner einzelnen Handlungsziele orientiert. Auf dieser allgemeinen, an der Totalität der Welt geleisteten Orientierung gewinnt er einen Grund-satz seines Handelns, dem man folgende Form geben kann: Arbeite auf die Abschaffung von Privateigentum an Produktionsmitteln hin.

Die auf dem praktischen Sein beruhende Rationalität des Handelns umfaßt demgemäß gedankliche Leistungen des Standnehmens auf dem Boden einer Handlungswelt und der vom praktischen Verstande vollzogenen Wahl einzelner Zwecke und Mittel. Praktische Vernunft entwirft dem Handelnden die Welt, deren er zur Orientierung für sein Handeln bedarf. Sie stattet diese Welt mit solchen Zügen aus, die dem Erfahrungsstande des handelnden Bewußtseins je einer Gegenwart entsprechen. So wird beispielsweise die Praxis der Rechtsfindung in „unserer“ Gegenwart von Maßstäben einer Rechtswelt Gebrauch machen, in welcher vorgesehen ist, daß einzelne gerichtliche Entscheidungen nicht nur dem abstrakten reinen Rechtsgedanken, sondern auch demjenigen des sozialen Lebens gerecht werden.

Praktisches Sein verwirklicht sich als Standnehmen auf dem Boden einer ihm angemessenen Handlungswelt. Das zu ihm gehörige handelnde Bewußtsein versetzt sich in den Totalzusammenhang dieser Welt, die ihm die allgemeinen Maßstäbe und Grundsätze für die Wahl der einzelnen Zwecke und Mittel bietet. Die Entscheidung jeweils für einzelne Zwecke und ihrer Mittel beruht auf der Grund-entscheidung des Handelnden für seine Handlungswelt, die ihm die Maßstäbe für die Beurteilung und Wahl einzelner praktischer Grundsätze und Zwecke bietet. So ergibt sich ein Fundierungsverhältnis zwischen der Grund-entscheidung für den umfassenden Orientierungshorizont des Ganzen einer Handlungswelt und die Wahl einzelner Zwecke und ihrer Mittel: diesem Verhältnis eignet Notwendigkeit. Zwei Seiten sind an dieser zu unterscheiden: sie ist einmal eine Notwendigkeit der *Geltung* der sich auf diesem Weltfundament für die gegenwärtige Handlungssituation ergebenden Normen; andererseits zeigt sie sich auch als Notwendigkeit der handelnden Verwirklichung der gewählten Zwecke, da das Subjekt, dessen Sein sich durch das Stellungnehmen auf dem Boden der ihm entsprechenden Handlungswelt verwirklicht, nicht anders *kann,* als sich für die Verwirklichung der daraus sich ergebenden Pflichten einzusetzen. Es handelt sich dabei nicht um eine logische Notwendigkeit, denn dieser fehlt die Kraft der Triebfeder. Ebensowenig kommt eine realgesetzliche Notwendigkeit in Frage, mit der es die Naturwissenschaft, Psychologie, Soziologie usw. zu tun hat: denn diese würde dem handelnden Subjekt keine Freiheit lassen. Die hier gültige Notwendigkeit eignet der Abhängigkeit der Wahl einzelner Grundsätze und Zwecke des Handelns von der in Freiheit getroffenen Grund-entscheidung jeweils für eine Handlungswelt: es ist die individuelle Notwendigkeit des praktischen Seins eines Handelnden. Ich nenne sie Sinn-Notwendigkeit, weil sie den Bezug zwischen den einzelnen Entscheidungen des Handelnden und der diesen praktischen Sinn verleihenden Grundentscheidung für die Handlungswelt bestimmt.

Die Rationalität des praktischen Seins unterscheidet sich von derjenigen des teleologischen Denkens darin, daß sie auf dasjenige handelnde Subjekt den Blick richtet, welches in die Wirklichkeit des Handelns eingetreten ist, während jene dem erst vor der Handlung geschehenden planenden und zweckrationalen Denken die Aufmerksamkeit schenkt. Der handlungstheoretische Standpunkt des praktischen Seins berücksichtigt die komplexe Totalität der realen Bezüge der wirklichen Handlungswelt, innerhalb deren sich das praktische Sein als Meister der Verwirklichung seiner Zwecke zu zeigen hat. Auf dieser Ebene der Rationalität des praktischen Seins zeigt sich dessen Aufgabe, durch Handeln in der unendlichen Verstrickung der realen Bezüge der Welt seine *Identität* zu verwirklichen. In der jüngsten Geschichte der Handlungstheorie ist eine Position hervorgetreten, in welcher die Aufgabe der Meisterung der komplexen Totalität der Realbezüge der Handlungswelt nicht in der Perspektive der individuellen Freiheit, sondern in derjenigen des „Systems" gesehen wird: nicht das praktische Sein des Individuums, sondern dasjenige des „Systems" wird jetzt als vor dieser Aufgabe stehend gesehen, seine Identität dadurch zu verwirklichen, daß es sich durch Handeln erfolgreich gegen die auflösenden Tendenzen durchzusetzen und zu erhalten vermag, welchen es durch sein Stehen in der von ihm nicht vollständig beherrschbaren Wirklichkeit ausgesetzt ist.

4. Systemtheoretische Rationalität des Handelns

Von diesem handlungstheoretischen Standpunkt wird als Sub-jekt das System zu-grunde gelegt: als Modellfälle von System können gelten: der Staat, ein Wirtschaftskonzern, eine Partei, eine Institution wie „das" Recht; als Spezialfall des Systems würde auch das individuelle Subjekt oder ein lebendiger Organismus angesehen werden können. Wenn der Systemtheoretiker diese Möglichkeit zuläßt, dann vernachlässigt er freilich den Unterschied, der sich zwischen dem Begriff des Handlungssubjektes, wie ihn der Standpunkt der Philosophie der Freiheit fassen wird, und demjenigen ergibt, der dem systemtheoretischen Standpunkt entspricht. Das Subjekt, als Sonderfall des Systems angesehen, erweist sich nämlich in Wahrheit als ein „Objekt" systemtheoretischer Konstruktion. Der Handlungsphilosoph, der den Begriff des Subjekts vom Standpunkt der Freiheit aus konzipiert, begreift dieses jedoch als Selbst-stand, d.h. als Wesen, welches *sich selbst* die Rolle des Zu-grundeliegenden anweist.[11]

[11] Vgl. N. Luhmann, Zweckbegriff und Systemrationalität, Frankfurt 1973, S. 7: Hier wird der Begriff des Systems auf den des *Handlungs*systems beschränkt. Gemeint sind Systeme, „die aus konkreten Handlungen eines oder mehrerer Menschen gebildet sind und sich durch Sinnbeziehungen zwischen diesen Handlungen von einer Umwelt abgrenzen". Das Zugrundeliegen, die „Subjektivität des Systems" werde man bedenken müssen, wenn man den „Rang des unmittelbar auf Wahrheit bezogenen teleologischen Denkens der Schulphilosophie ... wiedergewinnen will" (ibidem S. 13).

Luhmanns These geht dahin, daß die auf der Zweck-Mittel-, und parallel dazu auf der Ursache-Wirkungs-Relation beruhende praktische Rationalität, von der bisher die Handlungstheorie Gebrauch gemacht hat, auf den Boden der Systemtheorie übertragen werden müsse. In der „metaphysisch" orientierten Handlungstheorie der Tradition habe man vom teleologischen Modell des Handelns in der Absicht Gebrauch gemacht, der Freiheit der Wahl der Zweck*inhalte* durch den Handelnden gerecht zu werden. Luhmann, der von vornherein vom systemtheoretischen Standpunkt aus urteilt, macht es sich zur Aufgabe, die „wahren" Absichten der teleologischen Handlungstheorie zu entlarven; er findet, daß der Gebrauch der Zweckkategorie in Wahrheit die funktionale Bedeutung gehabt habe, den Handlungstheoretiker in den Stand zu setzen, eine Handlung trotz deren Ver-laufscharakter in der Zeit als identische Zeitgestalt anzusprechen. Diesen Gedanken verallgemeinert der Systemtheoretiker und verleiht ihm auch Gültigkeit für die Ontologie. Auf diese Weise ergibt sich, daß der Gebrauch der Zweck-Mittel-Kategorie in Wahrheit der Funktion gedient habe, die sonst unvereinbaren ontologischen Begriffe des beständigen Seins, der „Substanz", und der Bewegung auf einen Nenner zu bringen und letztere rationabel zu machen. Luhmanns Absicht geht dahin, diesen bisher heimlichen Funktionscharakter der Zweck-Mittel-Kategorie jetzt offen zur Geltung zu bringen: die Verwirklichung dieser Absicht bedeutet nach seiner Auffassung die Aufgabe, die Rede vom Zweck von der Ebene der Handlungstheorie auf diejenige der Systemtheorie zu übertragen und durch die Zweckkategorie das System bzw. das in ihm sich vollziehende Handeln rationabel zu machen.

Die „handlungstheoretische" Perspektive rückt die Freiheit der individuellen Zweckwahl, deren Begründung, die individuelle Entscheidung und das praktische Sein des handelnden Individuums in den Blick. Der handlungstheoretische Ansatz ist auf eine inhaltliche Deutung der Zweck-Mittel-Relation angelegt und fragt nach der „Wahrheit" bzw. der Legitimität des gewählten Zweckes. Dem Systemtheoretiker kommt es demgegenüber darauf an, die Identität, die Selbsterhaltung und erfolgreiche Selbstdurchsetzung des Systems durch „Reduktion von Komplexität" zu verbürgen: besonders auch derjenigen Komplexität, welche durch die Divergenz der vielen individuellen Freiheiten gegeben ist. Ein System paßt sich den Erwartungen seiner Umwelt durch „Generalisierung" der Zwecke an: dadurch, daß die vielen Zweckwahlen einzelner Individuen unter den Oberzweck der Erhaltung des Systems gestellt und dadurch auf eine Einheit gebracht werden. Die Zweckstruktur des Systems, der gemäß alle einzelnen Zwecke dem Oberzweck der Erhaltung und der erfolgreichen Durchsetzung des Systems dienen, ist unter rein funktionalistischen Gesichtspunkten zu betrachten: dabei wird freilich immer verschwiegen, daß der genannte oberste Systemzweck selbst inhaltlicher Art ist.

Die systemtheoretische Perspektive ist dazu prädestiniert, den funktionalistischen Aspekt der Zweck-Mittel-Kategorie ebenso wie auch der Kategorie der Kausalität erkennbar zu machen. Hier geht es nicht um die Frage der individuellen Handlungsmotivation und des der Handlung zugrundeliegenden praktischen Seins, sondern darum, das zweckhafte Zusammenstimmen der vielen dem Gesamt-Subjekt „System" angehörigen Einzelsubjekte funktionalistisch als für den Bestand des Systems wichtig zu begreifen und daher die individuelle Freiheit hinter der funktionalistischen „Zweckmäßigkeit" des Handelns im Aspekt der Gesamtzwecke zurücktreten zu lassen. Die in der Perspektive des Systemhandelns gedeutete Zweckstruktur ist systemrational vorwiegend dem Sinne der Reduktion der Komplexität vieler individueller Standpunkte und Wertauffassungen und damit der Nützlichkeit für den Bestand des Systems. Von hier aus wird der Aufbau und die Geschichte des Systems aufgrund der „systematisch" gebrauchten Zweck-Mittel-Kategorie vom Systemtheoretiker ebenso faßbar, wie es sich selbst aufgrund der Zweckstruktur seines Handelns durch Reduktion von Komplexität Einheit und damit Bestand zu geben vermag.[12] Lebenserhaltung, Glückserfahrung und Durchsetzung sind oberste inhaltliche Zwecke des Systems, für deren Verwirklichung sich die funktionalistisch-formal aufzufassende Zweckstruktur des Systemaufbaues als nützlich erweist. Individuelle *Wert*überzeugungen können dabei als Störfaktoren auftreten, wenn die entsprechenden „Werte" nicht zu systemadäquaten Zweckwahlen führen. Da die systemtheoretische Sprache ohnedies zum Gebrauch biologischer Modelle neigt, kann diese Situation so beschrieben werden, daß im Falle einer den Rahmen des Systemopportunismus sprengenden Wertüberzeugung von Mitgliedern des Systems von einem Krankheitszustand gesprochen werden kann, in welchem dieses sich befindet: es hat dann Strategien zu entwickeln, um diesen zu überwinden. Es ist eine natürliche Frage des Funktionalismus, wie System-handeln trotz der Wertüberzeugung der dem System angehörenden Individuen möglich ist.

Danach kann es nicht wundernehmen, wenn Luhmann von einem „Opportunismus" des System-handelns im Hinblick auf die Behandlung und

[12] Im funktionalistischen Programm wird die Frage der „Wahrheit" bzw. der „Legitimität" der Zweckwahl ausgeklammert. Die systemtheoretische Perspektive bedeutet demgemäß eine Einengung gegenüber der handlungstheoretischen, in welcher es um Legitimitätsfragen geht. Vom handlungstheoretischen Standpunkt aus gesehen ist eine bloß funktionalistische Betrachtung zwar als möglicherweise nützlich, aber als „unwahr" zu beurteilen. Hier ist an die Frage Nietzsches zu erinnern, wieviel Unwahrheit („Dummheit") in der Form verengter Perspektiven ein Individuum zum Handeln *braucht* und welches Maß an Erweiterung der perspektivischen Möglichkeiten im Interesse von Wahrheit und Gerechtigkeit es vertragen kann.

Berücksichtigung der Ansprüche redet, die an den Handelnden von seiten der Werte ergehen, von denen er überzeugt ist. Er spricht von der „unentbehrlichen Elastizität“ im Geltendmachen von Werten bei der system-nützlichen Entscheidung im konkreten Augenblick des Handelns. Es sei, systemtheoretisch gesehen, möglich und auch nützlich, „einmal durch diesen Zweck jene Werte, dann durch einen anderen Zweck andere Werte abzudunkeln“. Die Vielheit der Werte erfordere ein solches Verhalten und daher können auch Werte einem Zweck „nicht die letzte Rechtfertigung geben“[13]. Durch ein „vergleichendes“ Verfahren müsse die Nützlichkeit ge-wisser Wertüberzeugungen für Handeln im konkreten Augenblick erwogen werden, und es sei erforderlich, jederzeit alternative Maßstäbe für die Wahl von Zwekken zu erörtern und auf ihre Systemnützlichkeit hin zu vergleichen. In diesem Zusammenhang wird geradezu eine „neue Vernunft des Vergleichens“ auf den Plan gerufen. Hier haben Zwecke und Zweckwahlen die systemrationale Bedeutung, „bestimmte geschätzte Wirkungen unter Systemgesichtspunkten“ zu fixieren, um „von da aus andere Wertaspekte der Folgen des Handelns für irrelevant erklären zu können“. Die Nebenwirkungen werden „hinauskomplimentiert“. Es sei unmöglich, zu vergleichbaren strategisch äquivalenten Alternativen zu kommen, „ohne zugleich Werte zu neutralisieren, die man hochschätzt und in anderen Zusammenhängen weder neutralisieren will, noch muß“[14].

Hier wird deutlich: die Reduktion von Komplexität wirkt sich als Verengung der Handlungsperspektive aus, da in dem Augenblick, in dem es auf Entscheidung und Handlung ankommt, vorher noch erörterte Möglichkeiten in den Hintergrund treten, da nur eine einzige gewählt wird. In diesem Zusammenhang weist Luhmann auf die Bedeutung des Zeitfaktors hin. Er tritt für eine „opportunistische Wertverfolgung nach Maßgabe des jeweils zu bestimmten Zeitpunkten Wichtigen und Vordringlichen“ ein.[15] Die Handlungswelt wird in der Perspektive der Forderung des geschichtlichen Augenblickes gesehen, der „zeitgemäße“, flexibel gefällte Entscheidungen verlangt. Rücksicht sei auf den „Kairos“ zu nehmen, auf die in der „Situation eines Zeitpunktes gegebene Konstellation“. Dadurch allein könne man die Zeit als Hilfsmittel zur Reduktion von Komplexität benützen. Die Aufgabe systemgerechter Wertewahl und dementsprechender Zweckentscheidung hat z.B. ein gesellschaftliches System mit freier Marktwirtschaft zu erfüllen, welches sich vorübergehend in einer Lage befindet, dirigistische Maßnahmen treffen zu müssen, von denen es sich erhoffen kann, daß sie über eine gegenwärtige

[13] Ibidem S. 48.
[14] Ibidem S. 51.
[15] Ibidem S. 52.

wirtschaftliche Krise hinweghelfen werden. Zwecke können nur im Zusammenhang mit dem Systembegriff Überzeugung gewinnen, und zwar „als Strategien der Reduktion von Komplexität und Veränderlichkeit".

Jetzt ist es an der Zeit, auf eine Aporie aufmerksam zu machen, die durch den systemtheoretischen Anspruch gegeben ist, einerseits eine opportunistische, systemnützliche Entscheidung zu treffen und damit der Totalität aller Realbedingungen der Handlungswelt gerecht zu werden und andererseits die Wirklichkeit durch Reduktion von Komplexität zu meistern. Treten an das System-handeln nicht zwei heterogene und unvereinbare Forderungen heran, wenn einerseits die Handlungsrationalität vorschreibt, die Perspektive des Entscheidens auf eine bestimmte Zweckrichtung festzulegen und zu verengen, andererseits aber zugleich auch den Blick so auszuweiten, daß möglichst keine der relevanten Realbedingungen der Handlungswelt übersehen wird? Wird das Sein der Handlungswelt im Ernst als „Wirklichkeit" verstanden, dann scheint ja gerade nicht eine Einengung der Perspektive und eine Reduktion der Komplexität vonnöten zu sein, um „zeitgemäße" Entscheidungen zu treffen: vielmehr scheint eine Ausweitung der Handlungsperspektive vonnöten zu sein. Andererseits aber wiederum kann die Wirklichkeit nur systemgerecht gemeistert werden, wenn das handelnde System seinen praktischen Horizont einschränkt und sich dabei an eine festgelegte Linie des Zweck-Mittel-Denkens hält.

Wie ist diese Aporie zu überwinden? Die Überwindung der Aporie ist nur möglich, wenn man den von Luhmann gegebenen Hinweis auf die Rolle der Zeit in dem Sinne interpretiert, daß eine Handlung als „Geschichte" aufzufassen ist, an der Epochen unterscheidbar sind. Zur ersten Epoche müßte man dann Leistungen des praktischen Denkens wie die der Wertorientierung, der Beratung und des Vergleichens von Alternativen sowie auch des Planens rechnen. Wenn Luhmann die systemtheoretische Rationalität als die der Reduktion von Komplexität durch Gebrauch des Zweckdenkens begreift, dann ist jetzt zu sagen, daß diese Charakterisierung der praktischen Rationalität nur für die erste Epoche der Geschichte der Handlung gilt. Wenn Kant die Theorie im Verhältnis zur Praxis als dasjenige Denken bezeichnet, welches von einer Menge von Bedingungen „absieht", unter denen die Wirklichkeit steht, dann charakterisiert er sie als typisch zur ersten Epoche des Handelns gehörig, in welcher Denkakte wie die des Planens, Entwerfens und der vereinfachenden Rationalisierung der Wirklichkeit zu zählen sind.

Kommt aber die gekonnte Wahrnehmung des Kairos in Frage, die unter Umständen mit einer Umorientierung des praktischen Denkens und einem Außerkraftsetzen der planenden und zugleich vereinfachenden Handlungsentwürfe verbunden ist, dann wird Handeln der Wirklichkeit nur gerecht, wenn es die Komplexität der Realbedingungen *unverkürzt gelten läßt* und sich darauf einstellt. Die Meisterung der Wirklichkeit in diesem Sinne freilich kann nur durch Herstellung der richtigen Verfassung des Handelnden erreicht werden, durch Bildung eines real-tüchtigen praktischen Seins. Hier hilft keine gedankliche Methode der Vereinfachung von Wirklichkeit, der Reduktion von Komplexität. Diese freilich ist, als der ersten Epoche der Geschichte der Handlung zugehörig, nicht zu vernachlässigen: aber sie ist in derjenigen Epoche, in der es um die Ausführung geht, überholt: jetzt ist im Gegenteil das Recht der Komplexität wiederherzustellen.

So zeigt sich, daß die Konsequenzen der systemtheoretischen Rationalität über diese hinausweisen und in eine Richtung gehen, auf der man wieder zur philosophischen Handlungstheorie gelangt.

5. Sinnrationalität: Sinnbedürfnis und Sinnerfüllung

Eine Handlungstheorie hat auch die Rationalität zu berücksichtigen, die durch das Sinnbedürfnis des handelnden Bewußtseins gegeben ist. Es geht um das Bedürfnis des Handelnden, entweder an den Erfolg seines individuellen Handelns glauben zu können oder jedenfalls dessen gewiß zu sein daß er wenigstens einen Beitrag zu dem Gesamterfolg alles Handelns der Menschengattung leistet. Die Frage nach dem Sinn des Handelns verlangt nach einer Antwort, in der Auskunft über den wenigstens am Ende der Geschichte sich einstellenden Gesamterfolg menschlichen Handelns gegeben wird. Darüber läßt sich theoretisch keine „Wahrheit" finden. Soviel nur wissen wir, daß wir als Menschen die Weltgeschichte nicht so weit unter unsere Kontrolle zu bringen vermögen, daß wir von uns aus eine positive Antwort auf die Frage nach dem „Wozu?" zu garantieren vermögen.

So enden die Erörterungen über Handlungstheorie in einer Geschichtsmetaphysik und der von ihr in Anspruch genommenen rationalen Behandlung des Sinnbedürfnisses. Diese Metaphysik kann freilich nicht die unkritische Absicht verfolgen wollen, theoretische Erkenntnisse über den Verlauf der Geschichte im großen zu gewinnen. Sie kann das Sinnbedürfnis des Handelnden nur in der Form eines experimentellen Entwurfes befriedigen wollen. Die Metaphysik hat für das handelnde Bewußtsein von daher gesehen die Aufgabe zu übernehmen, ihm eine Welt zu entwerfen, in die sich hineinversetzend es einen Glauben an den Sinn seines Handelns zu gewinnen vermag. Derjenige Weltentwurf wird als der „wahre", d.h. für handelndes Bewußtsein bedeutsame und glaubhafte Entwurf angesehen werden müssen, welcher es vermag, ihn zu seinen Entscheidungen zu ermutigen.

Das Experiment mit der sinngebenden Weltperspektive nimmt etwa folgenden Verlauf: Das handelnde Bewußtsein, welches sich zu Pflichten und

Verpflichtungen bekennt, fordert die metaphysische Vernunft zu dem Entwurf einer Welt heraus, die ihm einen Sinn, d.h. einen endgültigen Erfolg seines Tuns anbietet. Dieses Sinnangebot muß nicht in der Garantie einzelner, nächster Erfolge bestehen: aber es muß einsichtig machen und davon überzeugen, daß unser in das Tun der Menschengattung im großen verstricktes Handeln zuletzt nicht umsonst und erfolglos ist. Nur derjenige kann sich zum Handeln entscheiden, der von der Hoffnung auf die Erreichung letzter großer Ziele bestimmt ist. Derjenige Weltentwurf hat das Experiment bestanden und übt Überzeugungskraft auf den Handelnden aus, mit dem dieser am sichersten und glücklichsten zu leben vermag. Ob die Idee einer im ständigen Fortschreiten begriffenen, am Ende ihrer Geschichte die Moralität verwirklichende Menschengattung oder ob der Sinn-gedanke einer ewigen Wiederkehr alles Gleichen die Kraft der Überzeugung auszuüben vermag, wird sich für das Bewußtsein ergeben, welches durch das Experiment hindurchgegangen ist, durch das der Versuch gemacht wurde, mit beiden zu leben. Die Rationalität dieser Sinngebung des Handelns besteht in der Logik des Experimentierens mit geschichtsphilosophischen Sinnentwürfen.

Die in diesem Kapitel unterschiedenen Formen der Rationalität des Handelns werden unter verschiedenen Aspekten wiedererkennbar, wenn man die Handlung als eine Geschichte im ganzen auffaßt. Es wird sich hierbei zeigen, daß an dieser drei Epochen zu unterscheiden sind, von denen jede ihre besondere Form der praktischen Rationalität beansprucht.

Viertes Kapitel

HANDLUNG ALS GESCHICHTE: DIE INKOMMENSURABILITÄT ZWISCHEN PLANUNG UND AUSFÜHRUNG

1. Der Begriff „je meiner" Handlung und seine Aporie

Wie ist der Anspruch philosophisch auszulegen, den ich erhebe, wenn ich sage: „Ich vollziehe jetzt diese bestimmte Handlung"? Ob ich normgerecht oder normwidrig handle, so erhebe ich damit auf jeden Fall den Anspruch, daß ich den Anfang einer zeitlichen Ereignisgestalt mache, deren Ende ich auch zu bestimmen vermag und die ich als „meine" Handlung anspreche und auch als solche anerkannt wissen will. „Meine" Handlung ist dann die Geschichte sowohl meines Agierens wie auch der Ereignisfolge, die ich durch mein Eingreifen in die Wirklichkeit in Gang setze. Ich bin mir dabei bewußt, den Anfang dieser Handlung zu machen: wobei das Wort Anfang in einem strengen philosophischen Sinne gemeint ist. Wenn ich auch zugeben muß, daß mein Handeln im Kontext gemeinsamer Handlungsvollzüge geschieht, die von Mithandelnden geleistet werden, so beanspruche ich doch auch zugleich, „meiner" Handlung einen Anfang setzen zu können, wenn anders ich mich als *frei* handelndes Wesen begreife. Denn der Verzicht auf einen selbstgesetzen Anfang würde bedeuten, daß ich mich als abhängig von mir fremden Einflüssen von seiten der Natur oder anderer Menschen begreife und mich nicht als in *Freiheit* handelnd verstehe. Darin liegt der Sinn der Kantischen Lehre von der „transzendentalen Freiheit", welche ich als „meine" Freiheit in Anspruch nehme, wenn ich sage, daß ich selbst den Anfang „meiner" Handlung setze: nicht der Befehl von seiten eines anderen oder die Einwirkung eines Medikamentes macht diesen Anfang, sondern „ich selbst" setze ihn: anders könnte ich für diese Handlung auch nicht als verantwortlich zeichnen. Sie ist mir als meine Handlung zuzurechnen.

Nun ist die Geschichte einer Handlung aber nicht als Aufeinanderfolge isolierter einzelner Zeitpunkte zu begreifen, sondern als ein sich von einem Anfang bis zu einem Ende erstreckender Vollzug, als Bewegung im Sinne des Aristoteles.[1] Daher ist der „Anfang" nicht als Zeitpunkt der Handlung isolierbar. Wie das erste Wort eines Satzes den ganzen Sinn dieses Sprachgebildes mitbestimmt, so geht auch der „Anfang" einer Handlung in deren Gesamtaufbau ein, er gehört mit zum Verlauf und auch zum Ende der Hand-

[1] Vgl. mein Buch: Der philosophische Begriff der Bewegung, Köln/Graz 1965.

lung. So kann der Anfang der Handlung in seiner vollen Bedeutung nur vom Ende der geschehenen Handlung her beurteilt und bewertet werden.

Wenn ich für meine Handlung den Anfang setze, dann bedeutet dieses Wort, philosophisch verstanden, nicht nur einen zeitlichen Anfangspunkt, etwa die erste Sekunde oder Minute der Geschichte der Handlung; ihm kommt vielmehr die Bedeutung des Ursprungs zu, aus dem die Handlung als zeitlicher Verlauf im Ganzen, als Geschichte hervorgeht. Die Handlung im Ganzen wird von mir, als von dem sie frei vollziehenden Subjekt, hervorgebracht: Kants Wendung von der „Kausalität durch Freiheit" könnte darauf hinweisen. Jedenfalls ist festzuhalten, daß die Handlung als Geschichte im Ganzen ein „Ausdruck" jeweils meiner selbst als des Handelnden ist: sie ist Vergegenwärtigung meiner Freiheit, der Gesinnung und des Willens, den ich handelnd verwirkliche.

So ist die Geschichte „meiner" Handlung nicht nur ein vom Standpunkt des „äußeren" Beobachters aus beschreibbares Ereignis, sondern auch die Gestalt, in der ich mich selbst dadurch verwirkliche, daß ich mich in die Zeit hineinerstrecke. Von hier aus gesehen bin ich als mein praktisches Sein zugleich auch meine Handlung. Ich verwirkliche mich in der Gestalt des Handelns, wie ich mich auch in einem von mir gesprochenen Satze selbst ausspreche. Zwar kann der Satz auch immer eine objektive Information mitteilen: aber die Art und Weise, in der diese Mitteilung geschieht, ist eine Selbstdarstellung des Sprechenden. So ist jede Handlung, abgesehen von der Wirkung, die durch sie hervorgerufen wird, immer auch eine Selbstdarstellung des Handelnden. Die Geschichte der Handlung, sofern sie von einem äußeren Beobachter aus als objektive Ereignisgestalt beschreibbar ist, ist zugleich auch immer, in „innerer" Perspektive gesehen, die Geschichte des *Handelns.*

Aber die weitere Verfolgung des Gedankens „meiner" Handlung führt zu einer Aporie, die derjenigen in wesentlichen Zügen ähnlich ist, die in systemtheoretischen Überlegungen des vorigen Kapitels begegnete. Hier erfährt derjenige, der sich auf dem gedanklichen Wege befindet, die Weg-losigkeit in der Form der Kluft, die sich zwischen dem subjektiven Anspruch auf „mein" Handeln und der Wirklichkeit auftut. Das Bild der Handlung im Ganzen kann sich nur ergeben, wenn man den Übergang der Epoche der Planung und des Entwurfes jeweils „meiner" Handlung zum Standpunkt der Wirklichkeit vollzieht: aber dieser Übergang ist, jedenfalls fürs erste gesehen, durch die Kluft zwischen Planung und Wirklichkeit der Handlung, zwischen Entwurf und Ausführung vereitelt. Die durch diese Kluft geschaffene aporetische Situation kann auf folgende Formel gebracht werden: Eine Handlung, die ich als die „meinige" entwerfe, ist in dem Augenblick nicht mehr *meine* Handlung, in welchem sie *Handlung* (im Sinne der Ausführung) wird. Diese Aporie ist Ausdruck der Inkommensurabilität zwischen dem Standpunkt der Planung und demjenigen der Ausführung der Handlung. Diese aporetische Situation, in welcher derjenige steht, der Anspruch auf je „sein" eigenes Handeln und *seine* Handlung macht, ist jetzt zu kennzeichnen.

Befindet sich mein Handeln im Stadium des Beratens, Planens und des Bildens der Entscheidung, dann entwerfe ich den Verlauf der Handlung in der Weise, daß ich vorläufig von Zufälligkeiten, Behinderungen, unberechenbaren Einflüssen absehe, die sich in der Wirklichkeit zeigen können, in der später die Handlung auszuführen ist. Diese Abstraktion von der Wirklichkeit im Stadium des Planens der Handlung ist notwendig, damit ich ein klares und charakteristisches Bild von der zu verwirklichenden Handlung gewinne, die ich als die „meinige" anspreche. Nur unter der Bedingung dieser Leistung des Abstrahierens kann sich das handelnde Bewußtsein zur Entscheidung durchringen und Entschlossenheit zeigen. Schon in dieser Phase der Vorbereitung der „wirklichen" Handlung können sich aber im handelnden Bewußtsein Reflexionen zu Worte melden, welche die Kluft zwischen Planen und Ausführen, zwischen subjektivem Entwurf und objektiver Wirklichkeit und die Inkommensurabilität beider Seiten zum Bewußtsein bringen. Diese Reflexionen führen eine Krise in der Entscheidungsbildung herauf: denn sie machen die aporetische Situation bewußt, in welcher der Handelnde steht, der Anspruch auf „seine" Handlung machen will. In dieser Reflexion macht sich der Handelnde bewußt, daß er die Rechnung des Anspruchs auf „seine" Handlung ohne den Wirt gemacht hat, der Wirklichkeit heißt. Die Wirklichkeit wird ihm, so macht er sich in dieser Reflexion bewußt, all die Rechte und Ansprüche der Realbedingungen präsentieren, von denen er in dem ersten Entwurf seiner praktischen Phantasie abgesehen hat. Die Zufälligkeiten der Wirklichkeit, die Eigenwilligkeiten der Mithandelnden, die besonderen Umstände, von denen der Handelnde abgesehen hatte, um das reine Bild „seiner" Handlung vor Augen zu haben, machen sich jetzt mit ganzer Härte geltend und können, so raunt der reflektierende Zweifel dem Handelnden ins Ohr, dieses Bild so entstellen, daß von „seiner" Handlung am Ende nicht mehr die Rede sein kann. Nimmt diese Reflexion überhand, dann muß ich mich fragen, ob es überhaupt möglich ist, eine Handlung schließlich als die „meinige", von mir geleistete und verantwortete Geschichte anzuerkennen.

Im folgenden sollen an der Geschichte einer Handlung verschiedene Epochen unterschieden werden. Als deren erste hat Aristoteles die des Beratens, Vergleichens der Möglichkeiten und Aus-sichten genannt: es wird damit der Standpunkt der Reflexion bezeichnet. Während der Handelnde sich seiner Fähigkeiten bewußt ist, die in der ersten Epoche der Handlung von ihm entworfene Welt zu beherrschen und sein künftiges Handeln mit Sicherheit in die Landkarte dieser Welt einzuzeichnen, greift sein Denken in derselben

Phase der Reflexion schon auf eine darauffolgende zweite Epoche der Geschichte der Handlung voraus: auf die der Verwirklichung und Ausführung des Geplanten. Jetzt kommt ihm, dem noch immer Reflektierenden in dieser ersten Epoche auch schon seine Ohnmacht zum Bewußtsein: er erkennt im Vorausblick, daß er die *wirkliche* Welt, mit der er es in der Epoche der Ausführung der Pläne und Entwürfe zu tun haben wird, nicht zu beherrschen vermag und daß er infolgedessen in ihr sein Handeln nicht als das *Seinige* verwirklichen kann. So steht der Handelnde in der Epoche der Reflexion vor einem inneren Zwiespalt: einerseits ist es seine Aufgabe, eine *Entscheidung* zu treffen, welche die fraglose Gewißheit des eigenen Rechtes zu dieser Handlung und die Sicherheit des gewünschten Ausgangs voraussetzt, andererseits aber wird er sich der Aporie seiner Handlungssituation bewußt: denn er erkennt, daß die Handlungswelt, die er sich als Schauplatz seiner Absichten planend entworfen hat, gegenüber der wirklichen Welt gemeinsamen Handelns inkommensurabel sein muß. Der Vorausblick auf die künftige Ausführung der geplanten Handlung läßt ihn erkennen, daß sich die wirkliche Handlungswelt nicht seinen Zwecken als gefügig zeigt, sondern diesen gegenüber fremd ist.

Diesen Zwiespalt im Bewußtsein des Handelnden bringt Schiller in ›Wallensteins Tod‹ zur Sprache; er läßt Wallenstein über sein Vor-haben in einem berühmten Monolog reflektieren, der mit der Überlegung über den Zwiespalt zwischen der „inneren" Welt der Gedanken und Pläne und der „äußeren", wirklichen Handlungswelt beginnt: „Wär's möglich?", daß mich jetzt die wirkliche Welt beim Worte nimmt und mich dazu zwingt, meine zunächst von mir nur in der mir vertrauten Gedankenwelt entworfene und geplante Handlung in der mir prinzipiell fremden Wirklichkeit zu ver-äußern und sie dadurch der Entstellung preiszugeben? Wallenstein hatte sich bisher zunächst nur in dem „Gedanken" des Aufstandes gegen den Kaiser gefallen: „Beschlossene Sache war es nie ..." In dem Schutzgehege seiner „inneren" Welt allein, so sagt er sich, gibt es die Möglichkeit „seines" Handelns. Er erkennt, daß er sich der Entscheidung zur Ausführung des Plans und damit zum Übergang in die zweite Epoche der Geschichte der Handlung, diejenige des Handgemeinwerdens mit der Wirklichkeit, enthalten müsse, wenn er die Eigen-tümlichkeit seines Handelns retten will. Andererseits verlangt die „äußere" Wirklichkeit seiner Handlungswelt, in welcher er schon immer tätig war, *daß* er eine Entscheidung trifft.

> In meiner Brust war meine Tat noch mein:
> Einmal entlassen aus dem sicheren Winkel
> Des Herzens, ihrem mütterlichen Boden
> Hinausgegeben in des Lebens Fremde
> Gehört sie jenen tück'schen Mächten an,
> Die keines Menschen Kunst vertraulich macht.

Die *Entscheidung* zur Ausführung der Handlung bezeichnet in der Geschichte der Handlung den Übergang von der ersten Epoche zur zweiten: von derjenigen des Erörterns der Möglichkeiten zu der des Handgemeinwerdens mit der Wirklichkeit. Im Augenblick der Entscheidung geschieht daher eine Konfrontation zwischen „innerer" und „äußerer" Welt, zwischen derjenigen der Wünsche, Träume, Utopien und der wirklichen, selbst-ständigen und wider-ständigen Welt. Diese Konfrontation geschieht auch im Bewußtsein Wallensteins, wenn er im Anschluß an die zitierten Sätze fragt, was sein Vor-haben eigentlich bedeutet, wenn er es nicht vom Standpunkt seiner Wünsche und subjektiven Utopien, sondern von dem der geschichtlichen Wirklichkeit aus beurteilt. Denn der Übergang von dem Entwurf gewünschter Möglichkeiten, vom Beraten und Reflektieren zur Entscheidung ist dem Wechsel gleichzuachten, der vom Stand einer Welt, die ich gemäß meinen Absichten und Wünschen entworfen habe, zu einer anderen geschieht, die meinen Zwecksetzungen und Vorstellungen gegenüber unbedingte Selbständigkeit hat. Du willst, so sagt sich Wallenstein, die „ruhig thronende Macht erschüttern", die „in verjährt geheiligtem Besitz" unangreifbar zu sein und unerschütterlich Bestand zu haben scheint. Und der Zweifel kommt ihm, ob nicht seine eigene politische Absicht an dieser Wirklichkeit scheitern muß.

Der Streit zwischen den Standpunkten der Absicht, der Planung, des Entwurfs und der Ausführung wird auch in den Bewegungen eines dumpferen und wenig reflektierten Bewußtseins ausgetragen. Diese Erkenntnis gewinnt die überlegene Beobachtung und das Denken des Strafrichters, der die Geschichte einer verbrecherischen Handlung darstellend beschreibt. Das verbrecherische Bewußtsein versucht instinktiv die Kluft zwischen beiden Standpunkten dadurch zu überwinden, daß es in der wirklichen Welt Verhältnisse schafft, die dem realitätsfremden Handeln, das aus der Wunschwelt motiviert wird, angepaßt sind. So beleidigt gelegentlich der Raubmörder sein Opfer und nötigt es in die Rolle des Feindes, der vernichtet werden muß. In Fällen verbrecherischen Tuns von dieser Art zeigt es sich, daß sich der Handelnde während der Ausführung seiner Tat nicht mehr als derselbe erfährt, der er war, als er diese Tat geplant und beschlossen hat. Er wird vom Fluß der Ereignisse, die er selbst in Lauf gesetzt hat, zu weiteren, von ihm selbst „eigentlich" gar nicht gewollten und verantworteten Taten mitgerissen und verliert auf diese Weise die Freiheit über seine „eigene" Tat. Eine meisterhafte Darstellung solch einer Handlungssituation verdanken wir dem Strafrechtler P. J. A. von Feuerbach, der unter dem Gesichtspunkt der verbrecherischen Handlung als einer Geschichte den Unterschied charakterisiert, der sich zwischen der ersten und der zweiten Epoche dieser Geschichte zeigt.

Es geht hier um den Fall eines Raubmordes. Der Mörder hat zunächst die Tötung seines Opfers geplant, um dieses zu berauben. Während der Planung war der Täter ganz Herr seiner selbst und glaubte, seiner Tat gewachsen zu sein. Aber in dem Augenblick der Ausführung wird er von den Ereignissen, die er nicht vorhersehen konnte, überwältigt: er läßt sich, vom Blutrausch gepackt, zu Exzessen hinreißen, die er später auch vor Gericht nicht als zu „seiner" Mordtat gehörig erklärte: er hat ganz überflüssigerweise den Getöteten noch verstümmelt. Während der Ausführung einer unmenschlichen Tat sei der Mensch, so erklärt Feuerbach,[2] nicht mehr der, welcher er war, als er das Verbrechen geplant hat. Denn Inkommensurabilität besteht zwischen der Planung und der Ausführung, so daß der Mensch, der darüber nicht reflektiert hat, vom Gang der Ereignisse übermannt wird und dabei seine Identität verlieren kann. „Die verbrecherische Handlung geht auf einen rechtswidrigen Vorsatz zurück, der seinerseits in entsprechenden Absichten des Täters gründet, wie zum Beispiel in der, sich unter allen Umständen Geldmittel zu verschaffen, nötigenfalls auch mit Gewalt." Ist aber der Augenblick der Ausführung gekommen, so wird die Handlung „für sich selbst wieder zu einer geistigen Macht, welche auf ihre eigene Ursache vielseitig zurückwirkt.[3] Das zur Vollbringung gereifte Verbrechen, sobald es die Tiefen des Gemüts verläßt und in die äußere Erscheinung hervortritt, wird zu einem eigenen Elemente, aus dem sich mancherlei besondere Affekte, Begierden, Leidenschaften entwickeln, welche die Seelenstimmung des Handelnden verändern, entweder nur den ursprünglichen Beweggründen der Tat zu Hilfe kommen, oder mit diesen sich vereinigen und vermischen, oder auch von diesen sich losreißend, in selbständiger Wirksamkeit den Menschen zu Handlungen treiben, zu welchen früher vielleicht kaum ein Gedankenfunke in seiner Seele geschlummert hat."

Der Fall des Verbrechers ist lehrreich, weil sich an ihm mit besonderer Schärfe allgemeine Züge der menschlichen Handlungssituation zeigen. Handeln ist auf keinen Fall nur als moralisches oder als rechtliches oder sittliches Handeln aufzufassen: es gibt auch ein Handeln gegen die Normen. Aber immer geschieht es, sei es im positiven oder im negativen Sinne, unter normativen Maßstäben: es vollzieht sich immer im Sinnbereich der normativ geordneten Handlungswelt. Die Ansprüche der Normen dieser Welt an den Handelnden stellen an ihn die Forderung, sich trotz prinzipieller Unangemessenheit seines subjektiven Weltentwurfes und seiner Handlungspläne gegenüber der Wirklichkeit nicht auf den engen Horizont der subjektiven Wunschwelt zurückzuziehen, sondern seine eigenen Handlungspläne am Gesamtzusammenhang der objektiven Welt und ihrer Normen zu orientie-

[2] P. J. Anselm von Feuerbach: Aktenmäßige Darstellung merkwürdiger Verbrechen, Frankfurt am Main (3. Aufl.), 1849 (Reprint Scientia Verlag, Aalen 1970), S. 39.
[3] Ibidem S. 40.

ren. Das Bewußtsein des Handelnden macht zwar die Erfahrung, daß sein Handlungsplan nur vorläufig ist, da die eigentliche, wirkliche Handlungswelt mit ihren Bedingungen, an denen sich auch eine moralische und rechtliche Seite befindet, kraft ihrer Eigenwilligkeit den Wünschen und Absichten des Handelnden entgegensteht. Zu der nicht beherrschbaren Eigenwilligkeit der wirklichen Handlungswelt gehört auch das Auftreten „innerer", unvorhergesehener Bewegungen wie von der Art der Leidenschaften, Affekte usw. Es ist aber die Aufgabe des Handelnden, sich in der Weise zu entscheiden, daß er die Wahl seiner Zwecke und den Plan seines Handelns mit der „äußeren" Wirklichkeit und deren normativen Ansprüchen in Einklang bringt und sich in eine objektive Handlungswelt versetzt, in die er auch die geltenden moralischen und rechtlichen Verhältnisse einholt. Er verschafft sich nur dann die Möglichkeit „eigenen" und je „meinen" Handelns, wenn er gegenüber den normativen, moralisch-rechtlichen Ansprüchen der wirklichen Handlungswelt bei seinem Planen wenigstens offen ist, obwohl er in der Epoche des planenden Entwerfens die Totalität aller Realbedingungen dieser Welt prinzipiell nicht zu erkennen vermag. Das ist die menschliche Situation des Handelns überhaupt. Aber es besteht immer noch ein moralisch-rechtlicher Anspruch an den Handelnden, sich nach bestem Wissen und Gewissen auf die normativen Ansprüche der wirklichen Handlungswelt einzustellen. Der Verbrecher verschließt sich diesem Anspruch der ihn umgebenden rechtlichen Handlungswelt, so daß er zur Verwirklichung seiner Absichten nur durch gewaltsame Verletzung der Gesetze und des Rechtes zu kommen vermag. Das ergibt dann die Situation, daß er unter Umständen auch alle menschlichen Gefühle, deren er sonst fähig wäre, außer Kraft setzen muß, um seine gegen die Handlungswelt gerichteten Zwecke und Pläne zu verwirklichen.

Der Bruch, der für den Handelnden überhaupt zwischen der subjektiven Planung und der Verpflichtung gegenüber den von der wirklichen Handlungswelt hergestellten Normen besteht und der von dem verantwortlich Handelnden durch Orientierung an diesen Normen überwunden wird, wirkt sich im verbrecherischen Bewußtsein in unbewältigter Weise aus. Hierzu ist wieder von Feuerbach das Wort zu geben, der in seinen Reflexionen über den erwähnten Fall Erörterungen folgender Art anstellt: Um die starrsinnige Abgrenzung, so stellt er dem Sinne nach den Fall dar, des verbrecherischen Bewußtseins gegen die moralisch-rechtliche Welt durchhalten zu können, muß dieses von einer Technik Gebrauch machen, der gemäß es sich aus dem Vorrat seiner Affekte und Leidenschaften solche herbeiruft, die ihm die Kraft zur Entschlossenheit zu geben vermögen. Da es sich weigert, Stand auf dem Boden der moralisch-rechtlichen Welt zu nehmen, interpretiert es diese nach den Maßstäben seiner eigenen subjektiven Wunschwelt. Er stellt sich gegen diese Welt, die sich nun auch gegen ihn richtet: vielleicht ist der Identitätsverlust, den er dadurch erleidet, und der sich auch bis zur Aberkennung der bürgerlichen Ehrenrechte steigern kann, die für ihn schwerwiegendste Folge des Zerwürfnisses mit der Welt.

Nur derjenige, der sich auf den Stand der allgemeinen Handlungswelt stellt, um sich an deren Normen zu orientieren, vermag die prinzipielle Kluft zwischen der subjektiven Wunschwelt und der wirklichen Handlungswelt, in der die Ausführung der Pläne geschieht, zwar nicht zu schließen, aber zu überbrücken und die Voraussetzungen dafür zu schaffen, daß ich eine Handlung als je „meinige“ anzusprechen vermag. Denn auch wenn ich die Folgen meines handelnden Eingreifens in die Welt nicht in der Hand habe, so kann sich eine handelnde *Gesinnung* doch im Einklang mit den Normen der wirklichen Handlungswelt befinden.

Rückblickend ist zu sagen, daß die handlungstheoretische Aufgabe, den Begriff je „meiner“ Handlung zu fassen, ebenso vor einer Aporie steht, wie das Bewußtsein des Handelnden selbst, welches eine geplante Handlung als die „seinige“ verwirklichen will. Auf beiden Stufen, der handlungstheoretischen und derjenigen des Handlungsvollzuges selbst, macht das Bewußtsein die Erfahrung des Auseinanderklaffens zweier verschiedener Aspekte der Handlungswelt: des „inneren“ Aspektes, der sich in der Perspektive des subjektiven Planens und Entwerfens zeigt, und des „äußeren“, in welchem sich die wirkliche, objektive Handlungswelt zur Geltung bringt. Der Zwiespalt wird dadurch überwunden, daß die beiden heterogenen Aspekte auf verschiedene Epochen ein und derselben Geschichte einer Handlung verteilt werden, in welcher sich der Handelnde als Identität zu erfahren vermag, ebenso wie er seine Handlung als die „seinige“ ansprechen kann. Im folgenden werden drei Epochen einer Handlung unterschieden werden: Die erste Epoche wird durch Planung, Reflexion und Entwurf beherrscht. Die zweite Epoche dagegen verlangt ein Standnehmen auf dem Boden der wirklichen Handlungswelt, welches den Handelnden in den Stand setzt, der Totalität der realen Handlungsbedingungen gewachsen zu sein. Die dritte Epoche aber ist die der Reflexion und der Beurteilung der schon geschehenen Handlung: sie wird vor allem durch die Absicht des handelnden Bewußtseins erfüllt, die Identität des Handelnden über die Kluft hinweg herzustellen, die sich zwischen Planung und Ausführung befindet.

2. Erste Epoche der Handlung: Der Standpunkt der Reflexion

a) Die Grundentscheidung als Fundament der Reflexion

Um die Geschichte einer Handlung in einer philosophischen Darstellung aus ihren Ursprüngen zu entwickeln, muß man von Erfahrungen ausgehen, die bei schon immer geschehenen Handlungen gewonnen wurden. Die philosophische Reflexion geht von dem in der Geschichte wirklicher Handlungen erreichten Standpunkt rückwärts zu den Anfängen zurück und gelangt zu der ursprünglichen Handlung des Bewußtseins, die in einem früheren Abschnitt als Grund-entscheidung bezeichnet wurde. Sie besteht in dem Stand-nehmen auf dem Boden einer durch Entwurf des handelnden Bewußtseins zustande gebrachten, normativ bestimmten Handlungswelt. Es ist die Welt, die sich ein Handlungscharakter, das praktische Sein des handelnden Subjekts als „seine", ihm angemessene Welt verschafft hat.

Stellt man die Frage, ob diese Grundentscheidung selbst wieder begründbar ist und auf dem Wege einer Methode gerechtfertigt werden kann, oder ob sie in einer ersten Handlung besteht, die selbst nicht mehr rationabel ist, dann ist zu antworten: diese ursprüngliche Handlung verfügt über eine Methode, die zwar nicht rational im Sinne des „Begründens", aber in demjenigen der „Motivation" zu nennen ist. Es ist eine Methode des Experimentierens des handelnden Bewußtseins mit sich selbst: durch probeweise Annahme mit je einem Weltentwurf soll es sich entscheiden, ob diese Entwürfe geeignet sind, dem betreffenden Handlungscharakter und seinem praktischen Sein die ihm angemessene und von ihm gebrauchte Welt zu verschaffen.[4]

Ist die Grundentscheidung gefallen, dann hat sich das praktische Sein die Maßstäbe verschafft, durch welche es einzelne Zwecke und ihre Mittel zu prüfen und sie zu vergleichen vermag. Aber es sind nicht mehr beliebige Zwecke, die hier ins Auge gefaßt werden: vielmehr ist jeder einzelne Zweck, der für eine mögliche Entscheidung in Frage kommt, schon durch die Grundentscheidung vorbestimmt. Nehme ich zum Beispiel in der Grundentscheidung auf dem Boden einer von der Vernunft gesetzlich bestimmten Welt Stand, an der ich mein Handeln orientiere, dann müssen die Möglichkeiten, die ich vergleiche, und die Zwecke, zwischen denen ich wähle und unter denen ich einen zur Verwirklichung bestimme, im einzelnen diesen allgemeinen Gesetzescharakter vergegenwärtigen: sonst kommen sie als mögliche Zwecke überhaupt nicht in Frage. Eine Grundentscheidung dieser Art ist zum Beispiel bei Kant gefallen, der in seiner Moralphilosophie eine vernunftgesetzlich aufgebaute Welt zugrunde legt.

[4] Vgl. mein Buch: Nietzsches Idee einer Experimentalphilosophie, Wien/Köln 1980.

Auf dem Boden dieser Grundentscheidung ergibt sich die Freiheit und die Möglichkeit, zu beraten, zu vergleichen und zu reflektieren. Möglichkeiten werden erörtert und geprüft, Entwürfe geleistet, Zweckvorstellungen miteinander verglichen. Maßgebend ist hier der planende Verstand. Der Plan ist prinzipiell immer der Wirklichkeit gegenüber inkommensurabel, weil der ihn entwerfende Verstand sich aus deren Bezügen herausgezogen hat, um sich einen freien Stand für seine Zweckwahl und die dementsprechenden Handlungsentwürfe zu gewinnen. Daher ist das Denken des planenden Verstandes der Totalität aller Realbedingungen, mit denen es der wirklich Handelnde zu tun hat, prinzipiell nicht angemessen. Der Plan kann immer nur als Orientierung für das handelnde Bewußtsein gebraucht werden, aber er gibt keine Garantie für die Beherrschung der Wirklichkeit. Mit Hilfe des planenden Verstandes entwirft das handelnde Subjekt einen modellartig vorgezeichneten Verlauf der Handlung. Das Subjekt hat sich von der Befangenheit seines handelnden Umgangs mit der Wirklichkeit zunächst herausgelöst, um von dem jetzt gewonnenen distanzierten Standpunkt aus den künftigen Weg des Handlungsvorganges konstruieren zu können. Daher ist sein Planen abstrakt: der Plan hat den Charakter eines Modells, bei dessen Konstruktion prinzipiell nur ein Ausschnitt aus der Totalität der Realbedingungen bedacht wurde. Er ist ein abstrakter, hinter der Wirklichkeit der konkreten Handlungswelt zurückbleibender, subjektiver Entwurf. Es entspricht der Eigenart des Modells, mit dem der Plan auf einer Stufe steht, daß es von demjenigen, der ein Produkt herstellt, dazu gebraucht wird, um ein provisorisches Denken und Herstellen zu ermöglichen, bei dem man sich nur in vorläufiger Weise über die künftigen Bedingungen der wirklichen Produktion informiert. Diese Möglichkeit bietet die Methode des Gebrauchs des Modells, weil dieses dem künftigen wirklichen Produkt nur in wichtigen Zügen ähnlich ist, aber unendlich viele andere Züge nicht aufweist, die sich an der Wirklichkeit des künftigen „Originals" finden. Der Bildhauer zum Beispiel modelliert, falls es sich um eine Büste handelt, den betreffenden Kopf in vorläufiger Weise in der Form eines Gipsmodells, an welchem er durch Experimente die Erfahrungen seines plastischen Handelns machen kann, die ihm bei der Herstellung der wirklichen Plastik hilfreich sein werden. Der Künstler hat bei der Herstellung des Modells, bei der er noch von vielen Bedingungen absehen konnte, welche beim Schaffen des endgültigen Werkes zu berücksichtigen sind, Erfahrungen gemacht, die ihn einen Schritt weiter auf dem Wege zur Meisterung seiner endgültigen Aufgabe bringen.

Auf diesem Standpunkt des praktischen Denkens steht es dem Handelnden frei, Möglichkeiten zu entwerfen, von denen dann die als optimal erkannte in der Entscheidung für die Verwirklichung ausgewählt wird. Diese der ersten Epoche der Geschichte der Handlung angemessene Freiheit des

Entwerfens von Möglichkeiten wird vom reflektierenden Denken dazu gebraucht, eine Welt zu entwerfen, die den subjektiven Vorstellungen, den Wünschen und Absichten Raum läßt. Es ist die Aufgabe, die an den Handelnden gestellt wird, diese subjektive Welt bei der Ausführung der Handlung mit den Erfordernissen der objektiven Handlungswelt in Einklang zu bringen.

b) Hegels Handlungstheorie im Aspekt der ersten Epoche der Handlungsgeschichte

Wenn Hegel wohl im Anschluß an strafrechtliche Terminologie zwischen Vorsatz und Absicht einer Handlung unterscheidet und die Rolle beider im Aufbau der Handlung im Ganzen erörtert, dann wird man bei der Interpretation seiner hierzu gehörigen Aussagen vor allem an die erste Epoche der Handlungsgeschichte denken. Vorsatz und Absicht werden von Hegel als spezifische Leistungen des praktischen „Verstandes" gedacht, der es sich zur Aufgabe macht, am Leitfaden einer Handlungsmethode die Handlung im voraus planend zu entwerfen. Er konzipiert dabei eine „Ab-sicht", indem er von vielen Bedingungen ab-sieht, die sich in der Wirklichkeit finden. Der praktischen „Vernunft" würde es dagegen nach Hegels Voraussetzung obliegen, die Totalität aller Realbedingungen im wirklichen Vollzug der Handlung zu berücksichtigen: ihr Auftreten wäre demgemäß erst in der zweiten Epoche der Handlungsgeschichte gefordert.

Der Verstand entwirft eine Welt, die von der konkreten „wirklichen" Welt abgelöst ist und dem handelnden Bewußtsein als abstraktes Modell der Orientierung für seine Zwecksetzung und Mittelwahl dient. Der praktische Verstand zieht beim Entwurf dieser Welt eine Grenze zwischen dem Bereich der subjektiven Vorstellungen und der wirklichen Handlungswelt und beansprucht, sein Weltkonstrukt so aufzubauen, daß er in dessen Rahmen seine Zwecke und die zu ihrer Realisierung dienlichen Mittel konzipieren kann. Er verfolgt „Absichten": der Politiker beabsichtigt zum Beispiel, die Staatsfinanzen in Ordnung zu bringen, der Arzt hat die Absicht, einen Patienten zu heilen.

Das ab-sichtliche Denken erweist sich insofern als dem praktischen „Verstande" zugehörig, als es eine Trennung zwischen dem „Innen" des Bewußtseins und der „äußeren" Handlungswelt voraussetzt. Zu den Bemerkungen, die zur ersten Epoche der Handlungsgeschichte gemacht wurden, paßt es, wenn Hegel die Absicht als spezifische Leistung des subjektiven Verstandes deklariert und sagt: „*Absicht* enthält etymologisch die *Abstraktion,* teils die Form der *Allgemeinheit,* teils das Herausnehmen einer *besonderen* Seite der konkreten Sache."[5] Derjenige, der die Handlung allein durch die Absicht rechtfertigt, ohne auf die wirklich herbeigeführten Folgen zu sehen, isoliert in der abstrakten Weise des „Verstandes" eine „einzelne Seite" am Ganzen der Handlung. Hegel mag dabei an Kant und seine Theorie vom guten Willen als des einzig absolut Guten gedacht haben. Der „höhere moralische Standpunkt" berücksichtigt aber sowohl die innere wie auch die äußere Seite der Handlung und nimmt beide als „Momente" zum Ganzen der Gesamthandlung zusammen: weder bleibt er bei der bloßen „Gesinnungsethik" noch bei der reinen „Verantwortungsethik" stehen. Der höhere moralische Standpunkt im Sinne Hegels besteht darauf, „in der Handlung die Befriedigung zu finden, und nicht bei dem Bruche zwischen dem Selbstbewußtsein des Menschen und der Objektivität der Tat stehenzubleiben, welche Auffassungsweise jedoch sowohl in der Weltgeschichte als in der Geschichte der Individuen ihre Epochen hat"[6].

Der Erläuterung des Unterschiedes, den Hegel zwischen „Absicht" und „Vorsatz" macht, mag folgendes, von ihm selbst gewähltes Beispiel dienen: Der Brandstifter hat die „Absicht", ein Haus in Schutt und Asche zu legen: um dies zu bewerkstelligen, muß er die einzelnen Schritte, durch die er dabei zu Werke geht, planen: das geschieht durch den „Vor-satz". Es ist zum Beispiel sein Vorsatz, an einem bestimmten Punkt den Dachbalken zu entzünden. An diesem Beispiel wird deutlich, daß sich der Vorsatz auf den Punkt hin richtet, an welchem der Handelnde anzugreifen und die Geschichte der Handlung in Gang zu setzen gedenkt. Dementsprechend hegt der Arzt auch die allgemeine Absicht der Heilung eines Patienten und will sie vielleicht durch den Vorsatz verwirklichen, die Therapie auf einen Punkt des Organismus, etwa auf das Herz hin auszurichten. Das Denken der Absicht befaßt sich mit dem „Allgemeinen" einer Geschichte im Ganzen, der Vorsatz mit dem Besonderen, Punktuellen.[7]

[5] G. W. F. Hegel, Grundlinien der Philosophie des Rechts (Hoffmeister), § 119.

[6] Ibidem § 121.

[7] Parallel hierzu hat Hegel in dem Abschnitt der Phänomenologie des Geistes, welcher von der Dialektik der sinnlichen Gewißheit spricht, Erfahrungen des Bewußtseins bei der Deutung solcher Wörter wie „jetzt" und „hier" charakterisiert. Die zunächst und unmittelbar geleistete punktuelle Auslegung dieser Wörter wird durch eine andere im Vollzug der Erfahrung des Bewußtseins überholt, in welcher „jetzt" als Zeitdauer und „hier" als Raumfläche gedeutet werden. Sie nehmen die Bedeutung einer Ereignisgestalt an, die eine Erstreckung in die Zeit und eine Ausdehnung in den Raum aufweist. Der Erfahrung des sinnlichen Bewußtseins entspricht im Bereich des Praktischen die „Absicht", bei der es ebenso darum zu tun ist, die dem vorsätzlichen Denken eigentümliche Reduzierung des Handlungswillens auf Einzelnes, Punktuelles zu überwinden und den Handlungszweck als zeitlich und räumlich ausgedehnte

Die Zugehörigkeit des „Vorsatzes" zur ersten, planenden und reflektierenden Epoche der Handlung zeigt sich an seinem Rechtsanspruch, jeweils nur dasjenige als „meine" Handlung anzuerkennen, was von mir vor der Ausführung der Handlung klar und deutlich gewollt war und durch ein dementsprechendes Handeln nach Voraus-sicht eintreten mußte. Diese wurde aus dem Zusammenhang des Weltmodells gewonnen, welches der praktische Verstand der Planung zugrundelegt. Der subjektive, vom praktischen Verstande geleitete Wille pocht auf sein „Recht", nichts als das Seine anzuerkennen, als worin er sich selber weiß und befriedigt findet.[8] Die Handlungssituation, in die sich das vor-sätzliche Denken des praktischen Verstandes versetzt, ist so beschaffen, daß ein Wille das Dasein „vor" sich hat, „auf welches er handelt; um dies aber zu können, muß er eine Vor-stellung desselben haben und wahrhafte Schuld ist nur in mir, insofern das vorliegende Dasein in meinem Wissen lag. Der Wille, weil er eine solche Voraussetzung hat, ist endlich, oder vielmehr, weil er endlich ist, hat er eine solche Voraussetzung."[9] Das heißt: dem Standpunkt des vor-sätzlich denkenden und wollenden Verstandes eignet der Charakter der Endlichkeit, weil in seine Perspektive nur diejenigen vorgestellten Ereignisse fallen, die im Rahmen seines konstruierten Weltmodells zu denken sind. Die Endlichkeit des praktischen Verstandes und seines vorsätzlichen Denkens zeigt sich auch darin, daß er analog dem theoretischen Verstande die gegenständliche Wirklichkeit vor sich hinstellt und sie sich gegenüberstellt. Dadurch ist es bedingt, daß er nur in beschränktem Maße seinem Handeln Erfolg in der Wirklichkeit sichern kann, da er diese als planendes, d.h. absichtliches und vorsätzliches Denken nicht zu beherrschen vermag.

Aber die höhere „Vernunft" des Handelns bleibt nicht bei dem subjektiven Standpunkt des planenden Verstandes stehen: sofern ich „*vernünftig* (kursiv vom Verf.) denke und will, bin ich nicht auf diesem Standpunkte der Endlichkeit, denn der Gegenstand, auf den ich handle, ist nicht ein Anderes gegen mich, aber die Endlichkeit hat die stete Grenze und Beschränktheit an sich". Das heißt: der Standpunkt des zweckrational überlegenden praktischen Verstandes stellt sich im Modell eine Handlungswelt vor, welche die unendliche Kompliziertheit der wirklichen Welt nicht erreicht. Vielmehr hat der Verstand diese Welt in der Vorstellung so präpariert, daß ihre Bedingungen

Gestalt zu verstehen. „Die" Handlung wird, vom Standpunkt der „Absicht" aus gesehen, dann als die im handelnden Bewußtsein anfangende zeitliche und räumliche Ausdehnung einer Ereignisgestalt aufzufassen sein, welche sowohl das „Innere", wie auch das „Äußere" umfaßt.

[8] G. W. F. Hegel, Grundlinien der Philosophie des Rechts (J. Hoffmeister), § 107.

[9] Ibidem § 117.

der Realisierung der Vorsätze und Absichten günstig zu sein scheinen. Dieser Standpunkt kann demnach auch das Recht für sich in Anspruch nehmen, keine Schuld für andere Folgen zu übernehmen, als für die, welche in der vor-gestellten Welt vorausberechnet werden können. Ödipus, der in „seiner" Welt dachte und handelte, konnte nicht wissen, daß derjenige, den er erschlug, sein Vater war: er ist infolgedessen vom Standpunkt dieser seiner Welt aus gesehen nicht als Vatermörder anzuklagen.

Der Standpunkt der Vernunft aber urteilt nicht nach den Maßstäben der subjektiven Wunschwelt: er wählt diejenigen der wirklichen, objektiven Handlungswelt und der Totalität ihrer Realbedingungen. Daher gehört er der zweiten Epoche der Handlungsgeschichte an, die Gegenstand eines folgenden Abschnitts sein wird, in welchem auf entsprechende Überlegungen in Hegels Handlungstheorie zurückzukommen ist.

Die Handlungswelt, in welche Absicht und Vorsatz als dem Denken des Verstandes entsprungen gehören, ist Ergebnis eines Entwurfes, den der praktische Verstand als zu seinem Willen passend und für die Realisierung seiner Zwecke angemessen geleistet hat. Es ist eine wünschbare Welt, deren Charakter den Absichten des Handelnden angepaßt ist. In ihr scheinen die zu Absicht und Vorsatz passenden Handlungspläne so durchführbar zu sein, daß sie sich in berechenbarer Weise realisieren lassen. Es ist die praktische Rechnung des Verstandes, der sich als endliches Denken ein Weltmodell zurechtlegt, welches mit der unendlichen Kompliziertheit der wirklichen Welt nicht Schritt hält. Darin ist die praktische *Vernunft* des Handelns vom Verstande unterschieden, daß sie die *Totalität* aller die wirkliche Handlungswelt ausfüllenden Beziehungen bedenkt; sie sieht ein, daß der die Absicht und den Vorsatz denkende praktische Verstand nur zur ersten, orientierenden Phase der Handlungsgeschichte gehören, während er für die zweite Phase, die der Ausführung der Handlung, nicht zureicht, da seine Berechnungen in jedem Augenblick von einer Unendlichkeit anderer, von fremder Seite herkommender Einflüsse durchkreuzt werden. Der absichtlich und vor-sätzlich denkende und handelnde Verstand ist der Meinung, er könne die Situation der gesamten Handlung in der Form des abstrakten Weltmodells begreifen, während die Vernunft das praktische Bewußtsein zu der Erfahrung nötigt, daß diese Meinung aufgegeben werden muß, wenn die Wahrheit der Handlung ergriffen werden soll. Die endliche Rechnung des Verstandes steht mit dem wirklichen Geschehen der Handlung nicht in Einklang. Der Standpunkt des planenden und eine subjektive Welt entwerfenden Denkens des Verstandes muß überschritten werden und dem Standpunkt der die Totalität der Wirklichkeit bedenkenden Vernunft weichen.

3. Die zweite Epoche der Handlungsgeschichte: Der Standpunkt der wirklichen Handlungswelt

Das handelnde Bewußtsein ist in der ersten Epoche der Handlungsgeschichte durch Reflexion und Skepsis bestimmt. Es zweifelt daran, Herr und Meister über die wirkliche Welt werden zu können, deren Eigengesetzlichkeit die Herrschaft des Handelnden über die Wirklichkeit unmöglich zu machen scheint. Um aus dem Stadium des Zweifels und der Reflexion zu demjenigen des Sich-Entscheidens übergehen und damit in die zweite Epoche der Handlung eintreten zu können, bedarf es eines Über-ganges des Bewußtseins vom ersten Standpunkt seiner Vorstellungswelt zu demjenigen der objektiven wirklichen Welt, in welcher die Handlung ausgeführt werden soll. Dieser Übergang findet in der Entscheidung statt. Der sich zu einer Handlung Entscheidende steht vor der Aufgabe, die „innere", subjektive Welt mit der „äußeren", objektiven so zu verbinden, daß beide aufeinander abgestimmt werden können, derart, daß sich meine Absichten und Pläne als „realistisch" erweisen.

Ist dieser Übergang von der subjektiven Welt zur objektiven und die Vereinigung beider geglückt, dann habe ich mich in den Stand gesetzt, die Kräfte des Weltlaufs nicht als von außen her auf mein Handeln störend einwirkende Faktoren deuten und be-handeln zu müssen, sondern sie als derselben Handlungswelt zugehörig auffassen zu dürfen, in der ich agiere. In diesem Falle deute ich von dem Standpunkt der zweiten Epoche meines Handelns aus diejenigen Einflüsse der Welt, die zuerst als „äußere" und ihr fremde Mächte angesprochen werden mußten, als für mich, meine Handlungswelt und meinen Platz innerhalb ihrer angemessen. Ich spreche dann von je „meiner" Handlung nicht nur im Hinblick auf die von mir in dieser Welt hervorgebrachten Wirkungen und Veränderungen, sondern fasse sie auch als meine „Praxis" auf: in dem Sinne, daß ich mein Tun als in das Leben der auch mit andern Handelnden gemeinsamen Handlungswelt integriert begreife.

Der Augenblick der Entscheidung ist derjenige eines Übergangs, der unter verschiedenen Gesichtpunkten begreifbar ist: es ist einerseits ein Übergang vom Standpunkt der Reflexion über Möglichkeiten zu demjenigen der Wirklichkeit der Handlungswelt, von der aus gesehen eine dieser Möglichkeiten als die praktikable erkennbar ist. Von einem andern Gesichtspunkt aus gesehen zeigt dieser Übergang das Gesicht der Über-holung der vom Verstande entworfenen Modellwelt des Handelns durch die konkrete wirkliche Welt, deren Realbedingungen in unverkürzter Totalität berücksichtigt werden. Weiterhin ist folgender Gesichtspunkt an diesem Übergang geltend zu machen: überschritten wird nämlich durch ihn auch der Standpunkt des in der ersten Epoche der Handlungsgeschichte maßgebenden Sollens bzw. des

Wollens im Sinne des Vor-stellens von Inhalten der Pflicht, oder auch des Wünschens und Erstrebens. Erreicht aber wird bei diesem Überschritt der Standpunkt, der auf dem Handlungscharakter, auf dem praktischen Sein insistiert. Begründet sich das Handeln eines Handelnden auf dessen praktischem Sein, dann ist nicht mehr der vorgestellte Sollensinhalt maßgebend, sondern motivierend wirkt jetzt die im praktischen Sein des Handelnden selbst schon verwirklichte Norm, die dieses schon durch sein Dasein, sein Auftreten vergegenwärtigt. In der Entscheidung verwirklicht sich schon durch das Dasein des sich entscheidenden Subjekts ein Wille, der nun handelnd in die Erscheinungswelt eingreift. Jetzt stellt sich das praktische Subjekt den Inhalt des Sollens nicht nur mehr vor, sondern es vergegenwärtigt dieses durch Auftreten und Dasein seines praktischen Seins.

In dieser zweiten Epoche der Geschichte der Handlung tritt aufs neue das praktische Sein in den Blick und mit ihm der Gedanke der „Praxis" im spezifischen Sinne des Beitrags zum normativen Leben der allgemeinen Handlungswelt. Das praktische Sein vergegenwärtigt ein System von Fähigkeiten, Dispositionen und Motivationen, die jeweils in einer Handlung in Erscheinung treten. Sofern der Handelnde in der Entscheidung als leibhaftiges Dasein eines Willens auftritt, ist er über die Epoche des Reflektierens, Beratens, Vergleichens und bloßen Vor-stellens hinausgegangen. Weil er schon selbst Wirklichkeit des Handelns ist, kommen für ihn keine Skrupel und Zweifel an der Rechtlichkeit seines Tuns mehr in Frage: er würde die Entscheidung und den zu ihr führenden Übergang zum Standpunkt der Wirklichkeit rückgängig machen, wenn er jetzt noch einmal der Reflexion Gehör schenken würde. Wenn nach Goethe der Handelnde immer „gewissenlos" ist, dann gilt das nicht nur deshalb, weil er mit dem Reflektieren ein Ende machen muß, um überhaupt zur Entscheidung und zum Handeln zu kommen, sondern vor allem aus dem Grunde, weil der die Entscheidung ausmachende Übergang zum Standpunkt der Wirklichkeit und der Totalität ihrer Realbedingungen schon eine Wirklichkeit geschaffen hat, durch die jede Reflexion überholt ist.

Das praktische Sein des Arztes zum Beispiel ist ein Handlungscharakter, der sich durch Übung im ärztlichen Handeln zur Wirklichkeit eines Habitus herausgebildet hat, welcher die Aufgaben, die sich ihm stellen, nicht nur aufgrund seines theoretischen Wissens, sondern vielmehr aufgrund des in seinem Sein angelegten *Könnens* zu meistern vermag. Der Arzt vergegenwärtigt durch die daseiende Intelligenz seines leibhaftigen praktischen Seins das Wirken der ärztlichen Kunst in der allgemeinen Handlungswelt und handelt daher nicht nur im Sinne des Bewirkens, sondern auch in demjenigen der „Praxis", sofern er durch sein Handeln an der gemeinsamen normativen Lebenswirklichkeit teilnimmt.

In der zweiten Epoche der Geschichte der Handlung, in welcher das Erscheinungsbild der Handlung hervorgebracht wird, hat der Handelnde die Aufgabe zu erfüllen, der Totalität aller Realbedingungen gerecht zu werden. Der in der ersten Epoche entworfene Handlungsplan kann diese prinzipiell nicht erreichen: der Standpunkt des Planens und derjenige der Ausführung, des Entwurfes der Modellwelt und des Sichversetzens in die wirkliche Handlungswelt sind zueinander inkommensurabel, weil der planende Verstand prinzipiell von vielen Bedingungen der wirklichen Handlungswelt ab-sieht, denen derjenige, der mit seiner Handlung Ernst macht, gerecht werden muß. Der planende und modellentwerfende Verstand genügt nicht, wenn es gilt, die Wirklichkeit mitsamt der Totalität ihrer Realbedingungen zu meistern. Dazu bedarf es selbst der Wirklichkeit eines in der Entscheidung zum Handeln entschlossenen Handlungscharakters, eines praktischen Seins, welches die Wirklichkeit meistern kann, so wie zum Beispiel der erfahrene Pädagoge schwierige Situationen erzieherischen Tuns nicht durch Anwendung einer Theorie, sondern aufgrund seiner Erfahrenheit und der seinem praktischen Sein zu Gebote stehenden pädagogischen Intelligenz meistert. Nur als ein praktisches Sein, nicht als ein reflektierendes und vor-stellendes Wesen vermag ich der Totalität aller Realbedingungen in der Ausführung einer Handlung gerecht zu werden.

Vom Gedanken der zweiten Epoche der Handlungsgeschichte aus erweist sich der berühmte und eindrucksvolle Satz Kants: „Du kannst, denn Du sollst" als problematisch. Er wird nämlich der in den bisherigen Erörterungen erhobenen Forderung nicht gerecht, zwischen dem Standpunkt der praktischen Möglichkeit und demjenigen der Wirklichkeit zu unterscheiden. Die Bedeutung des Kantischen Satzes besteht, zusammenfassend gesagt, in folgendem: Der über mein Sollen reflektierende praktische Verstand legt eine Handlungswelt zugrunde, welche er mit allen bisher von ihm in Erfahrung gebrachten Zügen ausstattet. Bei ihrer Konstruktion kalkuliert er insbesondere je meine Fähigkeiten, mein „Können" und ihre Grenzen ein. Es wäre sinnlos, wenn sich für mich in der moralischen Reflexion ein „Sollen" ergeben würde, bei dem von vornherein feststeht, daß ihm mein Können nicht entspricht. Ein unmusikalischer Mensch kann niemals dazu verpflichtet werden, eine Beethovensche Symphonie zu schreiben.

Gleichwohl aber ist zu bedenken, daß die moralische Reflexion, die nach meinem „Sollen" fragt, der ersten, beratenden und reflektierenden Epoche der Handlungsgeschichte angehört und sich nur auf dem Boden der *möglichen* Handlungswelt vollzieht. Geht das handelnde Bewußtsein zum Standpunkt der wirklichen Handlungswelt in dem Augenblick über, in welchem es sich zur Verwirklichung des Sollens entschieden hat, dann kann es sein, daß der Handelnde ganz andere Erfahrungen von seinem eigenen Können macht, als sie bei dem bisherigen Entwurfe seiner Handlungswelt und seines Sollens in ihr zugrunde gelegt wurden. Die Selbsterfahrung, die er zur Grundlage der moralischen Reflexion über sein Sollen gemacht hat, wird ein anderes Bild ergeben, wenn sich der Handelnde bei der Verwirklichung des Sollens, also im wirklichen Vollzuge des Handelns erlebt. So ist es möglich, daß er bei dem Versuch, sein Sollen auszuführen, ver-sagt, so daß er sich gestehen muß, daß er die ganze Unternehmung eigentlich nicht hätte beginnen „sollen". Oder es zeigt sich im Gegenteil, daß seine Kräfte beim Vollzug des Handelns selbst in einem bisher nicht vermuteten und erwarteten Maße wachsen und daß er sich jetzt imstande sieht, Aufgaben zu erfüllen, an die sein ihn verpflichtender Verstand, den er jetzt als kleinmütig ansehen muß, niemals zu denken gewagt hätte. So zeigt sich, daß der Standpunkt der praktischen Entwürfe und der Pläne, der dem über das Sollen reflektierenden praktischen Verstande entspricht, zu überschreiten ist, damit der Standpunkt der praktischen Wirklichkeit und ihrer Vernunft eingenommen wird, der die Erfahrung des *wirklichen* Könnens ermöglicht und sie für künftiges Handeln fruchtbar macht. Künftiges Handeln, dazu gehört auch die in der Zukunft zu leistende Reflexion über mein wahres „Sollen".

Vom Standpunkt der zweiten Epoche der Handlungsgeschichte aus ist auch ein Blick auf die von Max Weber unternommene Deutung der Rationalität im Sinne der Zweckrationalität und auf deren Bezug zum Begriff des rationalen Handelns zu werfen. Rationales Verhalten wird von Weber auf die Fähigkeit gegründet, wissenschaftliches oder auch lebensweltliches „Wissen" für die Erreichung bestimmter Handlungserfolge auszuwerten. Er gründet erfolgreiches Handeln auf die Fähigkeit richtiger Anwendung eines gutfundierten Wissens. Zum Rationalitätsmodell Webers gehört weiterhin ein vom handelnden Subjekt vertretenes Wertesystem, welches die Wahl der Zwecke begründet, die unter Mithilfe eines Wirklichkeitswissens erfolgreich realisiert werden sollen.

Dabei wird im Zusammenhang mit bisherigen Erörterungen erkennbar, daß der Begriff der praktischen Rationalität bei Weber insofern zu eng ausfällt, als hier nur das Recht des Standpunktes des planenden und modellbildenden Verstandes vertreten wird, der sich für die erste Phase der Handlungsgeschichte als tonangebend erwiesen hat. Die Einseitigkeit des von Weber vertretenen Standpunktes der Zweckrationalität zeigt sich darin, daß er das Denken des Handelnden auf den Standpunkt der subjektiven Wertewahl und des ebenso subjektiven Bildes beschränkt, welches der planende und modellbildende Verstand von der Handlungswelt entwirft. Um der *Wirklichkeit* des Handelns und seiner Geschichte gerecht zu werden, dazu bedarf es einer handlungstheoretischen Reflexion auf den Über-gang zu der Vernunft der wirklichen Handlungswelt, den der Handelnde faktisch vollzieht.

So erweist sich der Begriff der praktischen Rationalität bei Weber als zu eng und als einseitig. Was diesem auf den Gedanken der Zweckrationalität fixierten Begriff vorzuwerfen wäre, ist die Unfähigkeit der Theorie, die notwendige Unangemessenheit des vom subjektiven Verstande geleisteten Modellentwurfes gegenüber der Wirklichkeit der Handlung selbst als wesentlichen Zug an der Handlungswelt zu erkennen. Von Weber her gesehen ist es als Unfall zu beurteilen, wenn der zweckrationale, subjektive Verstand nicht in der Lage sein sollte, den zu erwartenden Verlauf der Handlung so exakt vorherzusagen, daß ein erfolgreiches Handeln darauf aufgebaut werden kann. In Wahrheit aber ist die Unangemessenheit des Planes gegenüber der Wirklichkeit nicht als Versagen des planenden Individuums zu beurteilen: vielmehr ist diese als prinzipieller Zug im Verhältnis des planenden Verstandes zur Wirklichkeit überhaupt zu erkennen und einzusehen, daß das handelnde Bewußtsein, will es sich seiner Handlung als gewachsen zeigen, einen Übergang zum Standpunkt der wirklichen Handlungswelt zu vollziehen hat. Dadurch hat es sich in den Stand zu setzen, der unendlichen Komplexität der Welt gerecht zu werden. Weil der modellbildende, planende Verstand im Prinzip der Wirklichkeit nicht gewachsen ist, deshalb bedarf es einer Ausweitung der ihm eigentümlichen Zweckrationalität durch den Übergang auf den Standpunkt der Vernunft der Wirklichkeit. Mit Recht wird in einer Kritik des Weberschen Standpunktes darauf hingewiesen, daß es nicht möglich sei, einen „logischen" Übergang von der argumentativen zur instrumental-ausführenden Phase des Handelns herzustellen.[10] Eine kausale Theorie, die Max Weber als Unterlage für zweckrationales Handeln annimmt, bietet zum Beispiel ein Wissen über die zu ergreifenden Mittel der Realisierung des Zweckes, aber begründet nicht die Fähigkeit eines richtigen *Verfahrens* beim Gebrauch dieser Mittel. Wie sich besonders im Bereich des sozialen Handelns zeigt, wäre der Handelnde aufgrund seines Verfahren-*Könnens* allein und nicht nur infolge zweckrationalen Wissens in der Lage, unvorhersehbaren, zufälligen und nicht berechenbaren Ereignissen gerecht zu werden, durch welche seine Handlungspläne durchkreuzt werden.

Wann geht nun die Geschichte einer Handlung zu Ende? Wann ist der Augenblick gekommen, an dem man zu sagen vermag, daß jetzt der vom planenden und Vor-haben-entwerfenden Verstande gesetzte Zweck verwirklicht sei? Da nach dem Bisherigen die Inkommensurabilität zwischen Vorstellung und wirklicher Handlungswelt zu berücksichtigen ist, wird man eine genaue Übereinstimmung zwischen dem gesetzten Zweck und der erreichten Wirklichkeit niemals erzielen können. Damit der Handelnde seine eigene

[10] H. G. Schütte, Handlungen, Rollen, Systeme — Überlegungen zur Soziologie Max Webers und T. Parsons; in: Handlungstheorien interdisziplinär (hrsg. von Hans Lenk) Bd. IV, München 1977, S. 36f.

Identität und die seiner Handlung zu begreifen und daher auch herzustellen vermag, muß sich an die beendete Ausführung der Handlung noch eine dritte, zur Gesamtgeschichte der Handlung gehörende Epoche anfügen, in welcher das Denken des Handelnden wieder, wie in der ersten Epoche, sich aus der Handgemeinschaft mit der Wirklichkeit herauszieht, in die es während der Ausführung der Handlung sich einlassen mußte, um jetzt auf das Geschehene verstehend und begreifend zurückzublicken und es zum Ganzen einer einzigen kontinuierlichen Geschichte der Handlung zu vereinigen.

4. Dritte Epoche der Handlungsgeschichte: Identität des Handelnden und seiner Handlung

Nietzsche hat im Zarathustra-Abschnitt ›vom bleichen Verbrecher‹ die Geschichte einer Handlung in eine Gegenwart vor der Tat, eine solche während der Tat und eine Gegenwart nach der Tat eingeteilt. Der bleiche Verbrecher wird in der Situation, in welcher er vor dem Richter steht, veranlaßt, auf seine geschehene Tat zurückzublicken. Er nimmt den dritten der Standpunkte ein, den das handelnde Bewußtsein in der Geschichte seiner Handlung behauptet, und jetzt sieht er seine Tat anders als sie sich ihm vor der Ausführung, in der Perspektive des Planens und während des Handelns, in derjenigen der Ausführung, gezeigt hat. „... ein anderes ist der Gedanke, ein anderes die Tat, ein anderes das Bild der Tat. Das Rad des Grundes rollt nicht zwischen ihnen.

Ein Bild machte diesen Menschen bleich. Gleichwüchsig war er seiner Tat als er sie tat: aber ihr Bild ertrug er nicht, als sie getan war."

Nietzsche widmet vor allem der Epoche nach der geschehenen Tat seine Aufmerksamkeit. Er stellt fest, daß die Verfassung des Bewußtseins des Verbrechers vor der Tat eine andere ist als die während der Tat: und beide unterscheiden sich von derjenigen nach der Tat. Aber es stellt sich heraus, daß es das Bewußtsein nach der Tat darauf absieht, der Handlung im ganzen eine Deutung zu geben, so daß sie, über die Sprünge hinweg, die sich an ihr zeigen, als identisches Geschehen faßbar wird: ebenso auch wie der Handelnde selbst zu einer einzigen Geschichte zusammengenommen wird: dabei waltet keine „Wahrheit" über die Handlung und den Handelnden; die Identität beider wird um den Preis der Lüge gewonnen: so sehr kommt es dem handelnden Bewußtsein in der dritten Epoche des Handelns darauf an, Identität herzustellen. Es geht hier nicht nur darum, daß sich von der dritten Epoche der Reflexion her der Handelnde als Identität ebenso wie seine Handlung *deutet*, sondern daß er durch diese Deutung Identität *schafft*. Er bedient sich von dem nach der Handlung erreichten Stande des Denkens und Willens aus einer Perspektive, die es ihm ermöglicht, deutend Identität herzustellen.

Der Verbrecher im Zarathustra wird zunächst noch unter dem Eindruck des Standes, von dem aus er seine Tat getan hat, von diesem weiterhin gefangengenommen und gebannt: er sieht sich von diesem Stande aus nur noch als einer einzigen Tat Täter. Daher versucht er sich von dieser Befangenheit zu befreien und gewinnt erst auf diese Weise den Stand der dritten Epoche seiner Handlung, der ihm die Freiheit gibt, von der Distanz ihr gegenüber aus sie wenigstens in eine Perspektive zu rücken, die ihm eine Deutung ermöglicht. Der „Streich, den er führte, bannte seine arme Vernunft — den Wahnsinn *nach* der Tat heiße ich dies". Er benennt sich, unter dem Druck der ihn verurteilenden Umwelt und deren Rechtsordnung nur noch mit dem abstrakten Namen des Verbrechers. Sein Handlungscharakter bzw. sein praktisches Sein war schon erkrankt, als er die Tat vollbrachte: denn er vermochte seine Triebe und Begierden sowie seine Wunsch-Welt nicht auf die allgemeinen Normen der ihn umgebenden wirklichen Welt einzustellen. Er wollte das Glück des Messers auskosten und Blut sehen. Aber er schämt sich seiner Krankheit vor der Öffentlichkeit seiner Umwelt und deutet sich und sein Geschehen daher wenigstens in der Weise um, daß er seine Identität in der bürgerlichen Welt zu finden vermag. Seine arme Vernunft „begriff diesen Wahnsinn nicht und überredete ihn", in einer für den normalen Bürger verständlichen Deutung die Tat als Raubmord oder als Rache zu interpretieren. „Was liegt am Blut! sprach sie; willst du nicht mindestens einen Raub dabei machen? — Und er horchte auf seine arme Vernunft: wie Blei lag ihre Rede auf ihm, — da raubte er, als er mordete. Er wollte sich nicht seines Wahnsinns schämen."

Hat das philosophische Denken bei seiner Expedition durch die Darstellung der Geschichte einer Handlung hindurch den Stand der dritten Epoche dieser Geschichte erreicht, dann vermag es die ganze Geschichte noch einmal in einer neuen Perspektive zu überblicken. Handlungsphilosophisches Denken richtet die ihm eigene Perspektive jetzt auf die Innenseite der Geschichte der Handlung und interpretiert diese als eine Folge von Übergängen des handelnden Bewußtseins. Jeder der Epochen der Handlungsgeschichte entspricht ein Stand dieses Bewußtseins, den es durch Übergang gewonnen hat. Jedem dieser Standpunkte ist eine Perspektive des Denkens eigentümlich, in welcher der Handelnde sich selbst und seine Welt auslegt.

So wird der Stand der ersten Epoche der Handlung, in welcher es auf den subjektiven Entwurf einer orientierenden, subjektiven Welt ankommt, dadurch gewonnen, daß sich der Handelnde aus den Bezügen vorheriger Handlungsvollzüge herauszieht und sich die Möglichkeit freien Entwerfens künftiger Handlungen verschafft. Jetzt nimmt das handelnde Bewußtsein Stand auf dem Boden einer subjektiven, orientierenden Welt. Der der ersten Epoche der Handlungsgeschichte angehörende Stand entwirft eine subjektive

Welt des Wollens, Wünschens, auch des Sollens. Da er sich im Bereich des Vorstellens befindet, bleibt sein Planen in dem Sinne abstrakt und gegenüber dem Standpunkt der Wirklichkeit inkommensurabel, daß er aus der Totalität der Realbedingungen nur eine Auswahl von Elementen der Wirklichkeit trifft, mit Hilfe deren er in überschaubarer und berechenbarer Weise Handlungsmodelle zu entwerfen vermag.

Die Entscheidung zur Ausführung der Handlung leitet die zweite Epoche der Handlungsgeschichte ein: sie erfordert den Über-gang des handelnden Bewußtseins zu einem Standpunkt, dem gemäß sich Denken und Anschauen in den Zusammenhang der wirklichen Welt und in die Totalität ihrer Realbedingungen versetzt. Die Ausführung der Handlung bedeutet nicht nur eine „Anwendung" der planend entworfenen Vorstellungen auf die Wirklichkeit: vielmehr überläßt sich das handelnde Subjekt jetzt dem Gang der Wirklichkeit und versetzt sich in die Totalität der Zusammenhänge der realen Handlungswelt. Der Handelnde muß von diesem Standpunkt aus der Objektivität und der Selbständigkeit der Handlungswelt gerecht werden: das gelingt ihm dadurch, daß er als praktisches Sein inmitten der Wirklichkeit der Handlungswelt sein Können zu deren Meisterung einsetzt. Er vermag den eigenwilligen und selbst-ständigen Charakter der Handlungswelt, in welcher sich der Standpunkt der Wirklichkeit handelnd zur Erscheinung bringt, Rechnung zu tragen, ohne deshalb dem überwundenen Standpunkt der subjektiven Entwürfe des planenden Verstandes das Recht abzusprechen, das ihm innerhalb seiner Grenzen zukommt. So wird zum Beispiel der Wirtschaftspolitiker während der Durchführung seines Planes dessen Ungenügen gegenüber der selbständigen und vom Verstande nicht total durchschaubaren Wirklichkeit der Wirtschaft erfahren. Er wird aber bei allem Wissen um die Unebenbürtigkeit des Verstandes gegenüber der Wirklichkeit doch immer aufs neue Handlungsmodelle entwerfen, mit deren Hilfe er wenigstens bis zu ihrem Scheitern immer wieder einen Schritt in der Geschichte seines Handelns zu tun vermag.

Der Übergang vom Standpunkt des planenden Verstandes zu dem des vernünftigen praktischen Seins weitet den Horizont der Zwecksetzung, des Planens, der Entscheidung und der Ausführung des Handelns von dem des Einzelsubjekts auf dasjenige der Allgemeinheit bzw. der Gemeinsamkeit aus. Ich nehme Stand auf dem Boden der Handlungswelt, in welcher die mit mir und auch gegen mich Handelnden als Teilnehmer einer mit mir gemeinsamen Vernunft verstanden werden. Zur Totalität aller Realbedingungen, die ich von diesem Standpunkt aus berücksichtige, gehören die anderen handelnden Subjekte, die einerseits eine mit mir gemeinsame Vernunft teilen, die andererseits gerade deswegen zugleich auch die härtesten Kräfte des Widerstandes darstellen, den die wirkliche Handlungswelt meiner subjektiven Planung entgegensetzt. Die mit mir und gegen mich Handelnden repräsentieren, wie ich selber, Freiheit und stellen sich als handelnde Subjekte dar, die Stand jeweils auf dem Boden ihrer Handlungswelt nehmen. Es ist die Aufgabe aller Handelnden, sich auf den Boden einer gemeinsam vernünftigen Handlungswelt zu stellen.

Der Standpunkt der dritten Epoche erlaubt es dem Handelnden zu sagen, daß er jetzt das Geschehen, welches er als seine Handlung auffaßt und bezeichnet, von Anfang bis zum Ende als Ereignisgestalt zu überblicken und seine Bedeutsamkeit innerhalb eines größeren gemeinsamen Handlungszusammenhanges zu interpretieren vermag. Auf diesem Stand befindet sich der Handelnde in der Lage des Historikers, der zurückblickend die Ereignisse überschaut, sie als geschichtliche Gestalt der Wirklichkeit begreift und ihre Bedeutsamkeit im größeren Ganzen der Geschichte zu beurteilen vermag. In der Theorie des Verstehens wurde mit Recht darauf hingewiesen, daß sich der Verstehende in einer zeitlichen Distanz zu seinem „Gegenstande" befinden müsse. Die Leistung des Verstehens zeigt sich darin, diese Distanz zur Geltung zu bringen und unter ihrer Voraussetzung den in die Ferne gerückten Gegenstand in den eigenen Horizont einzuholen. Es wäre verfehlt, diese Distanz nur im Sinne eines Abstandes innerhalb der empirischen, geschichtlichen Zeit zu deuten. Denn die geschichtliche Zeit ist Ergebnis einer ursprünglichen und grundlegenden Handlung des Denkens[11], die sich als Über-gang zu einem überlegenen Stande darstellt, von dem aus das Vergangene „verstanden" werden kann.

Der Verstehende vermag es, von dem in der Geschichte seines eigenen Bewußtseins und seiner Erfahrungen erreichten Stande aus den „Gegenstand" seines Verstehens in seiner Bedeutsamkeit für die gemeinsame geschichtliche Wirklichkeit zu begreifen. Derjenige, der in der dritten Epoche der Geschichte seiner Handlung steht und nun verstehend auf diese Handlung zurückzublicken vermag, kann die Bedeutsamkeit sowohl des Standpunktes des planenden Verstandes wie auch des die Wirklichkeit meisternden praktischen Seins für den Gesamtaufbau der Handlung begreifen. Er ist zu einem Stand der Erfahrenheit übergegangen, von dem aus es ihm möglich ist, künftige gleichgeartete Situationen nun nach der Methode der gewonnenen Erfahrungen zu meistern. Die verstehende Leistung dieses Standpunktes des Bewußtseins hat den praktischen Sinn, jetzt in der Gestalt eines Könnens, einer Tüchtigkeit der Meisterung der Wirklichkeit aufzutreten. Ich „verstehe" meine Handlung heißt dann in der praktischen Bedeutung soviel wie: Ich „verstehe" mich in Zukunft auf ein Handeln von dem

[11] Hierzu: Friedrich Kaulbach, Analytische und transzendentale Begründung der Geschichtsschreibung; in: Perspektiven der Philosophie Bd. 3 (1977), S. 59ff.

Typus, wie ihn Handlungen zeigen, auf die ich zurückzublicken vermag: ich habe mir ein Können in der Ausführung dieser Art von Handlung angeeignet.

Wenn ich sage, daß ich mich darauf „verstehe", die Geige zu spielen, dann will ich damit ausdrücken, daß ich mir durch Üben ein Spielen-*Können* dieses Instruments angeeignet habe. Das wiederum bedeutet, daß ich in Übungshandlungen Erfahrung im Spielen dieses Instrumentes gewonnen habe. Ich habe durch den in der Geschichte meiner Übungshandlungen vollzogenen Umgang mit dem Instrument Fertigkeiten und Spiel-„Tugenden" so zu meinem Eigentum gemacht, daß am Ende die aus der Gesamterfahrung resultierenden besten Handlungsfiguren zu meiner zweiten Natur wurden.

Tugenden, Fertigkeiten in der Ausführung von Handlungen und Handlungstypen, Formen des Könnens, die dem praktischen Sein eigentümlich sind, werden durch immer wieder vollzogene Übung erworben. Zu erinnern ist an bekannte Aussagen des Aristoteles, der betont hat, daß wir das Können im Bereich eines Handlungstypus nur durch einübende Ausführung dieser Handlung erwerben. „Die Tugenden werden erst nach vorausgegangener Tätigkeit zu eigen, gerade wie es bei den Künsten auch ist. Denn was man lernen muß, um es zu tun, das lernt man, indem man es tut. Zum Beispiel wird man Baumeister dadurch, daß man baut, und Kithara-Spieler dadurch, daß man spielt. Ebenso werden wir dadurch gerecht, daß wir gerecht handeln, besonnen dadurch, daß wir besonnen handeln, und tapfer dadurch, daß wir tapfer handeln."[12] Vereinzelte geglückte Handlungen, die nicht auf einem durch immer wieder vollzogenes Tun gebildeten praktischen Sein beruhen, fallen nicht ins Gewicht. „Eine Schwalbe und ein Tag" machen noch „keinen Frühling". Es kommt auf die dauernde Willensrichtung und den Handlungscharakter, das praktische Sein an, welches bei Aristoteles den Namen „Hexis" (Habitus) trägt. „Dadurch, daß wir uns der Lüste enthalten, werden wir besonnen, und wenn wir das geworden sind, sind wir am besten fähig, uns ihrer zu enthalten."[13] Jede gute Leistung beruht auf der persönlichen Tüchtigkeit und gründet auf einem durch dauernde Übung erworbenen Können, auf einer Leistungsfähigkeit des praktischen Seins, mag man dies unter intellektuellem oder leiblichem Aspekt betrachten.[14] Einübung und Gewöhnung führen zu der Fähigkeit, einen entsprechenden Handlungstypus zu meistern und ihn zu *können.* Der Richter zum Beispiel, der in der Bildung von Urteilsentscheidungen erfahren ist, weil er sich durch vieles

[12] Aristoteles, Nikomachische Ethik, B 1103 a.

[13] Ibidem B 1104 b.

[14] Vgl. auch meine Darstellung: Das sittliche Sein und das Sollen, Braunschweig, 1948, S. 29f.

Üben ein richterliches Können angeeignet hat, „versteht" seine Tätigkeit und meistert die ihm gestellten Aufgaben.

Wenn von der Gewöhnung als dem Weg zur „Tugend" die Rede war, dann ist diese jetzt handlungsphilosophisch unter Berufung auf die Erfahrung, die das handelnde Bewußtsein macht, zu interpretieren. So hat zum Beispiel die mehrfache Wiederholung eines musikalischen Themas den Sinn, daß der Hörende in der Weise „Erfahrungen" mit dem Thema gewinnt, daß er nach immer wieder geschehendem Anhören einen Stand der „Beherrschung" dieses Themas erreicht hat, der es ihm möglich macht, die schrittweise Entfaltung der dementsprechenden musikalischen Idee in ihrer Notwendigkeit zu „verstehen", d.h. über ein Können in dem Nachvollzug dieses Themas zu verfügen. Entsprechend wird auch derjenige, der in der Ausführung der Handlung eines bestimmten Typus erfahren ist, diese Handlung erfolgreich leisten *können,* weil er sich bei jedem einzelnen Schritt, der zur Verwirklichung seines Handlungszweckes führt, im Sinne der bisher gemachten Erfahrungen verhält.

Wenn hier von „Erfahrung" bzw. auch „Erfahrenheit" die Rede ist, dann wird darunter nicht die „Empirie" der sogenannten Erfahrungswissenschaften verstanden: es geht hier nicht um eine Erfahrung der Objekte, sondern zuletzt des eigenen Seins und seines individuellen Handlungscharakters. Diese Erfahrung wird erst in dem Stande der dritten Epoche der Handlungsgeschichte zum Bewußtsein gebracht, von dem aus der Handelnde auf sein bei der Verwirklichung der Handlung gezeigtes Können, das Maß seiner eigenen Tüchtigkeit und die Qualität seines praktischen Seins zurückzublicken vermag. Von keinem Stand einer früheren Epoche aus ist Selbsterkenntnis möglich: schon gar nicht von demjenigen des Vor-stellens der Zwecke und des Planens, aber ebensowenig von dem der Ausführung aus, denn dieser bedeutet Versenktsein des Handelnden in die Arbeit des Verwirklichens, welches zugleich auch immer ein Selbstverwirklichen ist. Von dem Gedanken an die Geschichte der Handlung und an die dabei gemachten Selbsterfahrungen des handelnden Subjekts aus ist der Hegelsche Satz zu deuten, daß der Mensch handeln müsse, um sich in einer Selbsterfahrung zum Bewußtsein dessen zu bringen, was er *ist:* nur auf diesem Wege kommt er zum „Für-sich-Sein" seines „An-sich-Seins". „Was es *an sich* ist, weiß es also aus seiner Wirklichkeit. Das Individuum kann daher nicht wissen, was es *ist,* eh es sich durch das Thun zur Wirklichkeit gebracht hat."[15] Was ich an *Können* bei der Meisterung der Wirklichkeit im Handeln aufzubieten vermag, d.h. welcher Art die Qualität meines praktischen Seins ist, kann ich nur vom Stande der Erfah-

[15] G. W. F. Hegel, Phänomenologie des Geistes (Akademie-Ausgabe), Hamburg 1980, S. 218.

renheit meiner selbst aus beurteilen: d.h. ich muß mein Können beim wirklichen Handeln erfahren haben.

Zugleich ist es von diesem Stande, den ich in der Handlungsgeschichte erreicht habe, möglich, meine eigene Identität und die meiner Handlung zu begreifen und zugleich herzustellen. So vermag ich von hier aus meine Anlagen, Talente, Fähigkeiten, die mir zunächst von der Natur verliehen wurden, als die „meinigen", zu meinem Sein gehörigen zu erkennen und einzusehen, daß im handelnden Vollzug ihres *Gebrauches* erst diese Aneignung geschehen ist. Ein musikalisches Talent zum Beispiel kann ich erst in dem Augenblick als das zu mir gehörige, als das „meinige" ansprechen, in welchem ich auf eine Geschichte seines Ausbildens durch Übung und Produktion zurückblicken kann und dadurch Erfahrungen über den Grad meiner Kraft gewonnen habe, eine natürliche Anlage von dieser Art mit meiner Individualität zu durchdringen. Die Erfahrung, die ich von der Qualität meines Könnens erlangt habe, bedeutet für dieses selbst wieder eine neue höhere Stufe, die Voraussetzung für künftiges Handeln ist.

Was das handelnde Individuum als sein Sein anzusprechen hat, was es tun kann und wirklich tut und was ihm dabei „widerfährt" von seiten der selbständigen Wirklichkeit, kann es nur dadurch zur Erfahrung bringen, daß es sich selbst von einem Stande der vollzogenen Handlung aus betrachtet, der es ihm erlaubt zu sagen: „Dieß *hat* (kursiv vom Verf.) es gethan, und ist es selbst; es kann nur das Bewußtsein des reinen Übersetzens *seiner selbst* aus der Nacht der Möglichkeit in den Tag der Gegenwart, des *abstrakten Ansich* in die Bedeutung des *wirklichen* Seyns, und die Gewißheit haben, daß was in diesem ihm vorkommt, nichts anders ist, als was in jener schlief."[16]

Das Bewußtsein des Handelnden ist von Anfang an vom Standpunkt des Planens auf denjenigen der dritten Epoche ausgerichtet: auf den Standpunkt des praktischen Selbstbewußtseins. Vom Anfang des zunächst der Realität nicht voll adäquaten Planens und Entwerfens an streckt sich das Bewußtsein über die Epoche seiner Versenkung in die Wirklichkeit bei der Ausführung der Handlung bis zu dem Augenblick der Vollendung des Selbstbewußtseins in der dritten Epoche der Handlungsgeschichte aus. Es vermag seinen Plan und die Zwecke selbst auch in dem Bewußtsein der Inkommensurabilität zwischen Planen und Ausführung ernst zu nehmen und dem Handeln zugrunde zu legen. Der Handelnde befindet sich im Stande des Planens im Spannungsfeld zweier verschiedener Motivationen: Einerseits nimmt er Distanz von der Handlungswirklichkeit, aus deren Totalität und Komplexheit er nur einen Ausschnitt auswählen kann; andererseits ist er schon auf

[16] Ibidem S. 220.

diese Totalität der Wirklichkeit hin orientiert, deren Standpunkt er aber erst in der Epoche der Ausführung der Handlung einnimmt.

Hegel bringt diesen Zwiespalt auf die Formel eines Zirkels. Das Individuum scheint den „*Zweck* seines Tuns nicht bestimmen zu können eh es gethan hat; aber zugleich muß es, indem es Bewußtsein ist, die Handlung vorher als die *ganz* seinige, d.h. als *Zweck* vor sich haben“. Es kann „seinen“ Zweck nur aus der Selbsterfahrung gewinnen, die es jedoch erst dann gemacht hat, wenn es schon aufgrund einer Zweckwahl gehandelt hat.[17] Vom Standpunkt des Gedankens an die Geschichte der Handlung aus wäre hier zu antworten: Der Zirkel ist nur scheinbar, sofern sich das planende Denken bei seiner Zwecksetzung als prinzipiell unangemessen gegenüber der Totalität der wirklichen Handlungswelt versteht. Es muß seine Zwecke ohne die vollständige Kenntnis seiner eigenen Möglichkeiten wählen und seinen Blick auf die „Sache“ richten, der es planend noch nicht vollkommen gerecht werden kann. Es muß zum Standpunkt der Handlungs*wirklichkeit* übergehen, um voll den Grad des Könnens zeigen zu können, über den es in Wahrheit verfügt; von diesem Standpunkt aus werden sich auch Recht oder Unrecht der anfänglichen Zweckwahl erweisen. Hegel berücksichtigt zwar diese Unangemessenheit, da er für die Selbsterkenntnis nicht nur die theoretische Analyse der eigenen Möglichkeiten und Fähigkeiten als genügend erachtet, sondern den wirklichen Handlungsvollzug fordert; aber er nimmt den Zirkel doch ernst und versucht ihn durch den Gedanken daran zu überwinden, daß der Anfang des Handelns unmittelbar zu geschehen habe und daß es die Aufgabe des Handelnden sei, „unter welchen Umständen es sey, ohne weiteres Bedenken um *Anfang, Mittel* und *Ende* zur Tätigkeit zu schreiten; denn sein Wesen und *ansichseyende* Natur ist alles in Einem, Anfang, Mittel und Ende“[18]. Der Zirkel wird überwunden, wenn man daran denkt, daß sich der Handelnde ent-scheidet, sofern er sich auch schon in der Phase des Planens und Reflektierens an der *Sache* orientiert, bei der Sache ist: also vom *Interesse* an der Sache geleitet wird. Von dem bisher zur Geltung gebrachten Gedanken an die Geschichte der Handlung aus wäre zu sagen: Es geht hier um die Motivation des *Übergangs* vom ersten Standpunkt der Epoche des Planens zu dem zweiten, der inmitten der Handlungswirklichkeit und ihrer Sachen genommen wird. Daß der Handelnde nicht beim Planen und Reflektieren stehenbleibt, sondern sich zum Weiterschreiten auf dem Wege der Ausführung entschließen wird, ist dadurch motiviert, daß ein Interesse, ein Bei-der-Sache-Sein schon in der ersten Epoche des Handelns gegeben ist: hier nimmt es die Form des Hingerichtetseins auf die Sache an.

[17] Ibidem S. 218.

[18] Ibidem S. 218.

Das Können, von dem als zur zweiten Epoche der Handlung gehörig die Rede war, ist durch das „Talent" verbürgt. Das Talent zeigt nicht als bloße Disposition zum Handeln, sondern als tätiges, den Handlungsvollzug leitendes Vermögen sein Können: erst in diesem Zustand der Handlungsaktualität eigne ich es mir als „mein Talent" an. Da es beiden Epochen der Handlungsgeschichte, sowohl dem Vorstellen der Zwecke wie auch dem Handlungsvollzug angehört, kann es Hegel als *„Übergang* des Zwecks zur Wirklichkeit" bezeichnen. Im Handlungsvollzug bemeistert das Talent die selbständige und widerspenstige Wirklichkeit: es wird Herr über deren „Sache". Es erweist sich so als „Mittel", mit Hilfe dessen der Handelnde im *„Interesse"* ganz bei der Sache ist und sie meistert, wenn es der Totalität aller Realbedingungen gerecht wird, die für ein erfolgreiches Behandeln der Sache zu berücksichtigen sind. Der Standpunkt des Interesses an der Sache schließt alle Reflexion über andere Motive als die der gekonnten Meisterung der Sache aus. Das Talent liefert dem Interesse das Können, dessen es bedarf, um sich im Handeln zu erfüllen und ein möglichst hohes Maß von Angleichung zwischen Zwecksetzung und Zweckverwirklichung zu erreichen. Hegel spricht von der Einheit, welche zwischen dem Talent und der im Interesse vorhandenen „Natur der Sache" besteht.[19] Jenes „stellt am Mittel die Seite des Thuns, dieses die Seite des Inhalts vor, beyde sind die Individualität selbst, als Durchdringung des Seyns und des Thuns". Der Handelnde durchdringt durch sein Handeln die Wirklichkeit der Natur der Sache mit seiner Individualität und macht dadurch die objektive Handlungswelt zu der seinigen.

Unter dieser Voraussetzung ist Handeln nicht nur einseitig als innerer Vollzug, als Bildung und Durchsetzung der Gesinnung, oder als „äußeres" Ereignis, etwa nur von den beschreibbaren Vorgängen und Folgen her, zu begreifen: sowohl das Programm der Gesinnungsethik wie auch dasjenige der Verantwortungsethik ist einseitig, abstrakt und wird dem Ganzen der Handlung, die als Geschichte aufzufassen ist, nicht gerecht. Zwar gilt für die erste Epoche der Handlung, daß hier das Subjekt die zur Begründung des Handelns nötigen Vor-stellungen faßt, Pläne und Handlungsmodelle entwirft und Zwecke wählt: aber was wirklich an dieser „inneren" gedanklichen Arbeit bestehen kann, zeigt sich erst beim Übergang zum zweiten Standpunkt der Ausführung und des Handgemeinwerdens mit der Wirklichkeit. In dieser Epoche zeigt es sich auch, zu welchen Folgen das zwecktätige Eingreifen des Handelnden in die Wirklichkeit führt. Daß der durch Handeln hergestellte Bestand von Wirklichkeit aber seinerseits nur durch Rückblick auf das praktische Sein des Handelnden selbst, seine Gesinnung und seine Verfassung verstanden und beurteilt werden kann, wird im folgenden Kapitel weiter erörtert werden.

[19] Ibidem S. 218.

Fünftes Kapitel

GESINNUNG, ENTSCHEIDUNG UND GEWISSEN

1. Das Individuum und das Allgemeine; Formen des Allgemeinen

In der bisherigen Darstellung der Geschichte der Handlung zeigte sich bei der Erörterung der zweiten Epoche: Hier wurde als maßgebender Zug des praktischen Seins und seines Handlungscharakters das Können bei der Meisterung der Wirklichkeit und bei der Verwirklichung der gewählten Zwecke erkannt. Zugleich wurde auch hervorgehoben, daß das sich bei der Meisterung der Wirklichkeit bewährende praktische Sein unter normativen Maßstäben steht, an denen gemessen es entweder als den Normen gemäß oder als ihnen unangemessen zu beurteilen ist. Damit ist die „Gesinnung" in den Blick gerückt, die als Stellung des Handelnden dem normativen „Sinn" gegenüber angesprochen werden kann. Diesen hat zum Beispiel Kant in der Form einer Vorstellung des allgemeinen Gesetzes der menschlichen Welt faßbar zu machen versucht, durch welches das Verhalten der Menschen zueinander so geregelt wird, daß einer den andern nicht nur als Mittel zu Zwecken, sondern zugleich auch immer als Selbstzweck ansieht und behandelt. Es ist jeweils die Frage meiner „Gesinnung", in welcher Stellung zu diesem allgemeinen Gesetz ich meine Handlungen durchführe: ob ich es überhaupt nicht beachte, oder ob ich es zwar beachte, aber es als lästiges Hindernis für die Erfüllung von Wünschen ansehe oder ob ich es zum Motiv meines Handelns mache.

In die Perspektive sozialwissenschaftlichen Denkens und Sprechens gerückt, ist praktisches Sein und seine Gesinnung als „Haltung" (Mead)[1], sowie auch als „Grundhaltung" oder „Wertorientierung" (Parsons)[2] benannt worden. In der für die philosophische Handlungstheorie spezifischen Sprache wurde von dem Standnehmen des handelnden Subjekts auf dem Boden seiner Handlungswelt gesprochen, die durch Normen bestimmt ist, aufgrund deren seinerseits wieder das Subjekt seine einzelnen Zwecke zu wählen hat. So wird zum Beispiel der Charakter der Welt, die ein sozialistisches Bewußtsein als den Schauplatz seines Handelns entwirft, zur Wahl anderer

[1] G. H. Mead: Sozialpsychologie (hrsg. v. A. L. Strauss) Neuwied, 1969, S. 283f.

[2] T. Parsons/E. A. Shils (Hrsg.): Towards General Theory of Action, Cambridge/Mass. 1959, 4. Aufl.; hierzu auch: Handlungstheorien interdisziplinär IV (hrsg. v. Hans Lenk), München 1977, S. 10f.

Einzelzwecke und anderer Argumentationen für sie führen, als sie von seiten eines Bewußtseins geschieht, dessen Welt einen liberalistischen Charakter zeigt.

Zunächst ist das „Allgemeine" vor den Blick zu bringen, das in der Gestalt der Handlungswelt und ihres normativen Charakters bedeutsam ist, für welche die Grund-entscheidung eines Handelnden gefallen ist. Nicht aber die Handlungswelt und die in ihr herrschenden allgemeinen Maßstäbe werden vom Handelnden klar und deutlich in den Blick gefaßt, wenn er einzelne Zwecke wählt und Handlungsmöglichkeiten miteinander vergleicht: denn Welt ist das *Fundament* seines Beratens, seines Entscheidens und auch der Ausführung der Handlung. Diese Welt und das System der sie bestimmenden Normen sind nun gerade Gegenstand der philosophischen Handlungstheorie: psychologische, juristische, soziologische Theorien des Handelns ignorieren oder verdinglichen sie, wenn sie von ihr reden, in einzelwissenschaftlicher Weise und geben ihr die Rolle eines „Faktors", den sie mit anderen empirischen Faktoren zu dem Gesamtbild vereinigen, welches sie von der Handlung zeichnen.

Die allgemeinen normativen Strukturen der Handlungswelt, für welche die Grundentscheidung des Handelnden gefallen ist, können nicht ohne weiteres für die Verwendung von Verhaltensregeln ausgemünzt werden: sie sind höchstens als Maßstäbe zu verstehen, an denen der Wert einzelner Zwecke und besonderer Pflichten, denen ich mich unterwerfe, gemessen werden kann. Auch der kategorische Imperativ Kants ist als Maßstab für die Gewinnung einzelner „Maximen" des Handelns anzusehen, aus dem man nicht durch „Anwendung" auf den konkreten Fall einzelne Pflichten ableiten kann. Er gibt formale Kriterien an: so fordert er vor allem vom Handelnden, daß er sich nach Grund-sätzen überhaupt verhält, statt sich von Anwandlungen, Gefühlen, Affekten und so weiter leiten zu lassen. Die Forderung der Grundsätzlichkeit muß in jedem einzelnen Vorhaben, wenn es moralisch akzeptabel sein will, erfüllt sein. Nur wenn sich der Handelnde an allgemeinen Normen und Gesetzen seiner Handlungswelt orientiert, statt sich von den Einflüssen bestimmen zu lassen, die er nicht in der Hand hat, schafft er sich die Möglichkeit, als „Selbst" zu handeln und dadurch allererst im eigentlichen Sinne zu *handeln.* Der individuelle Charakter einer Handlung kann also nur auf dem Fundament eines allgemeinen Grundsatzes gewonnen werden: nur eine Orientierung am Allgemeinen setzt mich in den Stand, eine Handlung als „meine" Handlung zu deklarieren: denn anders könnte ich für mich selbst nicht geradestehen. Ebensowenig könnte ich für irgendein Tun die Verantwortung übernehmen, wenn ich mich nicht „selbst" als dessen Urheber erklären könnte, der sie in Freiheit getan hat, weil er sich grund-sätzlich verhalten und dabei am Allgemeinen orientiert hat. Denn nur eine solche Handlungsmaxime kann den Grundcharakteren der Selbstverantwortlichkeit, der Freiheit und Herrschaft des Handelnden über sein eigenes Tun genügen, welche nicht Ausdruck der Befangenheit in egoistischen Interessen ist, sondern auf dem Boden eines gerechten, über der Parteilichkeit stehenden Denkens und Entscheidens steht.

Im folgenden sind zwei verschiedene Aspekte des Allgemeinen zu unterscheiden, von denen der eine als der subjektive, der andere als der objektive bezeichnet werden soll. Das Allgemeine in seiner subjektiven Gestalt begegnet in der Form einer Bewegung des Übergangs, den das Subjekt von seinem engen egoistischen Horizont aus zu demjenigen vollzieht, der durch die mit den Mitsubjekten gemeinsamen Normen bestimmt wird. So erweist sich das subjektiv Allgemeine als der Weg, den das Subjekt *zum* Allgemeinen geht. Kant spricht in dieser Hinsicht von einer „Erweiterung" des Bewußtseins. Da seine Erörterungen im Bereich der ästhetischen Urteilskraft zu dem Thema: sensus communis von maßgebender Bedeutung auch für den handlungstheoretischen Begriff des subjektiv Allgemeinen sind, soll im folgenden darauf eingegangen werden.

2. Das subjektiv Allgemeine und Kants Theorie vom sensus communis

Das ästhetisch urteilende Subjekt muß eine „Denkart" besonderer Art gewonnen haben, um den allgemeinen Maßstäben des ästhetischen Geschmacks gerecht zu werden. Diese Denkart gewinnt das Subjekt, indem es über den Standpunkt der bloß subjektiven Privaturteile hinausgeht und den der Allgemeinheit und Gemeinsamkeit einnimmt. Darin unterscheidet sich der ästhetische Geschmack, der sich „am Schönen" orientiert, von dem „Sinnlichen", dessen Maßstab den Namen des „Angenehmen" trägt, daß er eine Ausweitung des Horizontes über die Grenzen der bloß subjektiven Beliebigkeit verlangt.

Unter dieser Voraussetzung interpretiert Kant den sensus communis als die „Idee eines *gemeinschaftlichen* Sinnes, d.i. eines Beurteilungsvermögens, welches in seiner Reflexion auf die Vorstellungsart jedes andern in Gedanken (apriori) Rücksicht nimmt"[3]. Kant deutet den „Gemeinsinn" im Sinne einer Verfassung des Denkens, welches auf dem Boden der gemeinsamen und allgemeinen ästhetischen Vernunft Stand genommen hat und von hier aus die angemessenen Maßstäbe für die Beurteilung schöner Gegenstände zu gebrau-

[3] Kritik der Urteilskraft § 40: Vom Geschmacke als einer Art sensus communis. Vgl. auch mein Buch: Das Prinzip Handlung in der Philosophie Kants, Berlin/New York 1978, S. 137f.

chen versteht. Das Subjekt, welches diesen Stand des ästhetischen Urteilens einnimmt, stellt sich als eine Verfassung dar, in welcher Denken und Anschauung so aufeinander abgestimmt sind, daß die in der Anschauung gegebenen Bilder begrifflich durchdrungen und daß die Begriffe ohne die Arbeit des „Konstruierens“ anschaulich deutbar sind. Als diesem ästhetischen Zustand entsprechend kann, vom Standpunkt der praktischen Philosophie aus gesehen, der Begriff des praktischen Seins angesehen werden, welches in der Verfassung des Handelnden besteht, der gemäß dessen Triebstruktur vernünftig durchdrungen ist.

Der Stand, der durch den Über-gang vom Standpunkt der subjektiven Enge in den der Weite gemeinsamer menschlicher Vernunft gewonnen wurde, erlaubt es, „gleichsam an die gesamte Menschenvernunft sein Urteil zu halten und dadurch der Illusion zu entgehen, die aus subjektiven Privatbedingungen, welche leicht für objektiv gehalten werden können, auf das Urteil nachteiligen Einfluß haben würde“. Dieser Stand wird dadurch erreicht, daß man sich „in die Stelle jedes andern versetzt“. Dieses Sich-Versetzen in die Stelle jedes andern erfordert die gedankliche Bewegung eines Über-ganges, deren Ergebnis darin besteht, daß jetzt das Subjekt einen über-legenen Stand einnimmt. Dieser ist nicht als derjenige eines beliebigen anderen Subjekts und seines selbst wieder engen Privathorizontes zu verstehen, sondern ist in dem Sinne allgemein, daß er verbindliche Maßstäbe für *jeden* ästhetisch Urteilenden darstellt. Man erreicht diesen allgemeinen Stand, indem man die „Beschränkungen“, die „unserer eigenen Beurteilung zufälligerweise anhängen“, überwindet. In diesem Zusammenhang spricht Kant von einem *„Vorstellungszustande“*. Dieser ist als der „Stand“ des Denkens zu deuten, der in der Bewegung des Über-ganges aus der Enge und Willkür der privaten Subjektivität in die umfassende Weite der Vernunft eines „jeden“ gewonnen wird. Diesem Stand entspricht im praktischen Bereich der Handlungscharakter, das „praktische Sein“, welches als Grundlage für die ihm entsprechenden Zwecksetzungen und Werturteilsakte anzusehen ist.

Vernunft bedeutet den Inbegriff der Denkhandlungen, durch welche der subjektive Urteils- und Werthorizont des privaten Denkens und Anschauens zu demjenigen allgemeiner und gemeinsamer Maßstäbe *erweitert* wird. Dem Prinzip des Allgemeinen auf dem Wege der Selbstüberwindung und der Erweiterung des Denkens gerecht zu werden, heißt demnach für den Menschen die Aufgaben zu erfüllen, die sich ihm aufgrund seiner Stellung als eines vernünftigen Wesens ergeben. Zu diesen Aufgaben gehört es, sich denkend und anschauend, wie auch handelnd in der Weise in einen Bezug zum Allgemeinen zu setzen, daß eine Gemeinsamkeit der Wert- und Weltinterpretation zwischen Subjekten gewonnen werden kann.

Die Erörterungen zum sensus communis führen bei Kant weit über die Grenzen des Themas hinaus, welches zunächst Anlaß für sie gegeben hat. Die Frage nach der Allgemeingültigkeit des Geschmacksurteils und nach der vernünftigen Verfassung des urteilenden Subjekts führt zu Überlegungen über die Bedeutung des Überganges, den das Subjekt von seinem zunächst privaten Standpunkte der zufälligen und willkürlichen Maßstäbe zu denjenigen der Orientierung des Denkens und Handelns am Allgemeinen entspricht. Durch diesen Übergang wird der Mensch zum Menschen als einem Wesen der Vernunft, weil er durch ihn einen Stand erreicht, der es ihm erlaubt, sich in die Dimension des Denkens und Sprechens der Menschheit auszuweiten. Der prinzipiellen Rolle dieser Überlegungen ist es zuzuschreiben, wenn Kant in diesem Zusammenhang auf die mit der *Aufklärung* im allgemeinen verbundenen Aufgaben zu sprechen kommt, den Selbst-stand und das Selbstbewußtsein auf dem Wege des Übergangs zum „allgemeinen Standpunkt" zu gewinnen.

Im Zusammenhang mit der Forderung nach einer Erweiterung der Denkart nennt Kant drei Maximen, die er als zur Aufklärung gehörig erklärt: man kann sie auch als drei Schritte deuten, in welchen das Subjekt die von ihm geforderte Verfassung gewinnt, in welcher es Individualität und Allgemeinheit zur Identität bringt. Folgende drei Schritte sind gefordert: Zunächst wird das Subjekt zum „Selbstdenken" verpflichtet, wozu vor allem gehört, daß dieses die „Vorurteile" so lange ihrer Gültigkeit enthebt, bis sie nach einer Prüfung entweder in die Gestalt gerechtfertigter „Urteile" verwandelt wurden oder verworfen werden mußten. Die aufklärerische Devise des Selbstdenkens betont das Recht des Subjekts, nur diejenigen Inhalte anzuerkennen, die es selbst nach von ihm anerkannten Maßstäben legitimieren konnte.[4]

Das Verfahren der Prüfung und Rechtfertigung, durch welches das selbständige Subjekt sein Selbstbewußtsein findet, wird durch Orientierung an allgemeinen Maßstäben geleistet. Daher lautet die zweite Devise, daß sich das Subjekt auf einen „allgemeinen Standpunkt" zu versetzen habe. Durch dieses Sich-Versetzen stellt das Subjekt in sich einen allgemeinen Maßstab her, welcher demjenigen des an die Enge des egoistischen, besonderen Den-

[4] Kritische Behandlung des Vor-urteils bedeutet in diesem Zusammenhang nicht Ignoranz gegenüber der geschichtlichen Herkunft alles Denkens und Handelns, sondern verfolgt die berechtigte Absicht, die in der Geschichte wirksam gewordenen Zwänge und Verengungen des urteilenden und handelnden Denkens zu überwinden. Das Vorurteil wird nicht als ungültig erklärt und skeptisch verneint, sondern in seiner Rolle des Vor-urteils ernst genommen, die Bekanntschaft des Subjekts mit Weltverhältnissen auszusprechen und dadurch eine Vorstufe des Erkennens dieser Verhältnisse darzustellen.

kens gebundenen überlegen ist. Der „allgemeine Standpunkt“ ist zugleich derjenige der Freiheit, weil er der höhere, über-legene ist, von dem aus das Subjekt die Denkzwänge der engen, subjektiven Perspektiven erkennt und sich von ihnen dadurch befreien kann. Die dritte von Kant genannte Devise hat zum Inhalt, daß sich das Subjekt mit dem „allgemeinen“ Stand identisieren solle und auf diese Weise in „Übereinstimmung“ mit sich selbst zu kommen habe. Das heißt: das Subjekt, welches Stand auf dem Boden der allgemeinen Handlungswelt nimmt, stellt dadurch seine Identität als die des Vernunftwesens her, als welches es von Natur aus angelegt ist.

Ein Mann von „erweiterter Denkungsart“ darf der heißen, der sich über die „subjektiven Privatbedingungen des Urteils, wozwischen so viele andere wie eingeklammert sind, wegsetzt, und aus einem *allgemeinen Standpunkte* (den er dadurch nur bestimmen kann, daß er sich in den Standpunkt anderer versetzt) über sein eigenes Urteil reflektiert“. Durch den Übergang zu dem allgemeinen Standpunkte gewinnt das Subjekt die Maßstäbe, die es reflektierend an seine eigenen Urteile anzulegen vermag, um sie entweder zu rechtfertigen oder sie zu verwerfen. Vom allgemeinen Standpunkte aus vermag der Urteilende zugleich auch die Denkzwänge derjenigen zu erkennen, die den Über-gang nicht vollzogen haben und die in die subjektiven Privatbedingungen des Urteilens „eingeklammert“ sind: „Erweiterung“ ist zugleich Befreiung.

Aus diesen Überlegungen wird erkennbar, daß das „Allgemeine“ als Bewegung des Übergangs aufzufassen ist, welchen das subjektive Denken über seinen eigenen Horizont hinaus leistet; zugleich ist es auch Charakter der Welt, auf deren Boden es dabei Stand nimmt. Es ist ein Inbegriff von Denkhandlungen des Überschreitens und des Erweiterns.

Das objektiv Allgemeine begegnet dem Handelnden in der zweiten Epoche der Handlungsgeschichte, in welcher er seinen Standpunkt in der Wirklichkeit der Handlungswelt wählt. Hier begegnet er dem Allgemeinen in der Form wirklich gelebter Normen und identisiert sich mit ihm, wenn er sich bei der Ausführung seiner Pläne und der Verwirklichung seiner Zwecke in diese Welt versetzt.

3. Das Allgemeine in seiner objektiven Gestalt und Aspekte der Systemtheorie

In systemtheoretischen Überlegungen etwa Parsons' zeigt sich, daß in ihnen von dem subjektiven Allgemeinen ebenso wie auch von demjenigen objektiver Relevanz Gebrauch gemacht wird. Was den ersten Aspekt angeht, so ist von Motivation und von Wertorientierung der im System Handelnden die Rede: andererseits wird das Allgemeine auch in der Gestalt der sozialen Interaktion in den Blick gerückt.

Der subjektive Aspekt wird durch den Gedanken gedeckt, daß der Handelnde zunächst durch Bedürfnisse motiviert wird, die er durch sein Handeln zu erfüllen sucht.[5] Der Handelnde stellt sein Handeln unter die Bedingungen der *Situation,* als in der stehend er sich erkennt und im Hinblick auf die er Möglichkeiten und Grenzen des Erfolges seines Handelns glaubt vorausberechnen zu können. Seine Situationserkenntnis ist von der Deutung abhängig, die er der Handlungswelt vom Standpunkt seiner Wertorientierung aus gibt. Zu dem Bild der Situation, die er als die seine erkennt, tragen auch Überlegungen in der Richtung bei, welche Erwartungen die anderen von seinem Verhalten zu hegen scheinen.

Die Rolle des objektiv Allgemeinen wird durch die These des System-Charakters der Handlungswelt vor den Blick gebracht. Das System gilt als selbständiges Allgemeines, welches nicht nur als Ergebnis der Übereinstimmung und der Einigung der handelnden Subjekte zu begreifen ist. Fragt man nun nach der von Parsons ins Auge gefaßten kategorialen Struktur des Systems, so wird man auf das mathematisch-physikalische Modell des naturgesetzlichen Beziehungszusammenhanges verwiesen. Das System wird als Inbegriff von Wechselwirkungen verstanden, welche zwischen den handelnden Individuen angenommen werden. Diese werden in der Sprache der mathematischen Funktion als „Elemente" bzw. als Substrate der Beziehungen, als in die Funktionen einzusetzende Argumente angesprochen.

Im Grunde genommen ist diese Deutung des „Systems" individualistisch und wird der Absicht nicht gerecht, es als „objektiv" Allgemeines zu begreifen. Im Sinne der Selbständigkeit und des objektiven Allgemeinheitscharakters hat Kant das System organologisch gedeutet und damit seinen Ganzheitscharakter hervorgehoben. Wie wenig aber das Modell der mathematischen Funktion imstande ist, der Selbst-ständigkeit und Ganzheit gerecht zu werden, welche dem „Allgemeinen" im objektiven Sinne zugestanden werden müßten, zeigt sich an der Form der „Einheit", welche von dem Modell des Beziehungszusammenhanges geleistet wird. Die durch die Wechselwirkung zwischen den „Elementen" hergestellte Einheit kann nämlich in einem Extremfall durchaus ihr Gegenteil, das Auseinanderfallen des Systems bedeuten: dann nämlich, wenn man die in diesem Modell u.a. auch angelegte Denkmöglichkeit ernst nimmt, daß die Veränderungen eines Elementes —

[5] T. Parsons/E. A. Shils (Hrsg.): Towards General Theory of Action, Cambridge/ Mass. 1959, 4. Aufl.; vgl. auch Hans Lenk, Einleitung zu: Handlungstheorien interdisziplinär (hrsg. von Hans Lenk), München 1977, S. 10f.; desgl. A. E. Schütte, ebd., Handlungen, Rollen und Systeme, S. 36f.

handlungstheoretisch gesehen wäre das der Fall des Überzeugungswandels eines Individuums — allein in ihm selbst begründet sind. Das Modell läßt diese Möglichkeit zu, weil die in ihm vorgesehene funktionale Einheit, also etwa die des „Vertrages", die ihr angehörenden „Elemente" nur „äußerlich" zusammenbindet, so daß kein Gedanke daran ist, daß ein dem System angehörendes Individuum dessen Ganzheit und die in ihm sich ereignenden Vorgänge repräsentieren würde.

Ein diesem System angehörendes Individuum würde nur die Rolle des Substrat-Seins in einem Beziehungszusammenhang übernehmen, nicht die eines selbständigen praktischen Seins mit einem autonomen Handlungscharakter. Demgemäß muß auch die von der philosophischen Theorie des Handelns zur Geltung gebrachte Handlungswelt, die der Handelnde als sein „Allgemeines" vergegenwärtigt, unberücksichtigt bleiben. Sofern sich unter der Voraussetzung dieser Deutung des Systems der Begriff eines objektiv Allgemeinen überhaupt ergeben kann, wird dieses als das dem Individuum „äußerliche" und ihm fremde Gesetz aufzufassen sein, dem es unterworfen ist. Schließlich genügt das funktionale Systemmodell auch nicht dem handlungstheoretischen Anspruch der Anerkennung der Geschichte der Handlung, in welcher in einem dialogischen Spannungsfeld jeweils ein Übergang vom Standpunkt der Planung zu demjenigen der praktischen Verwirklichung stattfindet; denn das im Sinne der mathematischen Funktion verstandene Gesetz ist Gegenstand des nomologischen Denkens und jeder dialogischen Struktur fremd.

Die philosophische Erörterung des Ungenügens des hier gebrauchten Systemmodells gegenüber dem wahren Bilde der Handlung findet ihre Entsprechung in kritischen Bemerkungen von seiten der Soziologie. So wird z.B. die Erwartung der Selbstregulierung des Systems durch den Gedanken der List der Vernunft begründet. Aber diese Erwartung wird durch die Überlegung problematisiert, daß man in soziologischer Hinsicht einen Grund dafür suchen müsse, weshalb in Systemen die immer wieder beobachtbare Neigung besteht, daß sich Herrschaftsverhältnisse ausbilden: dafür wird als die überzeugendste Erklärung angesehen, daß die „Existenz von Regierungen darauf hinweist, daß bestimmte Selbstregulierungsmechanismen — wie der Markt — vor bestimmten Aufgaben versagen"[6].

Von Hegel ist zu lernen: Legt man das Allgemeine im Sinne eines Inbegriffs von gegenseitigen Verbindlichkeiten und Beziehungen der Interaktion aus, dann verbleibt man immer noch im Bereich der Subjektivität: man hat das Niveau der Objektivität noch nicht erreicht, weil man das Allgemeine

[6] H. E. Schütte, Handlungen, Rollen und Systeme, in: Handlungstheorien interdisziplinär (hrsg. von Hans Lenk), München 1977, IV, S. 51.

auf subjektive Vorstellungen gegenseitiger Verbindlichkeit gründet. Der Vergleich des Begriffes vom „System“ mit dem des Gesellschaftsvertrages gibt zu erkennen, daß dieses als Inbegriff subjektiver Vorstellungen gedacht wird: Das Subjekt reflektiert dabei Erwartungen, die es glaubt bei anderen voraussetzen zu müssen. Dieser Reflexion unterstellt der Systemtheoretiker eine einigende und verbindende Kraft. Demgegenüber fordert die philosophische Handlungstheorie von dem Allgemeinen den Charakter des An-sich-Seins, der Selbständigkeit und der Ganzheit. Das hat sich in der Überlegung über die Geschichte des Handelns gezeigt, in welcher deutlich wurde, daß das handelnde Bewußtsein in der Ausführung vom Standpunkt des subjektiven, planenden Verstandes zu demjenigen der ansichseienden, selbständigen Wirklichkeit und auch ihrer Allgemeinheit übergeht, um der ganzen Komplexität der Wirklichkeit gerecht zu werden.

Um dem Begriff des objektiv Allgemeinen gerecht zu werden, hat Hegel den sittlichen Geist als „Substanz“ angesprochen, die er als Trägerin der individuellen Subjekte aufgefaßt hat. Diese Vorstellung ist vom kritischen Standpunkt aus insofern richtigzustellen, als dieser geltend macht, daß auch das objektiv Allgemeine als von den Bewegungen und Handlungen des Denkens und Wollens der Subjekte getragen ist. Das objektiv Allgemeine muß als identisch mit dem Subjektiv-Individuellen und dessen Bewegungen und Handlungen begriffen werden. Es ist selbst die Bewegung, die sich zwischen dem Denken und Wollen des Subjekts und der mithandelnden subjektiven Individuen vollzieht. Soll das objektiv Allgemeine so gedacht werden, daß unter seiner Herrschaft dem Recht des Subjekts kein Eintrag geschieht, dann muß dieses selbst durch seinen Übergang über die Grenzen seiner subjektiven Enge hinaus diesem Anerkennung verschaffen. Das geschieht dadurch, daß es sich in die gemeinsame Wirklichkeit der Handlungswelt versetzt, deren An-sich-Sein durch das Dabeisein der anderen mithandelnden, freien und selbständigen Subjekte Unbedingtheit gewinnt. Diese vollziehen die Bewegung des Übergangs zur Allgemeinheit der moralisch-rechtlich bestimmten Wirklichkeit der Handlungswelt mit. Die sich bildende Gemeinsamkeit dieses Übergangs ist für das individuelle Subjekt ein von ihm unabhängiges, ansichseiendes, also „objektives“ Allgemeines. Gleichwohl versteht dieses das objektiv Allgemeine als das „seinige“, von seiner eigenen Bewegung des Standnehmens auf dem „allgemeinen Standpunkte“ mitvollzogene. So ist die Identität des Individuellen und des Allgemeinen als Bewegung zu verstehen, die sowohl vom Individuum zum objektiv Allgemeinen, wie auch von diesem zum Individuum zurück handlungstheoretisch zu verfolgen ist. Dieser Bewegungscharakter der Identität beider ist einzusehen, wenn man bedenkt, daß das Individuum in die normativen Lebens- und Handlungsformen einer Gemeinschaft hineinwächst und dabei über den Horizont seiner unmittelbaren und engen Subjektivität hinauszugehen veranlaßt wird. Zugleich aber bildet es sein individuelles Sein durch Denken und Handeln im Zusammenhang dieser gemeinschaftlichen Handlungswelt aus; seine Identität mit dem objektiv Allgemeinen dieser Welt ist im Hin- und Rückgang zugleich zu verstehen. Das handelnde Subjekt versteht sich als auf dem Boden der allgemeinen und gemeinsamen Wirklichkeit stehend und spricht sie in *diesem* Sinne als „substantiell" an. Zugleich begreift sich das Subjekt auch als Ausgangspunkt, von dem aus dem Leben der Gemeinschaft immer wieder Impulse der Erneuerung gegeben werden. Das handelnde Subjekt erweitert seinen Horizont in die Dimension einer Welt, der auch das Handeln der andern zugerechnet werden muß. Durch diese Bewegung vollzieht das Subjekt Handlung im Sinne der „Praxis", weil es sich nicht nur als Wirkungen hervorbringend versteht, sondern sein Handeln als Teilnahme am Leben des objektiv Allgemeinen und Gemeinsamen begreift.

Der Übergang, den das handelnde Subjekt zum Standpunkt des objektiv Allgemeinen vollzieht, wurde im Vorhergehenden auch mit der Leistung des Sichentscheidens in Zusammenhang gebracht. Denn durch ihn werden die Maßstäbe gewonnen, die für die Wahl eines Zweckes und die Entscheidung für ihn maßgebend ist. Diese Maßstäbe liegen zugleich dem „Gewissen" zugrunde, welches als der innere Richter über den Wert der eigenen Handlungen urteilt. Auf diesen Bezug zwischen Entscheidung und Gewissen ist im folgenden näher einzugehen.

4. Entscheidung und Gewissen

Am Ende der ersten Epoche der Handlungsgeschichte und zugleich am Beginn der zweiten entscheidet sich der Handelnde unter allen möglichen von ihm erörterten Zwecken für einen einzigen, bestimmten: er wählt die „beste" der Handlungsmöglichkeiten aus. Dazu bedarf er eines Maßstabes, an dem er sich bei seinen Werturteilen orientiert. Dieser gewinnt selbst wieder erst durch eine Entscheidung Gültigkeit, die allen einzelnen Entscheidungsfakten für den oder jenen besonderen Zweck vorhergeht. Sie wurde in bisherigen Erörterungen als Grund-entscheidung bezeichnet. Derjenige, der sie getroffen hat, begreift die Handlungswelt, für deren Normen er sich entschieden hat, nicht nur im vor-stellenden Denken, sondern er vergegenwärtigt sie in der Wirklichkeit seines eigenen Daseins: sie bestimmt seinen Handlungscharakter und damit sein praktisches Sein. Die Grundentscheidung gibt die Maßstäbe für die Interpretation und die Bewertung ab, die der Handelnde im Hinblick auf seine Situation und die Möglichkeiten leistet, die ihm offenstehen. Daher ist sie zugleich auch immer für die Entscheidung für einzelne Zwecke maßgebend.

In heutigen Theorien der Entscheidung wird oft von einem Bilde der Handlungssituation ausgegangen, zu welchem das sich entscheidende Subjekt, seine Überzeugungen sowie seine Kenntnis und Deutung seines Handlungsmilieus einschließlich seines zweckrationalen Wissens gehören. Eine wichtige Rolle in den hierbei gebrauchten Modellen spielt auch die Fähigkeit des Handelnden, die Folgen seines Handelns vorausberechnen zu können: dabei wird zugestanden, daß die Fähigkeit des Prognostizierens entweder mehr einer lebensweltlichen Kenntnis zu verdanken ist, welche auf alltäglichen Erfahrungen aufgebaut ist, oder mehr auf einem wissenschaftlichen Kausalwissen beruht.[7] Entscheidungstheorie beschäftige sich, so heißt es, „mit Wahlen, die relativ auf die Ziele und relativ auf die Informationsbasis des Handelnden als rational (als übereinstimmend mit einer rationalen Entscheidungsregel) erscheinen“[8].

In Konzepten dieser Art wird die Rationalität der Entscheidung auf den Bereich des zweckrationalen, planenden Verstandes beschränkt, der als der ersten Epoche der Handlungsgeschichte zugehörig angesprochen wurde. Weder die Grundentscheidung noch die Geschichte der Entscheidungsakte bei der Ausführung der Handlung werden berücksichtigt. Daß es eine Aufgabe für das Denken ist, vom Standpunkt der möglichen Handlung zu demjenigen der wirklichen Handlungswelt überzugehen und dabei das praktische Sein und sein Handeln*können* zur Geltung bringen, wird hier nicht berücksichtigt. Nicht bedacht wird der Übergang zum Standpunkt der wirklichen Handlungswelt, in welchem sich die Kunst der Meisterung der Wirklichkeit zu bewähren vermag und welche erst die Grundlage für die Selbsterkenntnis des Handelnden abgibt.

Die Entscheidung ist in Wahrheit als Ergebnis einer Interpretationsleistung des Handelnden zu erkennen, aufgrund deren dieser seinem praktischen Sein gemäß seine Situation deutet und die voraussichtlichen Folgen seines Handelns bewertet. In diesem Zusammenhang ist an die früher gemachte Bemerkung zu erinnern, daß die Abhängigkeit der Wahl einzelner Zwecke von der Grundentscheidung nicht den Charakter eines notwendigen Naturgesetzes, ebensowenig auch den der logischen Abhängigkeit zeigt: vielmehr ist ihr Sinn-Notwendigkeit zu bescheinigen.[9] Demgemäß ist das Verfahren, eine besondere Entscheidung auf die Grundentscheidung zurückzuführen, als „Sinnerklärung“ zu bezeichnen. Eine Erklärung dieser Art leistet der, der eine besondere Zweckwahl auf den Handlungs- und Beurteilungscharakter des Wählenden, auf seine „Denkart“ zurückführt.

[7] Z.B. Hans Werbik: Handlungstheorien, Stuttgart/Berlin, 1978, S. 65f.

[8] Ibidem S. 64.

[9] Vgl. S. 50, 69f., 76.

Im Einklang damit steht es, wenn Herzberg behauptet, daß die Entscheidung für besondere Zwecke und die dazugehörige zweckrationale Wahl der Mittel schon immer durch eine ursprünglichere Instanz vor-entschieden ist.[10] Er nennt sie den „Charakter" des Handelnden, durch welchen dessen einzelne Entscheidungen „determiniert" werden. Demjenigen, der das Prinzip sucht, von dem die einzelnen Entscheidungen und die durch sie in Gang gesetzte Geschichte des Handelns abhängen, empfiehlt er, nicht zu fragen: „Wozu entscheidest du dich?", oder „Wodurch fühlst du dich verpflichtet?", sondern: „Als wer handelst du?" Nach seiner berechtigten Auffassung können nicht die Pflicht- und Zweckinhalte allein als maßgebend für die Entscheidung zur Handlung angesehen werden: vielmehr sind es die Perspektiven, aufgrund deren die verpflichtenden Inhalte vom Handelnden gedeutet werden. Nicht das „Was", sondern das „Wie" ist für die Entscheidung als maßgebend anzusehen. Wenn wir wissen, was von einer Person „sinnvollerweise" für Entscheidungen und Handlungen erwartet werden können, dann wissen wir etwas über ihren Charakter; wir haben eine Kenntnis darüber, welche Art von Leben sie führt und zu welcher Art von Gesellschaft sie gehört.[11] Handlungen „verstehen" heißt nicht, die „abstrakte Rationalität" im zweckrationalen Denken des handelnden Verstandes nachzuvollziehen, sondern sie auf das Wissen von der Art und Weise zurückzuführen, „wie Menschen aus Fleisch und Blut tatsächlich leben". Er spricht auch von der „Lebensform", welche er als die das Handeln bestimmende Determinante anspricht. Es wird deutlich: die hier in Anspruch genommene Rationalität des Handelns und der Handlungstheorie ist von der Art, die an früherer Stelle dieses Buches als Rationalität des praktischen Seins bezeichnet wurde.[12]

Diese Bemerkungen sind Ausdruck einer Polemik gegen die Theorie der teleologischen Handlungsrationalität. Ihr Autor sucht einen Mittelweg zwischen der teleologischen und naturalistischen Rationalität der Handlung. Es ist an dieser Stelle daran zu erinnern, daß nach der letzteren Handlung als naturgesetzlich determiniert aufzufassen ist, während erstere das Handlungsgeschehen von der freien Zweckwahl abhängen läßt.[13] Konsequent wendet er sich auch gegen eine logizistische Deutung des Entscheidungsaktes, der gemäß dieser angeblich aus bloß logischen Handlungen des Vergleichens, Schlußfolgerns usw. resultieren soll.[14] Treffe ich eine Entscheidung, so

[10] Lars Herzberg: „Sich entscheiden", in: Neue Versuche über Erklären und Verstehen (hrsg. von K.-O. Apel, J. Manninen u. R. Tuomela), Frankfurt 1978, S. 67.

[11] Ibidem S. 77.

[12] Vgl. S. 73 ff.

[13] Vgl. das III. Kap. über Typen der Rationalität des Handelns.

[14] Herzbergs Bemerkungen richten sich auch gegen von Wrights teleologischen Ansatz, der nicht von dem klassischen Modell verschieden ist, dem gemäß es beim

kommt es mir höchstens in zweiter Linie darauf an, dem zweckrationalen Verstande zu folgen: in erster Linie ist mein Handlungscharakter, mein praktisches Sein und seine Willensverfassung für meine Entscheidungen und für die Art und Weise maßgebend, in welcher ich von der Logik Gebrauch mache. Die Entscheidung, die wir treffen, ist nicht nur durch den vergleichenden oder abwägenden Verstand, sondern durch „persönliche Bedingungen" fundiert. Ist die Entscheidung auf dieser Basis getroffen worden, dann ergibt sich erst nachträglich der Augenblick für rationale Rechtfertigung.

Ein Chirurg sei vor die Entscheidung gestellt, ob er sofort operieren oder eine Präzisierung der Diagnose abwarten soll. Je nach der Eigenart der „Persönlichkeit" des Chirurgen wird in diesem Fall entschieden. Welche Entscheidung er im einzelnen trifft, hängt von der „Lebensform" des Arztes und vom Habitus seines Denkens und Wollens ab.[15] So wird ein aktivistischer Charakter anders als derjenige entscheiden, der sich zu dem Grundsatz des Abwartens und des Nicht-Schadens bekennt. An dieser Stelle mag an Tolstois Roman ›Krieg und Frieden‹ erinnert werden, in welchem zwei entgegengesetzte Naturen des Denkens, Wollens und Entscheidens einander gegenübergestellt werden: auf der einen Seite repräsentiert Napoleon den Handlungs- und Entscheidungstypus der zweckrationalen Planung und des dem methodischen Verstande unterworfenen pünktlichen Entschließens; auf der Gegenseite steht Kutusow; dessen Handeln und Entscheiden ist von einer Interpretation der Welt bestimmt, aus der sich der Grundsatz ergibt, daß man der organischen Notwendigkeit der Geschichte gerecht zu werden hat und in ihren Rhythmus nicht einbrechen darf, wenn man am Ende nicht scheitern will. Tolstoi, der selbst auf der Seite Kutusows steht, geht auf den Nachweis aus, daß die Katastrophe des Napoleonischen Rußlandfeldzuges auf die Einseitigkeit der zweckrationalen Weltdeutung Napoleons zurückgeführt werden muß.

Auf die Erörterungen Herzbergs wurde auch aus dem Grunde die Sprache gebracht, weil sie in die Richtung zeigen, in welcher Handlung und Entschei-

Handeln darauf ankommt, zu einem frei gewählten Zweck die Mittel zu dessen Realisierung zu finden. Hierbei ist der zweckrationale Verstand federführend, der in der bisherigen Darstellung von zwei Seiten her kritisch eingegrenzt wurde; er wurde einerseits auf das Denken eingeschränkt, welches vom ursprünglichen Sein des Handelnden abhängt: und andererseits wurde er dem Standpunkt des Denkens der möglichen, nicht der wirklichen Handlungswelt zugerechnet, also der ersten Epoche der Handlungsgeschichte. Herzbergs Kritik an von Wright geschieht vom Standpunkt des praktischen Seins des Handelnden aus, welches er gegen die Dominanz des zweckrationalen Denkens zur Geltung bringt. (Vgl. G. H. von Wright, Erwiderungen, in: Neue Versuche ... S. 264f.)

[15] Ibidem S. 74.

dung auf das praktische Sein begründet werden. Ebenso wird hier eine dementsprechende „Notwendigkeit" des Handelns in den Blick gefaßt, die ich als „Sinn-Notwendigkeit" bezeichne. Eine auf der Sinn-Notwendigkeit aufbauende Erklärung von Handlung wird sich nicht naturalistisch auf Kausalität gründen, sondern wird das Herausfließen dieser Handlung aus dem praktischen Sein und seiner Sinn-Orientierung deutlich machen: ich bezeichne sie als „Sinn-Erklärung".

In folgenden Punkten freilich fehlt es bei Herzberg an philosophischer Relevanz: Das praktische Sein, wofür Herzberg Namen wie „Charakter", „persönliche Bedingung", „persönliches Imponderabile" gebraucht, wird von ihm wie eine Naturtatsache vorausgesetzt, ohne daß dessen Bildung im Spannungsfeld zwischen natürlicher Veranlagung und auf Freiheit beruhendem Gebrauch im Handeln erkannt würde. Gelegentlich finden sich soziologische Hinweise auf die moderne Gestalt dieses Charakters, ohne daß freilich seine Herstellung auf die Sprache des Stand-nehmens auf dem Boden neuzeitlicher Handlungswelt gebracht würde. Mit Recht spricht er von der abendländisch-neuzeitlichen „Lebensform", der auch ein bestimmter Zugang und ein gewisses Verständnis der Zeit eigentümlich ist. Ein Abendländer beeile sich in gewisser Weise nicht deshalb, weil für ihn die Zeit so wichtig ist; vielmehr ist sie für ihn deshalb so wichtig, weil er sich die Verfassung des Denkens, Wollens und damit des Zeit-Bewußtseins gegeben hat, von der aus gesehen ein rational berechnender Umgang mit der Zeit geboten ist. Für die Bildung dieser Verfassung macht Herzberg die Industrialisierung und „die von ihr geschaffenen neuen sozialen Rollen" verantwortlich.[16]

Daß in Wahrheit eine bestimmte Ontologie und eine ihr gemäße Stellung des Menschen der Natur und der geschichtlichen Welt gegenüber maßgebend ist, die auch den Charakter des Entscheidens und Handelns, also das praktische Sein bestimmt, wird hierbei übergangen. Ebenso wirkt die Kritik an der teleologischen Rationalität und an derjenigen des zweckrationalen Verstandes deshalb nicht überzeugend, weil sie nicht durch den Gedanken an die Geschichte der Handlung begründet wird, der allein einsichtig macht, daß die erste Epoche, in welcher die Zweckrationalität ihren legitimen Platz hat, durch die Rationalität einer zweiten Epoche überholt wird, in welcher der Standpunkt der wirklichen Handlungswelt herrscht, dessen Denken die Totalität aller realen Handlungsbezüge einbezieht.

Am Beispiel des Richters gesehen zeigt sich diese Rationalität der handelnden und entscheidenden Vernunft der Wirklichkeit in der Situation, in welcher dieser im Vollzug der Rechtsfindung Erfahrungen der Individualität des Falles macht. In der Epoche der Rechtsfindung und richterlichen Entschei-

[16] Ibidem S. 75.

dung ergeben sich dem Richter Erfahrungen, die er bei der Planung seines Vorgehens noch nicht vorhersehen konnte: diese Erfahrungen können die Individualität des Falles und der mitspielenden Personen betreffen, deren Charaktere und Motivationen erst im Vollzug der Rechtsfindung erkennbar werden. Der Weg solcher Erfahrungen mag sehr lang sein, er kann vielleicht nie zu Ende gegangen werden: gleichwohl aber müssen Entscheidungen nach bestem Wissen und „Gewissen" getroffen werden: das heißt, es muß mit „Verantwortung" entschieden werden.

5. Gewissenhaftes Handeln

Derjenige, der den Anspruch erhebt, nach bestem Wissen und Gewissen entschieden zu haben, erinnert an das Recht eines jeden, in Unabhängigkeit von fremdem Einfluß und in Unvertretbarkeit Entscheidungen zu treffen. Ich selbst, so wird er betonen, kann nur wissen, was mir zu tun ansteht, und ich tue dieses mit dem Anspruch, in meiner Selbständigkeit und Unvertretbarkeit anerkannt zu werden. Ich handle nicht nur in dieser Rolle, sondern bin mir ihrer auch bewußt. Ich habe ein mein Handeln begleitendes Wissen des Rechtes auf die Unvertretbarkeit meines Entscheidens, auf meine Eigenart und Selbst-ständigkeit. So stellt es zum Beispiel das Grundgesetz dem Gewissen jedes Bürgers anheim, ob er der allgemeinen Wehrpflicht in der Form eines militärischen oder eines zivilen Dienstes zu genügen sich entscheidet. Der Gesetzgeber verfolgt dabei die Absicht, dem Bürger Situationen zu ersparen, die ihn zu Handlungen verpflichten könnten, welche seinem Gewissen entgegen sind.

Im Gewissen bringe ich die von mir anerkannten Maßstäbe, die der Handlungswelt eigentümlich sind, in die ich mich versetze, zur Geltung: sei es in der Weise des Prüfens und Beurteilens von Handlungen oder des Entscheidens für einzelne Zwecke. Erkläre ich, eine bestimmte Entscheidung getroffen zu haben, so bekenne ich mich gleichzeitig damit zu dem allgemeinen Maßstab der Handlungswelt, an der ich mich beim Urteilen und Handeln orientiere.

Am Maßstab unseres Gewissens messen wir unser Tun und Lassen: zu einem vom Gewissen legitimierten Handeln können wir uns be-kennen. Bekenntnis ist der Akt des verantwortlichen Einstehens für ein Tun.[17] Den Anspruch und das Recht der Stimme des Gewissens, das eigentümliche

[17] H. Reiner, Art. ›Gewissen‹, im Historischen Wörterbuch der Philosophie (hrsg. von Joachim Ritter), 3. Bd., Sp. 582: Hier wird daran erinnert, daß Thomas von Aquino auf die Funktion des „testificari" (Zeugnisablegen) des Gewissens hinweist.

Selbst des urteilenden und handelnden Subjekts zur Geltung zu bringen, betont Kant dadurch, daß er es als „Stimme des inneren Richters" erklärt, die er von derjenigen des äußeren Richters unterscheidet. Kommt der Fall vor, daß dieser einen Unschuldigen verurteilt, dann wird letzteren die Stimme seines inneren Richters freisprechen. Eine Pflicht ist es, „sein Gewissen zu kultivieren, die Aufmerksamkeit auf die Stimme des inneren Richters zu schärfen und alle Mittel anzuwenden ..., um ihm Gehör zu verschaffen"[18].

Daß im Gewissen das eigentümliche Recht auf Selbst-bestimmung und Selbst-entscheidung zur Geltung kommt, spricht auch Hegel in dem Satze aus: „Das Gewissen drückt die absolute Berechtigung des subjektiven Selbstbewußtseins aus, nämlich *in sich* und *aus sich* selbst zu wissen, was Recht und Pflicht ist."[19] In dem Adjektiv „absolut" bringt Hegel die Unabhängigkeit und die Unbedingtheit zum Ausdruck, die einer für sein Urteilen und Entscheiden in Anspruch nimmt, wenn er sich auf sein Gewissen beruft. Es gehört zu den moralischen und rechtlichen Pflichten, das Recht dieses Anspruches zu respektieren und dadurch der Freiheit, Selbst-ständigkeit und Unvertretbarkeit des individuellen Menschen Rechnung zu tragen.

Anspruch und Aufgabe der gewissenhaften Selbstbestimmung weisen in zwei Richtungen: die eine ist die der individuellen Selbstheit, während die andere auf das sowohl subjektiv wie auch objektiv zu verstehende Allgemeine geht, auf das moralisch-rechtliche Gesetz oder die gemeinsame sittliche Lebensform. Beide Richtungen ergeben verschiedene Aspekte der Gewissenhaftigkeit. Eine Gewissensentscheidung zeigt einerseits den Charakter der Unvertretbarkeit und der Unbedingtheit des Bewußtseins, zugleich aber auch den absoluter Verantwortung vor den allgemeinen Handlungsmaßstäben der gemeinsamen Handlungswelt. Das gewissenhafte Selbst gewinnt sich und seine Maßstäbe im Spannungsfeld des handelnden Umgangs mit dem anderen selbst-ständigen Subjekt und innerhalb der gemeinsamen, allgemeinen Handlungswelt. Nur in diesem Welthorizont gewinnt das Selbst den Charakter absoluter Freiheit und Selbst-ständigkeit, welche Grundlage für Gewissen und Gewissensentscheidung ist.

Das gewissenhafte Selbst ist nicht Inbegriff von Reflexionsakten, in denen es sich die Verbindlichkeit seiner Pflicht immer wieder vorstellen würde: es besteht vielmehr in dem habituellen Beurteilungs- und Handlungscharakter des praktischen Seins. Das Selbst, welches die Seele des Gewissens ist, ist immer zugleich ein Selbst-*Sein*, welches seinen Stand auf dem Boden einer normativ bestimmten Handlungswelt behauptet. Als Selbst-Sein stellt es

[18] I. Kant, Metaphysik der Sitten, Tugendlehre, Einleitung XII, B, (Akademie-Ausgabe Bd. VI, S. 400).

[19] G. W. F. Hegel, Grundlinien der Philosophie des Rechts (Hoffmeister), § 137.

zugleich das Ergebnis der Grund-entscheidung dar, welche die allgemeine Basis für die Entscheidungen für einzelne Zwecke und deren Realisierung abgibt. Das Gewissen kann, von einem fortgeschrittenen Stande der Bildung dieses Seins aus gesehen, als irrende Instanz erkannt werden: In der Gegenwart der Gewissensentscheidung jedoch ist es sinnlos, nach Wahrheit oder Irrtum, nach Recht oder Unrecht dieses Gewissens zu fragen, da die Voraussetzung für mögliches Entscheiden darin besteht, daß die Reflexion über Recht und Unrecht beendet wird.

Zeigt sich der absolute Anspruch des Subjekts auf Anerkennung seines Rechtes auf Gewissensentscheidung in solch einseitiger Form, daß er sich gegen die allgemeine Sittlichkeit richtet und sich ihr eigensinnig gegenüberstellt, dann führt das Gewissen von den Wegen des „An-und-für-sich-Guten" ab und gerät auf die Bahn des Bösen. Dann tritt der Fall ein, daß sich das Subjekt gegenüber dem Allgemeinen, Gemeinsamen verweigert und seinen Anspruch auf absolute Eigenbestimmung so radikalisiert, daß es den Zusammenhang mit den Normen der Handlungswelt verliert.[20] Das gewissenhafte Subjekt aber bringt seine Absolutheit und Unvertretbarkeit in Sätzen zur Sprache, in denen „ich" mich zu meinem Denken, Wollen, Entscheiden und Handeln bekenne, aber derart, daß ich mich durch Argumente rechtfertige, welche ich als die mich überzeugenden vertrete. Es sind allgemeine und gemeinsame handlungsweltliche Normen, zu denen „ich" mich bekenne und die ich als meine Maßstäbe gewissenhaften Handelns deklariere. Gewissenhaftigkeit ist eine Verfassung der Identität des Ich-denke, Ich-will, Ich-entscheide-mich mit den allgemeinen Inhalten, für die ich mich als für meine Maßstäbe ausspreche. So, wie das Individuum etwa die Sprache und die im Sprechen verwirklichten Regeln nicht aus sich heraus konstruiert, sondern sie als im sprechenden Umgang mit den anderen Subjekten verwirklichte vorbildliche Formen des Sprechens vorfindet und befolgt, sie sich aneignet und sie dadurch individualisiert, bildet es als handelndes Subjekt ein praktisches Sein in sich aus, indem es sich die handlungsweltlichen Weisen des Urteilens und Handelns durch Übung zu eigen macht. Bevor es Reflexionen über sein Gewissen, seine Entscheidung, sein praktisches Urteilen und Handeln anstellt, hat es sich schon immer in den Denk- und Handlungsnormen seiner Welt eingeübt und dadurch an der Bildung seines Handlungscharakters gearbeitet. In dieser Weise bilden sich die „inneren" Maßstäbe des praktischen Seins heraus, an denen sich das Gewissen orientiert, wenn es sich als prüfende oder entscheidende Instanz verhält. Das Gewissen ist als „Wahrhaftes ... diese Bestimmung seiner selbst, das zu wollen, was an und für sich das Gute und die Pflicht ist"[21].

[20] G. W. F. Hegel, Grundlinien der Philosophie des Rechts (Hoffmeister), § 137.
[21] G. W. F. Hegel, Grundlinien der Philosophie des Rechts (Hoffmeister), § 137.

Den Weg, den das gewissen-hafte, auf seine Aufgabe und sein Recht der selbst-ständigen Prüfung, Rechtfertigung und Anerkennung der tradierten sittlichen Normen pochende Bewußtsein geht, beschreibt Hegel so: Alles, „was wir als Recht oder als Pflicht anerkennen", wird zunächst in dem Augenblick, in welchem die Aufgabe der kritischen Rechtfertigung des Tradierten aktuell wird, vom „Gedanken als ein Nichtiges, Beschränktes und durchaus nicht Absolutes" behandelt. Nachdem aber die entsprechenden Inhalte der Sittlichkeit das Prüfungsverfahren bestanden haben, werden sie wiederhergestellt und können als gerechtfertigt angenommen werden. Es „darf die Subjektivität, wie sie allen Inhalt in sich verflüchtigt, auch wiederum denselben aus sich entwickeln. Alles, was in der Sittlichkeit entsteht, wird durch diese Tätigkeit des Geistes hervorgebracht." Die Gewissenhaftigkeit des modernen, praktischen Bewußtseins besteht in dessen Anspruch auf Prüfung, Kritik und Rechtfertigung. Würde das Subjekt aber dabei seine Zugehörigkeit zur geschichtlichen Handlungswelt vergessen und bei einem Nullpunkt anfangen wollen, dann würde das nicht eine Steigerung seiner Selbstheit, sondern deren Verlust bedeuten, weil sich diese als die eigenartige und einzigartige Weise des Stellungnehmens zu den tradierten allgemeinen Formen zu begreifen hat. Das Individuum gewinnt seine Selbstheit nur dadurch, daß es sich als das Vermögen erfährt, bei der Meisterung seiner Aufgaben in der Handlungswelt dem Niveau der darin verwirklichten Normen Rechnung zu tragen. Der Stand des Selbst-Seins ist der des Selbstbewußtseins, das der Handelnde durch die Erfahrungen gewinnt, die er von sich selbst beim Vollzug seines wirklichen Handelns gemacht hat.

Wie sind Situationen zu beurteilen, in denen sich das Gewissen des Individuums gegen geltende Norm wendet, etwa wie im Falle des Sokrates? Sein Daimonion repräsentiert die Selbständigkeit seiner subjektiven Maßstäbe gegenüber den Ansprüchen des allgemein Geltenden. Sokrates sei, so beschreibt Hegel die Situation, in der Zeit des Absterbens der athenischen Demokratie „aufgestanden": er „verflüchtigte das Daseiende und floh in sich zurück, um dort das Rechte und Gute zu suchen"[22]. Für unsere eigene Gegenwart können wir dieselbe Feststellung machen, die Hegel im Hinblick auf seine Zeit trifft. Daß es „mehr oder weniger" stattfinde, daß die „Ehrfurcht vor dem Bestehenden nicht mehr vorhanden ist und daß der Mensch das Geltende als seinen Willen, als das von ihm Anerkannte haben will".

Die Situation, in welcher das Individuum gegen geltendes Recht und Pflicht „aufsteht", sich in sein „Inneres" zurückzieht, um hier die eigentlichen Maßstäbe für sein Gewissen zu finden, stellt insofern auch dessen Krise selbst dar, als es sich gegen „sein" Allgemeines wenden muß. Das Individuum

[22] G. W. F. Hegel, Grundlinien (Hoffmeister), § 138.

befindet sich jetzt in der Gefahr, auf dem Standpunkt des „unglücklichen Bewußtseins“ zu erstarren und sich in den Zustand eines anarchischen Zerwürfnisses mit jeder Norm als solcher zu begeben. In dieser Situation ist das Gewissen als „formelle Subjektivität schlechthin ... auf dem Sprunge ..., ins *Böse* umzuschlagen“[23].

Für das gewissenhafte Bewußtsein ergibt sich die Aufgabe, nach der Flucht in das Innere, wo es das „Rechte und Gute“ in Zeiten des Zerwürfnisses mit der allgemeinen Sittlichkeit sucht, sich rückkehrend wieder dem „An-und-für-sich-Allgemeinen“ zuzuwenden. Diese Aufgabe nimmt die Form an, diejenige Bewegung zur Erneuerung, die sich in der geschichtlichen Handlungswelt selbst angebahnt hat, zur Sache des eigenen Gewissens zu machen. In diesem Zusammenhang sei die Aporie angedeutet, die sich ergibt, wenn man mit Hegel die Substantialität des An-und-für-sich-Allgemeinen behauptet. Unter der Voraussetzung dieser Substantialität gibt es für das Gewissen nur die Alternative entweder einer Entscheidung für das Böse oder der Aufhebung seines Selbständigkeitscharakters im Allgemeinen. Die Aufgabe, die Freiheit des Individuums als im Einklang mit der allgemeinen Sittlichkeit stehend zu begreifen und die erwähnte Aporie zu überwinden, erfordert es, die reale Gültigkeit der allgemeinen Normen im Sinne eines gemeinsamen Überzeugtseins der Subjekte zu deuten, von denen jedes seinen engen subjektiven Interessenhorizont übersteigt, um einen „allgemeinen Standpunkt“, wie Kant ihn nennt, zu gewinnen.

Unter dieser Voraussetzung kann sich das individuelle Gewissen gegen die Berechtigung der bestehenden Zustände wenden. Es kann in seinem eigenen Inneren eine neue Gestalt des Allgemeinen finden und sich in der Absicht der Umgestaltung der allgemeinen Sittlichkeit als deren Sachwalter und Wortführer verstehen. Hegel erklärt das Kraftloswerden einer Gestalt der Sittlichkeit aus der inneren Geschichte des objektiven Geistes: dabei macht er gelegentlich auch von dem organischen Bilde des Absterbens Gebrauch, dem natürlich auf der anderen Seite das Aufblühen entspricht. Gestalten des Geistes werden wie Organismen aufgefaßt, die ihre Lebensdauer und ihren Rhythmus des Werdens haben: sie entstehen, haben ihre Blütezeit und sterben ab.

Demgegenüber ist zu bedenken, daß sich die Veränderungen im Bereich der Sittlichkeit mit eben demselben Recht von den Bewegungen im subjektiven Bewußtsein her begreifen lassen. In dieser Hinsicht ist zu bedenken, daß ein neues Allgemeines zur Geltung gebracht wird, wenn die Subjekte finden, daß die bisher tradierte Gestalt der Sittlichkeit den unterdessen gemachten Erfahrungen des Gewissens nicht mehr gerecht zu werden vermag.

[23] Ibidem § 139.

Das Gewissen ist die absolute Gewißheit über Maßstäbe des Gut und Böse. Diese Gewißheit beruht auf meinem „Sein". „Ich bin" ist eine Geschichte von Handlungen des Standnehmens auf dem Boden jeweils einer Handlungswelt und ihrer Normwirklichkeit. Die durch dieses Standnehmen gewonnene Gewißheit des Gewissens ist in der Gegenwart des „Ich bin gewiß" absolut und kann und darf nicht selbst unter den Anspruch der Begründung gestellt werden, wenngleich ich aufgrund meines Gewissens Handlungsmöglichkeiten vergleiche, bewerte und über sie rational reflektiere. Im Gewissen als der Gewißheit des „Ich bin" spricht sich die Grund-entscheidung für meine Handlungswelt und ihre Normen aus, aufgrund deren mit Notwendigkeit Entscheidungen für einzelne Zwecke folgen: diese wurde als Sinn-Notwendigkeit bezeichnet.

Aber das praktische Sein und sein Gewissen sind Ergebnis und zugleich neuer Anfang für die Geschichte der Über-windungen, in denen überlegenere Standpunkte eingenommen werden und sich neue Formen des Seins und des Gewissens bilden. Dieser Prozeß hat dialogischen Charakter. Seine Untersuchung führt zu dem Thema: Sprache und Handlung.

Sechstes Kapitel

HANDLUNG ALS SPRACHE UND SPRACHE ALS HANDLUNG

1. Sprache und Handlung

Aristoteles bezeichnet es als Aufgabe der Ethik, die Wege zu zeigen, auf denen wir uns selbst und andere jeweils durch Praxis ein wertvolles praktisches Sein auszubilden vermögen. Sie kann dem Handelnden selbst freilich die Verantwortung für den Erfolg bei der Verwirklichung dieses Zieles nicht abnehmen: sie kann ihm keine festen Leitsätze zur Verfügung stellen, da er auf sich selbst gestellt ist und sich nach den „Erfordernissen des Augenblicks" zu richten hat: man denke an die Kunst des Arztes oder des Steuermanns.[1]

Das will auch besagen, daß der Handelnde in jedem Augenblick seines Handelns eine Situation herstellt, die im Rahmen des normativen Sinnzusammenhanges der Gesellschaft für andere die Aufgabe enthält, in entsprechender Weise durch Gegen-handeln zu antworten. Es zeigt sich, daß Miteinander- und Gegeneinanderhandeln nach dem Modell des Dialogs zu begreifen ist: Handlung zeigt sprachlichen Charakter. Jeder Handelnde versetzt durch seine Aktion den andern in eine Lage, in welcher dieser den allgemeinen Handlungsregeln gemäß „antwortend" zu reagieren hat. Daher vollzieht sich in der Geschichte des Miteinander- und Gegeneinanderhandelns ein gemeinsames Leben, welches durch die Handlungen in Gang gehalten wird, von denen jede wie ein Pulsschlag zu verstehen ist, durch den die gemeinsame Geschichte fortgesetzt wird.

Jedes auch nicht verbal sich auslegende Handeln ist als Form des Sprechens aufzufassen, da es eine „Bedeutung" trägt. So „bedeutet" eine grüßende Geste die Absicht, jeweils eine Gesinnung der Hochachtung und Verehrung im Augenblick des Grüßens zu „zeigen". Der Gegrüßte wird durch diese Handlung dazu herausgefordert, nach den in der jeweiligen Gesellschaft geübten Regeln des Grüßens zu „antworten". Geschieht aber eine Handlung mit Begleitung einer begrifflich verbalen Auslegung, dann wird in dieser nicht „über" das Handeln wie über einen gleichgültigen Gegenstand gesprochen; vielmehr bringt sich die im Handeln selbst aktuelle Bedeutung zu Sprache und Begriff. Plato hat im Dialog Phaidon die „Handlung" des Sokrates dargestellt, in welcher dieser sein Todesurteil übernimmt und es freiwil-

[1] Aristoteles, Nikomachische Ethik, 1104 a.

lig an sich vollzieht. Die Geschichte dieser Handlung beginnt mit dem Treffen der Schüler bei ihrem Lehrer Sokrates im Kerker, wobei ein Dialog des Meisters mit den Schülern über das Thema der Unsterblichkeit der Seele in Gang kommt. Als „Verlauf" der Handlung wird der gedankliche Kampf des Sokrates um die Sicherung der Gewißheit der Unsterblichkeit auch gegen die Einwände der anwesenden Skeptiker dargestellt, sowie auch der Sieg der sokratischen Argumente. Diese Geschichte wird mit der Darstellung beendet, welche erzählt, wie Sokrates seinen Tod meistert. Sokrates stellt sich dabei sprechend, sich verantwortend und durch symbolische Gesten als Repräsentant seiner Philosophie und der durch sie geprägten Handlungswelt dar. Zu deren normativen Zügen gehört die unbedingte Folgsamkeit dem Gesetz als solchem gegenüber. Der ihr innewohnende „Sinn" alles Handelns wird durch die schließlich bewiesene Gewißheit von der Unsterblichkeit der Seele verbürgt, die das Schicksal der Auflösung des Körpers beim „Tode" nicht teilt.

An diesem Beispiel läßt sich der für jede Handlung wesentliche sprachliche Charakter in folgender Weise aufzeigen: nicht nur die ausgetauschten Wörter und Sätze, sondern auch jede der in der Handlung zur Erscheinung kommenden bedeutungsvollen Gesten und Verhaltensfiguren wird von den in diese Handlung verwickelten Personen verstanden und wieder durch entsprechende Gesten beantwortet. Das im Miteinandersprechen sich ereignende Geschehen vollzieht sich als gedankliche Bewegung, die durch die von den bedeutungsvollen Gesten der Teilnehmer, der anwesenden und mitagierenden Personen fundiert wird. Jede dieser Personen wird in den Stand gesetzt, ihrer Rolle in dieser Geschichte gerecht zu werden, in welcher sie anerkannt wird. Sokrates übernimmt und spielt seine Rolle des Lehrers, die ihm durch das Verhalten seiner Schüler angetragen wird, so wie des zum Tode verurteilten Angeklagten. Die Lehrerrolle gewinnt insofern Geltung, als Sokrates seinerseits den Schülern dadurch zu ihrem Selbstbewußtsein verhilft, daß er ihnen durch sein Verhalten die Rolle des Schülers zumutet. Jeder übernimmt in diesem Schauspiel seine Rolle im Einverständnis mit den andern und vergegenwärtigt handelnd die seiner Rolle zukommenden Bedeutungen.

Auch am Beispiel der Situation eines Zivilprozesses im Gerichtssaal kann der sprachliche Charakter der dort sich vollziehenden Handlung verdeutlicht werden. Durch „Handeln" der Gerichtsbehörden wurde der Termin des Prozesses festgelegt, und jeder der dabei Beteiligten „versteht", was in diesem Zusammenhang jede einzelne Maßnahme sowie jedes vorkommende Ereignis vom ersten Tage der Gerichtsverhandlung an zu „bedeuten" hat. So ist die räumliche Anordnung der Sitzplätze für Parteien, Richter, Anwälte und Sachverständige durch die Prozeßordnung geregelt. Diese Regelung ist sprachlich erfolgt, und das Platznehmen jeder der dabei beteiligten Personen zu Anfang jeweils einer gerichtlichen Sitzung kann als gleichbedeutend mit der Aussage des Betreffenden verstanden werden: „Ich nehme hier Platz und erkläre mich damit bereit, die mir in diesem Prozeß zufallenden Aufgaben nach den in der Prozeßordnung vorgesehenen Regeln zu erfüllen." Die Ausführung dieser Regeln in jeder einzelnen Geste, in jeder Frage und Antwort, im Aufstehen und Niedersetzen usw. ist als Verhalten gemäß dem Sinnzusammenhang anzusprechen, welcher durch die im Recht und seiner Prozeßordnung geregelte Auseinandersetzung verwirklicht wird. Die Handlung z.B. des Richters ist als Text zu verstehen, zu dem auch Sprechhandlungen im engeren Sinne gehören. An den Argumentationen und Entscheidungen des Richters ist der Charakter seines praktischen Seins erkennbar: es wird an ihnen sichtbar, ob dieser mehr eng den Buchstaben des Gesetztes folgt, oder geneigt ist, die „Natur der Sache" zu berücksichtigen.

Am Ende wird die vom Richter gefällte Entscheidung auch insofern als Handlung aufgefaßt werden müssen, als sie eine rechtliche Situation herstellt, aus welcher weitere Handlungen folgen: etwa unter Umständen die zwangsweise Durchsetzung der im richterlichen Urteil gegebenen und enthaltenen Anweisungen. Was den Charakter der Handlungswelt angeht, als auf deren Boden stehend sich der Richter durch seine Maßnahme und Entscheidungen erweist, so ist sie in erster Linie durch die Gesetzgebung bestimmt, an die der Richter gebunden ist. Aber hier gibt es Unterschiede: er kann sich bei dem Bemühen um Rechtsfindung an dem Prinzip des Gesetzes im engeren Sinne orientieren, oder an der individuellen Sachlage, welche Gerechtigkeit gegenüber Personen und Situationen verlangt.

Weil die Handlungsfigur des Richters als Text lesbar ist, den die an der Handlung Beteiligten ebenso wie der Beobachter zu lesen vermögen, ist es gerechtfertigt zu sagen, man „verstehe" diese Handlung. Der so Verstehende begreift die sprachanalogen Regeln, die der Handlungswelt der in Frage stehenden Handlungen entsprechen. Verstehen ermöglicht handelndes Reagieren auf eine Situation, die der „Verstandene" durch sein Handeln geschaffen hat. Der Verstehende muß Stand auf dem Boden einer Handlungswelt genommen haben, die so umfassend ist, daß der zu verstehende Handelnde und seine Handlung als von vornherein darin als möglich müssen angenommen werden können. So werden „wir" zum Beispiel in dem Falle, in welchem wir in einer richterlichen Handlung eine enge Bindung des Richters an das Gesetz feststellen, von einem Welthorizont Gebrauch machen, der so allgemein ist, daß in seinem Umkreis sowohl strenger Gesetzes-Positivismus wie auch das Verhalten freirechtlicher Rechtsschöpfung des Richters als Möglichkeiten ihren Platz finden, zwischen denen wir vergleichen können.

2. Sprache als Weise des Handelns: Der repräsentative Handlungscharakter des Sprechens

Vom Richter ist zu sagen, daß er durch die besondere Weise seines richterlichen Argumentierens und Entscheidens entweder den Typus einer pedantischen Bindung an das Gesetz oder denjenigen eines richterlichen „Seins" repräsentiert, dessen Handlungswelt durch den Zug freier Rechtschöpfung bestimmt ist. Das Wort: „repräsentieren" bzw. „Repräsentation" ist als Handlung des sich durch Sprechen darstellenden praktischen Seins eines Handlungscharakters aufzufassen. Der Richter stellt sich durch die Art seines Sprechens und Argumentierens den anderen an der Handlung Beteiligten dar; er stellt eine Handlungssituation her und macht sie den andern verstehbar, auf die diese sich in ihrem eigenen Handeln einstellen müssen. Er spricht sich in seinen Aussagen sprech-handelnd als dieser oder jener Handlungscharakter aus. Im gesellschaftlichen Miteinanderhandeln und Sprechen sind, wie es besonders im Rechtsleben der Fall ist, rituelle Redefiguren ausgebildet worden, deren aktueller Gebrauch jeweils eine praktische Bedeutung vergegenwärtigt und die von denen, welche die Logik dieser Bedeutungen verstehen, sinngemäß durch entsprechende Handlungs- *und* Redefiguren sowohl sprachlich wie auch durch entsprechende rituelle Gesten „beantwortet" werden.

Durch repräsentativen Charakter des Sprech-handelns, durch welchen sich das dem Allgemeinen verpflichtetete praktische Sein des Sprechhandelnden darstellt, erweist sich Sprechen als „Praxis" in dem präzisen Sinne der Teilnahme am Leben der Gemeinschaft; dagegen betreffen die von Austin und Searle genannten Charaktere des Sprechens nur die Bedeutung von Handeln im Sinne des „Bewirkens". Die von Searle genannten Funktionen des Sprech-handelns, wie die illokutionäre, die referentielle, performative und so weiter sind nach dem Modell einer Einwirkung des Sprechenden auf den Angesprochenen zu verstehen. Die repräsentative Sprechhandlung aber stellt einen gemeinsamen handlungsweltlichen Boden mit den Anderen, Angesprochenen her und fordert sie dazu heraus, die durch das Sprechen geschaffene Situation innerhalb der Handlungswelt zu „beantworten".[2] Das Band, welches Gesellschaften, religiöse Gemeinschaften, Sekten, politische Parteien usw. zusammenhält, besteht in der Fähigkeit der Mitglieder der entsprechenden Einheit, Bedeutungen und Syntax der gesprochenen Sprache sowie die repräsentativen *praktischen Bedeutungen* zu verstehen und demgemäß zu „antworten".

[2] Vgl. I. R. Searle, Sprechakte (übers. von R. Wiggerhaus), Frankfurt 1971; dazu auch Reinhard B. Nolte, Einführung in die Sprechakttheorie John R. Searles, Freiburg/München 1978.

In der repräsentativen Weise der Sprechhandlung stellt sich der Sprechende dem Angesprochenen so dar, daß er diesem durch jedes seiner einzelnen Wörter und jeden seiner Sätze als Gegenwart eines Seins verstehbar wird, welches einen allgemeinen Handlungscharakter vergegenwärtigt. Diese repräsentative Weise der Sprechhandlung ist das Fundament jedes einzelnen Sprechaktes: sie bedeutet das kommunikative Milieu, innerhalb dessen Miteinandersprechen erst möglich wird. Austausch einzelner Wörter und Sätze sowie Mitteilung von Informationen geschieht unter der Voraussetzung und auf dem Fundament gegenseitigen Sichdarstellens. Dieses ist nicht einseitig, denn der Sprechende sowie auch der Angesprochene vereinigen sich in dem gegenseitigen Bewußtsein der repräsentativen Bedeutung ihres sprechenden Gegenübertretens. Ich nehme sprechend dann dem andern als einem Handlungscharakter und Repräsentanten einer Handlungswelt gegenüber Stellung und fordere ihn seinerseits zum Stellungnehmen heraus. Ich verhalte mich ihm gegenüber als dem, der seinerseits mein eigenes Sprechen als Repräsentation meines Seins versteht.

Dabei realisiert sich die Gemeinsamkeit eines gegenseitigen Anerkennens: ich spreche den andern „als" den an, welcher seinerseits meine repräsentative Gegenwart versteht. Das gegenseitige Bewußtsein der verschiedenen Standpunkte schließt einerseits deren Auseinandersetzung, andererseits aber auch deren Vereinigung in dem gemeinsamen Sinnfundament ein, welches sprachliche Verständigung erst möglich macht. So werden die Unterredner in einem politischen Parlament einander auch dann als Repräsentanten der gemeinsamen demokratischen Handlungswelt anerkennen, wenn sie ihre entgegengesetzten politischen Zielsetzungen gegeneinander ausspielen. Jeder versteht seine Streitrede und die des anderen als für die Gemeinsamkeit der politischen Zwecke repräsentativ, um derentwillen sie miteinander sprechend agieren.

Durch Sprechen wird demnach nicht nur auf dem Wege des Befehls („performativ") oder der Mitteilung von Informationen („illokutionär") jeweils eine Handlung vollzogen: vielmehr wird im Sinne des Handelns als „Praxis" in der Weise des repräsentativen Sprech-handelns eine Situation geschaffen, die so geartet ist, daß der Angesprochene dazu herausgeordert wird, sprechhandelnd auf die Anrede zu antworten. Die Antwort kann in der Form der Zustimmung, der Einschränkung des Gesagten oder geradezu des Widerspruchs erfolgen: auf jeden Fall ist sie Reaktion auf eine durch den zuerst Sprechenden geschaffene Handlungssituation. Der repräsentative Charakter der diese Situation zustande bringenden Sprechhandlungen ist daran erkennbar, daß sich der Antwortende dazu herausgefordert weiß, gegenüber der Weltperspektive, die der ihn Ansprechende durch sein Reden vergegenwärtigt — ohne daß er sie natürlich inhaltlich zur Sprache bringen oder sie reflektieren müßte —, seine eigene Perspektive und die demgemäße Interpretation der Dinge zur Geltung zu bringen. In der repräsentativen Sprechhandlung vollzieht sich jeweils eine Zu-wendung des einen Seins und seines Standpunktes dem andern gegenüber als dem, der sich mit diesem aufgrund eines gemeinsamen Sinnfundamentes auseinandersetzt. Ein Sozialist wird bei einer Auseinandersetzung mit einem Konservativen einzelne Fragen sachlicher Art, die vielleicht die Eigentumsverteilung angehen mögen, so beurteilen, wie es für die allgemeine sozialistische Weltperspektive repräsentativ ist. Sein Gegner wird von seinem Gegenüber erwarten, daß dieser aufgrund der Handlungswelt, die er in jedem einzelnen Worte und Satze repräsentiert, sein praktisches Sein, seinen Handlungscharakter zur Darstellung bringt, zu dessen allgemeinen Prinzipien es gehört, Privateigentum möglichst einzuschränken. Die sich miteinander Unterredenden fordern sich nicht nur gegenseitig dazu heraus, zu den von ihnen behaupteten und gebrauchten sachlichen Argumenten auch andere von ihnen noch nicht bedachte Möglichkeiten hinzuzunehmen und sich für die besten davon zu entscheiden; vielmehr versteht jeder von beiden das Sprechen des andern als Herausforderung von seiten eines Seins, d.h. eines handlungsweltlichen Standpunktes, der seinem eigenen entgegengesetzt ist.

Das Sein des Handelnden stellt sich in der repräsentativen Sprechhandlung nicht nur als dieses Individuum dar, sondern vergegenwärtigt den allgemeinen Charakter der Normen der Handlungswelt, auf deren Boden es Stand nimmt. Zu allgemeinen Zügen dieser Handlungswelt gehört auch der Inbegriff der von der Sprachsitte verwirklichten Regeln des Sprechhandelns. Treten Partner zur Führung eines Dialogs zusammen, dann stellt jeder durch sein leibhaftiges Auftreten in diesem Schauspiel schon *vor* Beginn des Dialogs den Willen dar, den andern als Partner gemeinsamer Dialoghandlung anzuerkennen und sich den Regeln der Sprache sowie der Dialogführung unterzuordnen. Schon durch das räumliche Ereignis seines Hinzutretens zum Kreis der miteinander Unterredenden repräsentiert er den Willen und die Bereitschaft, an dem gegenwärtigen Leben der gemeinsamen dialogischen Vernunft, die sich hier ereignet, sprechhandelnd teilzunehmen.

Auch am Vorgang des Versprechens läßt sich zeigen, daß der Versprechende ein Sein durch seine Sprechhandlung repräsentiert, welches sich als der allgemeinen Norm verpflichtet darstellt, unter der jedes Versprechen steht: daß dieses nämlich eingehalten werden soll. Dadurch, daß er ein Versprechen ausspricht, ermächtigt er den andern dazu, seinem Willen und seinem Sein zu vertrauen, dieses Versprechen zu halten: er repräsentiert durch ein besonderes Versprechen, welches zum Beispiel eine künftige Hilfeleistung zum Gegenstand haben mag, viel mehr als das In-Aussicht-Stellen solch eines *einzelnen* Inhalts: er stellt sich als Repräsentant einer allgemeinen Handlungswelt dar, in welcher Versprechen *überhaupt* erfüllt werden und der Grundsatz gilt: pacta sunt servanda.

3. Der transzendentale Charakter der repräsentativen Sprechhandlung

Am Beispiel der Sprechhandlung des Versprechens wurde deutlich, daß der einzelne Gegenstand des Versprechens im Zusammenhang mit einer Welt verstanden werden muß, welche der Versprechende repräsentiert und aufgrund deren ein sprechendes Sichverbürgen für die Erfüllung einzelner besonderer Inhalte überhaupt erst möglich wird: da der Versprechende diese Welt durch sein Sprechhandeln repräsentiert, kann man die repräsentative Funktion des Sprechens auch als „transzendental" bezeichnen: denn durch sie wird diejenige Bedeutung des Gesprochenen aktualisiert und verstehbar, durch welche sich der Sprechende als Repräsentant einer Handlungswelt ausweist, aufgrund deren über Einzelnes gesprochen wird und einzelne Zwecke anvisiert und verwirklicht werden können. Durch die transzendentale Qualität des repräsentativen Charakters der Sprechhandlung wird verbürgt, daß Sprechen als Miteinanderhandeln im Sinne der Praxis aufzufassen ist, weil sich der Sprechende als Teilnehmer eines Lebens im Horizont gemeinsamer Handlungswelt darstellt. Indem ich als Sprechender diese Welt repräsentiere, schaffe ich die Bedingung der Möglichkeit dafür, daß sich an der Sprechhandlung auch empirisch feststellbare Funktionen zeigen, wie sie von Austin und Searle genannt worden sind. Im folgenden mag die Aufmerksamkeit darauf gelenkt werden, daß an empirisch feststellbaren Funktionen der Sprechhandlung, deren Analyse die empiristische Sprechakttheorie sich zur Aufgabe gemacht hat, Verweisungen auf eine ihnen vorgängige und sie fundierende transzendentale Bedeutungsebene des Sprechhandelns festzustellen sind: sie können freilich nicht vom empiristischen Denken wahrgenommen werden. Um sie zu erkennen, dazu bedarf es einer philosophischen Perspektive, welche den Ursprung und Grund des empirisch Feststellbaren in den Blick rückt. Durch sie wird erkennbar, daß sich der Sprechende in seiner Sprechhandlung „zuerst" als praktisches Sein und als Wortführer einer Handlungswelt repräsentiert, „bevor" er über einzelne Inhalte Sätze aussagt, einzelne Personen anspricht und auf sie in irgendwelcher Weise durch sein Sprechen einwirkt. Empirisch feststellbare Wirkungen des Sprechhandelns auf Personen gehören zum Forschungsbereich der empiristischen Sprechakttheorie.

Searle geht von der Vorstellung aus, daß die Sprechhandlung eine Art von Verhalten des Sprechenden dem Angesprochenen gegenüber ist, welches dem Zwecke der Kommunikation dient. Wie der Vorgang der Kommunikation selbst aber auf die Bedingungen seiner Möglichkeit hin zu begreifen ist, wird hier nicht gefragt. Searle beschränkt sich auf einen Begriff von Handlung im Sinne des Bewirkens: der Sprechende vollzieht eine Handlung in der Bedeutung, daß er die Übertragung einer Information auf einen anderen bewirkt.

Ein gesprochener Satz zeigt schon insofern Aktcharakter, als er Wörter sinnlich wahrnehmbar macht: in dieser Hinsicht spricht Searle von einem „Äußerungsakt".[3] Sofern ein Satz Aussagen über Gegenstände macht, vollzieht sich in ihm ein „propositionaler Akt". Wieder ein anderer Typus von Sprechhandlung liegt im Falle des „illokutionären Aktes" vor, in welchem jeweils der Sprechende eine Sprachrolle übernimmt: etwa die des Behauptens, des Fragens, Befehlens oder Wünschens. In diesem Falle stellt sich der Sprechende als Fragender, Befehlender, Wünschender dar und fordert den Angesprochenen dazu heraus, entsprechende Gegenrollen, die des Antwortens, Reagierens, Versprechens oder Versagens, zu übernehmen. Besonders in der Kennzeichnung des Typus des „perlokutionären Sprechens" wird deutlich, daß ein Begriff von Handeln im Sinne des Bewirkens zugrunde liegt. Handlungsformen dieser Art sind: Überreden, Befehlen, Erschrecken, Belehren. Hierbei werden in den Angesprochenen „Wirkungen" hervorgerufen, wie etwa die des Überzeugtseins, des Informiertseins, des Gehorchens, des Sich-Befindens im Zustande der Furcht, der Erwartung, der Hoffnung.

Damit aber Sprechrollen im gegenseitigen Miteinander- und Aufeinanderhandeln übernommen und erfüllt werden können, müssen sich die betreffenden Sprachpartner gegenseitig als Repräsentanten einer gemeinsamen vernünftigen Sprach- und Handlungswelt darstellen und kundtun. Die repräsentative Bedeutung, die der Sprechende in einer Selbstdarstellung durch seine Sprechhandlung aktualisiert, fundiert einzelne, besondere Züge, welche sich in empirischer Betrachtung am Sprechakt zeigen. Eine philosophische Sprechakttheorie muß daher den einzelnen Sprechakten einen transzendentalen Weltbezug zugrunde legen, der die Bedingung der Möglichkeit der Kommunikation darstellt. Dieser Aufgabe ist nicht Genüge getan, wenn man mit Searle die Sprechhandlung nur als „gemeinsame" Befolgung von Sprachregeln erklärt: die eigentliche Frage lautet vielmehr nach der Bedingung der Möglichkeit dieser gemeinsamen Befolgung. Man kommt der Antwort auf diese Frage auf die Spur, wenn man daran denkt, daß der Sprechende einen Akt der repräsentativen Darstellung seines Seins und damit auch seiner Handlungswelt vollzieht, an der sich allgemeine Züge finden, die mit den Handlungswelten der anderen gemeinsam sind.

Das hier gebrauchte philosophische Modell kann, wenn es zu dinghaft gedeutet wird, schließlich dazu verführen, von so viel Handlungswelten zu sprechen, wie es handelnde Individuen gibt. Andererseits kann es nur „eine" alle einzelnen individuellen Weltperspektiven umfassende Welt geben. Dabei zeigt sich eine Aporie, die überwindbar ist, wenn man Welt nicht als festes

[3] J. R. Searle, Sprechakte (übers. von R. Wiggerhaus), Frankfurt am Main 1971, S. 38f.

Ding, sondern als Bewegung eines individuellen Bewußtseins faßt, die über die Enge seines jeweiligen Horizontes hinaus geschieht. Welt wäre demnach als Inbegriff der Bewegungen der Erweiterung jeweils der individuellen Bewußtseinszustände zu verstehen: der Zusammenklang dieser Bewegungen ist Welt.

Unter transzendentalphilosophischem Gesichtspunkt, in welchem vor allem die repräsentative Sprechhandlung in den Blick tritt, sind folgende zusammenfassende Aussagen zu machen:

1. Der Sprechende übernimmt eine repräsentative Rolle, sofern er die Grund-entscheidung für eine praktische Weltperspektive in jedem seiner Wörter und Sätze vergegenwärtigt. In der Art und Weise, wie er eine Sache beurteilt und wie er sich entscheidet, wird zugleich der allgemeine Charakter seiner Handlungswelt, in deren Horizont er dieser Sache begegnet, erkennbar. Die Thesen Herders und Humboldts über die „Weltansicht" der Sprache weisen in diese Richtung. In dem hier vorliegenden Zusammenhang geht es allerdings darum, die Behauptung einer Weltansicht durch den Sprechenden als Handlung zu erkennen, durch die dieser in jeder einzelnen Sprechhandlung seine Welt repräsentiert. In dieser Repräsentationshandlung bringt der Sprech-handelnde den transzendentalen Grund seines Sprechens *und* Handelns in den Blick. So ist jedes der einzelnen sachlichen Argumente, die ein Dialogpartner für seine Meinung zur Geltung bringt, als Zeichen und Symptom für die Orientierung an seiner Handlungswelt anzusehen: mag deren Charakter als sozialistisch oder als liberalistisch, als idealistisch oder als materialistisch usw. anzusprechen sein. Der Richter repräsentiert im Argumentieren und Entscheiden seine bestimmt geartete juridische Handlungswelt: sie ist Bedingung der Möglichkeit für seine Rechtsfindung. Er repräsentiert diese Welt, für die jede seiner einzelnen Aussagen als „symptomatisch" von den Mithandelnden verstanden werden kann.

2. Durch den repräsentativen Akt schafft der Sprechende eine Situation, in welcher er den Angesprochenen dazu auffordert, zu antworten. Rede und antwortende Gegenrede sind als Takte in der einen, zusammenhängenden Melodie anzusehen, welche die Geschichte einer Unterredung ausmacht. Gegensätzlichkeit der Partner ist nur auf dem Fundament einer umfassenden Einheit möglich: diese erweist sich als die der Behauptung der verschiedenen und entgegengesetzten Standpunkten zugrundeliegende Identität. Unter dem Wort Identität ist eine Bewegung zu verstehen: diejenige des Erweiterns, welche jeweils ein subjektives Bewußtsein vollzieht, indem es immer wieder die Grenzen seiner engen subjektiven Welt überschreitet, um Stand auf dem Boden der gemeinsamen Vernunft des Handelns und Sprechens zu nehmen. Durch diese Erweiterung des Bewußtseins, die dazu führt, daß der eine Dialogpartner den andern als solchen anerkennt, wird die Bedingung der Mög-

lichkeit für ein Maß von Identität hergestellt, die Voraussetzung für eine dialogische Auseinandersetzung ist. Der objektive Aspekt dieser Identität bildet sich im Vollzuge der Unterredung heraus: hierbei entsteht die Identität der selbständigen „Natur der Sache“, die eine Eigendynamik und Unabhängigkeit relativ zu den Vorstellungsleistungen der einzelnen Subjekte zeigt.

Der Sprechhandelnde repräsentiert seine Welt und gibt dadurch den transzendentalen Grund seines Handelns und Sprechens über einzelne Gegenstände und Zwecke zu erkennen. Dieser transzendental-sprachliche Vorgang hat zugleich eine reale Bedeutung, denn die Kenntnis des Handlungscharakters und des Seins der beteiligten Mithandelnden gehört zum Bild der Handlungssituation, welches sich das handelnde Bewußtsein macht. Ich werde mich in meinem eigenen Handeln auf das Bild hin abstimmen, welches sich mir vom Sein der Mithandelnden ergibt. Durch deren repräsentatives Verhalten beim Handeln und Sprech-handeln gewinne ich dieses Bild. Diese transzendentale, auf repräsentierende Selbstdarstellung ausgehende Leistung des Sprechhandelns hat Schleiermacher charakterisiert, auf dessen Handlungstheorie in dieser Hinsicht kurz eingegangen werden mag.

4. Schleiermachers Praxis-Theorie: Das „rein darstellende“ Handeln

Die verschiedenen Formen des Handelns, die Schleiermacher unterscheidet, lassen sich auf den Hauptunterschied zwischen „bewirkendem“ und „darstellendem“ Handeln zurückführen.[4] Wenn man diese Unterscheidung mit der früher zwischen Handeln im Sinne der Praxis und Handeln in demjenigen des Bewirkens vergleichen möchte, so stellt sich die Frage, ob das von Schleiermacher so genannte „darstellende“ Handeln der „Praxis“ zuzuordnen sei. Es wird sich herausstellen, daß diese Frage bejahend beantwortet werden muß, da das sich darstellende Handeln in der Fortführung und Beförderung des Lebens einer Gemeinschaft zu sehen ist, die sich als Repräsentation einer gemeinsam anerkannten Weltperspektive versteht.

Bewirkendes Handeln ist Herstellen oder Verändern einer Wirklichkeit; es geschieht in der Bearbeitung der Natur, im Bewirken gewünschter gesellschaftlicher Verhältnisse, auch in der durch Arbeit geschehenden Herstellung von Produkten zur Befriedigung der Bedürfnisse, in der Erziehung usw. Darstellendes Handeln jedoch vollzieht sich in der Weise, die als Repräsentation, als Vergegenwärtigung jeweils einer vom Handelnden behaupteten

[4] Friedrich Schleiermacher, Sämtliche Werke, 1. Abt., Zur Theologie: Die christliche Sitte nach Grundsätzen der evangelischen Kirche im Zusammenhange dargestellt (hrsg. von L. Jonas), Berlin 1843.

normativen Handlungswelt angesprochen wurde. Beide Formen des Bewirkens sowie der Darstellung erklärt Schleiermacher als nicht streng trennbar: er will die eine als Ergänzung der andern begreifen.

Man kann sein Programm, beide Formen des Handelns zu einem Gesamtbild „der" Handlung im Ganzen zu vereinigen, als wegweisend auch für die Erfüllung der in diesem Buche bezeichneten Aufgabe betrachten, Praxis und Handlung im Sinne des Bewirkens zu vereinigen. Praxis ist die Form des Handelns, in welcher der Handelnde durch sein Handeln das Leben gemeinsamer Sinnverwirklichung befördert. Schleiermacher denkt hier nicht vor allem an politische Gemeinschaft, wie sie Aristoteles im Blick hat, sondern an diejenige, die er als freies, geselliges Leben bezeichnet, in welchem sich die allgemein-menschlichen Züge der Schönheit, Anmut, der freien Übereinstimmung zwischen Sinnlichkeit und Vernunft, des leichten freien Spieles und auch der Liebe zeigen. Es sind Züge, die Schleiermacher als bedeutsam für das praktische Sein des Menschen erklärt: er hat sie aufgrund seiner Deutung der „christlichen Sitte" gewonnen. Die Nähe, die das darstellende Handeln zum Aristotelischen Praxisbegriff zeigt, ist auch an der für beide gemeinsamen Eigenschaft der Freude, der Lust und des Hochgefühls zu erkennen. Er interpretiert den Einschlag von Eudämonie im darstellenden Handeln als Entbundensein von Arbeit, als Zustand des freien Spiels und der Schönheit.

„Das Handeln, von dem wir reden, ist die Darstellung der Herrschaft des Geistes ohne Anstrengung. Das ist aber dasjenige, was wir anderweitig in sittlicher Hinsicht das Schöne oder das Anmutige zu nennen gewohnt sind, und eben dieses, das sittlich Schöne oder Anmutige in der eigentümlich christlichen Form ist der wesentliche Charakter dieses darstellenden Handelns."[5] Dieser Art von Handeln kommt es nicht auf Wirksamkeit, d.h. auf Eingreifen in den Bestand der Wirklichkeit zum Zweck irgendeiner Veränderung an; vielmehr ist ein in diesem Sinne handelndes individuelles Selbst darauf bedacht, sich dem andern Selbst gegenüber dadurch zu erkennen zu geben, daß es sich in gekonnter, leichter und schöner, von Menschlichkeit durchdrungener Geste oder auch in Worten dem andern gegenüber so darstellt, daß dieser darin eine „Äußerung" des Inneren verstehen kann. Daraus ergibt sich eine Kommunikation, die vom Hochgefühl gegenseitiger Bestätigung und Anerkennung begleitet ist. „... Was mit dem Handeln zur Bestimmtheit des Selbstbewußtseins unter der Form der Selbigkeit hinzukommt, ist nichts als das reine Äußern derselben."[6] Darstellendes Handeln ist „Äußerlichwerden der inneren Bestimmtheit des Selbstbewußtseins" und

[5] Ibidem S. 604.
[6] Ibidem S. 508.

„beruht auf Gemeinschaft und bringt auch Gemeinschaft hervor“[7]. Überall, wo es menschliche Gesellschaft gibt, gibt es „neben der Arbeit auch das Spiel und den geselligen Lebensgenuß im ganzen Sinne des Wortes“[8]. Gemeint ist vor allem auch die gesellige Unterredung.

Soweit das „darstellende“ Handeln: später ist noch einmal darauf zurückzukommen. Jetzt soll zunächst der Blick auf das Bild gelenkt werden, welches Schleiermacher vom wirksamen Handeln entwirft: seine Absicht ist, selbst philosophisch „handelnd“ darauf hinzuwirken, daß der Ernst und die Schwere des auf Wirkungen absehenden Handelns durch die Leichtigkeit und Heiterkeit des darstellenden Handelns ausgeglichen wird. Als Beispiel für *wirksames* Handeln ist bei Schleiermacher das erzieherisch bildende Tun im Blick, durch welches das praktische Sein im Menschen geformt wird. Als Vorbild der hierbei herzustellenden Verfassung schwebt ihm ein Zustand vor, in welchem Sinnlichkeit von Vernunft durchdrungen ist und sich daher mit dieser in freier Übereinstimmung befindet. Eine weitere Form des wirksamen Handelns sieht er im „Reformieren“. Schleiermacher spricht in diesem Zusammenhang auch vom „reinigenden“ Handeln, welches er als für das Individuum aktuell ansieht, welches darangeht, die bestehenden Normverhältnisse der Gesellschaft, der es angehört, zu verändern. Als dritte Form des wirksamen Handelns benennt er die der Arbeit, des Produzierens von Sachen zur Bedürfnisbefriedigung: auch technisches Handeln würde hierhergehören. Aus Anlaß der Charakterisierung des erziehenden Handelns macht er eine Bemerkung, die für Handeln überhaupt und im allgemeinen gilt: Handeln kann nur in „Gemeinschaft“ geschehen. Diese Bemerkung, die im Rahmen der Erörterung des wirksamen Handelns fällt, ist hier deshalb von besonderer Bedeutung, weil dadurch auch die Angewiesenheit dieser Form des Handelns auf die Praxis im Sinne der Beförderung des Lebens der Gemeinschaft ausgesprochen wird. Immer setzt Handeln, auch in seiner Form der Wirksamkeit, die Polarität zwischen dem Individuum und dem Allgemeinen bzw. dem Ganzen, dessen normativem Leben es angehört, voraus. Würde keine Gemeinschaft zugrundeliegen, wäre also zum Beispiel für den ersten Mann keine erste Frau dagewesen, dann würden alle Anregungen von außen nur das animalische Leben angehen.[9] Es gäbe kein geistiges Spannungsfeld, welches immer vorausgesetzt werden muß, wenn das Individuum die höchste Façon, deren es fähig ist, erreichen und in den Stand der Freiheit und des Selbstbewußtseins gelangen will.

[7] Ibidem S. 512.
[8] Ibidem S. 632.
[9] Ibidem S. 301.

Die Zusammengehörigkeit von Gemeinschaft und Individuum, welches in deren normativem Milieu und in ihrer Handlungswelt existiert und handelt, hat auch einen leiblichen Aspekt, sofern sich Handeln zwischen Gemeinschaft und Individuum ereignet. Es ist bemerkenswert, daß Schleiermacher auch wieder in diesem Zusammenhang, in welchem die Interaktion im Sinne des wirksamen Handelns thematisch ist, zugleich das darstellende Handeln im Blick hat. Er interpretiert hier den Handlungsbezug zwischen Gemeinschaft und Individuum als den sprachlicher Kommunikation, bei welcher sich die an ihr Teilnehmenden gegenseitig als Repräsentanten jeweils einer Weltperspektive zu erkennen geben.

Ist hier vom „Individuum" die Rede, dann ist damit nicht ein vor-gesellschaftliches, atomistisches Wesen verstanden, welches sich erst nachträglich, etwa durch Gesellschaftsvertrag, mit anderen gleichartigen atomistischen Wesen zu einer „Gesellschaft" zu verbinden hätte: vielmehr repräsentiert das Individuum zugleich immer auch das Allgemeine, Gemeinsame: es ist die unvertretbare und unersetzliche Weise, seine „Gattung" zu repräsentieren.[10] Individualität ist niemals unmittelbar, natürlich gegeben, sondern immer Ergebnis eines geschichtlichen Lebens der Auseinandersetzung, welche ich jeweils als freies, eigen-tümliches Wesen meiner Gemeinschaft gegenüber vollziehe, die mich zugleich auch einigend ein-holt. So ist die Individualität auch Ergebnis der „Einwirkung" von seiten der Gemeinschaft und ihrer normativen Ansprüche an mein Sein. Diese Ansprüche mache ich als individuelles Sein mir zu eigen. Dadurch individualisiere ich ihren allgemeinen Charakter: ich verwandle das Allgemeine in die individuelle Gestalt jeweils meiner Existenz.

Das individuelle Sein ist leibliche Gestalt: diese wird von Schleiermacher als Einheit von Vernunft und Sinnlichkeit ausgegeben. Das sittliche Sein stellt sich als vernunftdurchdrungene Leiblichkeit dar und zugleich als sich in leiblicher Erscheinung darstellende Vernunft. Vernunft ist der Name für die Gemeinsamkeit menschlichen Denkens und Wollens, die sich auch in der Gestalt der Durchdringung des Leibes, seiner Affekte und Leidenschaften durch allgemeine Ansprüche und Normen darstellt, welche mich aufgrund meiner Zugehörigkeit zur menschlichen Gemeinschaft verpflichten. Er spricht von der „individualisierten Vernunft", die im Leib ihr „nächstes Organ" findet. Einerseits ist Vernunft in „allen dieselbe, und das beruht darauf, daß sie der wesentliche Charakter der menschlichen Gattung ist. Sie ist aber auch in jedem eine andere, und das beruht darauf, daß sie auch teilhat an der Eigentümlichkeit eines jeden in den einzelnen Momenten, sowohl des Denkens als des Handelns. Dasselbe ist auch von der Sinnlichkeit zu sagen."[11]

[10] Ibidem S. 58.

[11] Ibidem S. 62.

Wenn Schleiermacher von der „Einwirkung" des Ganzen, Allgemeinen auf das Individuum spricht, so ist er sich dessen bewußt, daß es die Aufgabe der Handlungstheorie ist, hier das Modell von „außen" wirkender Kräfte, denen das Individuum angeblich ausgesetzt wäre, zu vermeiden. Eine philosophische Deutung dieser „Einwirkung" muß berücksichtigen, daß sie eigentlich ein Miteinanderwirken, ein Zusammenwirken zwischen Individuum und Gemeinschaft ist. Es handelt sich hier um ein Geschehen, welches ebensowohl von der Perspektive des Individuums wie auch von derjenigen der Gemeinschaft her zu begreifen ist. Die Geschichte der Bildung des Individuums ist durch „lebendige Empfänglichkeit für den Einfluß des Ganzen" bestimmt, womit gesagt ist, daß diese Empfänglichkeit nicht passives Ausgesetztsein, sondern aktive Aneignung bedeutet. Die Geschichte dieser Aneignung kann nicht in eine „äußere" und eine „innere" Phase aufgeteilt werden, da das angeblich „Äußere" nur überhaupt wirksam und bedeutsam für das Individuum sein kann, wenn es von diesem von vornherein als „Inneres" interpretiert wird.[12] So repräsentiert das Individuum einerseits das allgemeine Ganze und seine Normen, es bringt dieses zugleich aber auch auf eine individuelle Daseinsform.

Das Unsittliche deutet Schleiermacher im Sinne der Isolation des Individuums gegenüber dem Ganzen. Obwohl das Individuum in der Phase des Lernens dem Kulturstande des Ganzen gegenüber zurücksteht und durch Bildung und Erziehung dessen Vorsprung aufzuholen hat, repräsentiert es gleichwohl dieses Ganze, welches in ihm als Impuls und Kraft zum Weiterschreiten wirksam ist. Sein Selbstbewußtsein ist die „Repräsentation des Ganzen in ihm". Das heißt: es beurteilt sich selbst von einem Stande aus, den ihm das Ganze der Gemeinschaft, innerhalb deren es lebt und wirkt, anweist. So ist es im Grunde genommen schon immer über sich selbst hinausgegangen: diese Annahme muß auch deshalb gemacht werden, weil sonst die aktive Aneignung der Bildungseinflüsse von seiten der Gemeinschaft nicht begreifbar wäre: diese bewirkt, daß nicht „äußere" Faktoren maßgebend sind, sondern daß es selbst auf sich einwirkt und auf sich ein „reinigendes Handeln ausübt". Insofern verhält es sich als „Repräsentant des Ganzen" sich selbst gegenüber.

Wirkendes Handeln kann auch die umgekehrte Richtung nehmen: es kann vom Individuum ausgehen und sich dem allgemeinen Ganzen zuwenden. Der Handelnde sieht sich dann in der Lage, das allgemeine Ganze als „rückständig" ansehen zu müssen und es von seinem Standpunkt einer fortgeschrittenen Moralität aus nach seinen Maßstäben zu reformieren und zu verändern. Die „Fortentwicklung des Ganzen" vollzieht sich durch reforma-

[12] Ibidem S. 117.

torisches Handeln von seiten des Individuums. Dann gilt: der Einzelne muß in relativem Gegensatz gegen das Ganze stehen; es „muß in ihm entwickelt sein, was im Ganzen noch nicht ist, und er muß mit dem, was er vor dem Ganzen voraushat, auf das Ganze wirken, bis der Gegensatz aufgehoben ist, sonst gibt es keine Fortentwicklung des Ganzen ...“[13]. Es ist nur die Frage, auf welche Weise diese Einwirkung auf das Ganze geschieht. Nur solche Vorstellungen sind realisierungsfähig und -würdig, die in der Natur des Ganzen selbst angelegt sind und die der Vernunft der Wirklichkeit entsprechen. Ein neues Modell darf nicht despotisch mit Gewalt durchgesetzt werden wollen.[14] „Reinigendes Handeln“ von seiten des Individuums auf das Ganze kann nur dadurch geschehen, daß dieses seine Überzeugung durch Darstellung und Sprache zur *öffentlichen* Wirksamkeit bringt. Eine Überzeugung kann nur dann wirkende und verändernde Kraft in der Geschichte ausüben, wenn sie von einer Gemeinschaft geteilt und vertreten wird. Das bedeutet die Aufgabe für den Handelnden, seine Auffassung auf dialogischem Wege in anderen zur Überzeugung zu bringen. Eine Vorstellung und ein Gedanke des Neuen sowie auch ein dementsprechender Willensentschluß sind nur in einem gewissen Zustand des Ausgereiftseins mitteilbar. Vor dem Zustand der Reife sind reformatorische Gedanken nur als „Gedankengespenster“ anzusehen.[15] Alle Verbesserungen des Ganzen sollen auf dem Wege der dialogischen Beratung geschehen. Der Dialog führt zur Herstellung einer Wirklichkeit des praktischen Seins der Beteiligten, welches sich seine ihm entsprechenden, neuen Institutionen schafft.

Der Praxischarakter auch in dem Bereich des „wirksamen“ Handelns tritt mit besonderer Deutlichkeit in Überlegungen Schleiermachers zu demjenigen Handeln hervor, welches er als das „verbreitende“ bezeichnet. Es besteht in der Bewegung, in welcher ein Individuum sein Überzeugtsein von der Notwendigkeit einer Veränderung zur allgemeinen Anerkennung bringt und auf das Bewußtsein anderer „verbreitet“. Handeln dieser Art setzt einerseits Gemeinschaft voraus, da es ja vor allem durch die gemeinsame Sprache geschieht, andererseits stiftet es aber auch Gemeinschaft[16]: wie eben der Praxisvollzug als Teilnahme des ihn leistenden Individuums an der Gemeinschaft und als deren Beförderung erkannt wurde. Verbreitendes Handeln setzt den Gebrauch einer Sprache voraus, die einerseits zur Kommunikation leicht geeignet ist, die aber andererseits auch den neuen, reformatorischen Inhalten angemessen sein muß. Soll die Sprache praktische Wirksamkeit im

[13] Ibidem S. 70.
[14] Ibidem S. 71.
[15] Ibidem S. 194.
[16] Ibidem S. 300.

Sinne der „Erweiterung“ enthalten können, dann muß sie sich dazu eignen, die Form allgemeiner und gemeinsamer Sprachsitte anzunehmen.[17]

Darstellendes Handeln unterscheidet sich vom wirksamen dadurch, daß es nichts bewirkt und nichts verändert. Es gilt der Selbstdarstellung des sprechenden, Gesten zur Erscheinung bringenden und Verhaltensfiguren ausführenden Subjekts. In diesem Zusammenhang interessiert besonders die sprachliche Formulierung einer Überzeugung, die als besonderer Fall des darstellenden Handelns in Frage kommt: hierbei wird die „repräsentative“ Sprachhandlung angesprochen. Im Aussprechen einer Überzeugung zeigt sich aufs neue die Verbundenheit zwischen wirksamem und darstellendem, repräsentativem Handeln: denn der sich in ihrem Sinne Aussprechende stellt sich einerseits den Angesprochenen dar und fordert sie zur „Fortsetzung“ des Dialogs heraus, andererseits soll damit zugleich auch eine Wirkung auf den andern erzielt werden, auf den man die eigene Überzeugung ausweiten möchte. Darstellendes Sprechhandeln beruht auf Gemeinschaft und bringt andererseits neue Gemeinschaft hervor.

In den bisherigen Überlegungen wurde der Handlungscharakter des Sprechens hervorgehoben: jetzt soll der Blick andererseits auf den Sprachcharakter des Handelns gelenkt werden. Dabei soll vor allem der dialogische Zug im Handeln als solchem verdeutlicht werden.

5. Handeln als Selbstdialog und als Dialog mit anderen: Beispiel des politischen Handelns

Wenn jetzt der dialogische Charakter der Auseinandersetzung des handelnden Bewußtseins mit sich selbst verdeutlicht werden soll, dann ist an Bemerkungen zu erinnern, die zu dem Thema: Handlung als Geschichte gemacht wurden. Hier wurde gesagt, daß die Geschichte der Handlung in Epochen einzuteilen und daß die erste Epoche des Planens gegenüber der zweiten prinzipiell inkommensurabel sei. Der wirkliche Verlauf der Handlung weicht nicht nur beiläufig und zufällig von dem Plan ab, den das handelnde Bewußtsein entworfen hat: vielmehr geschieht beim Übergang von der ersten Epoche des Planens zur zweiten der Ausführung eine Selbstkonfrontation des Handelnden, der sich jetzt vom Standpunkt der Wirklichkeit und der Wirksamkeit aus veranlaßt sieht, sich von seinem eigenen früheren Standpunkt des Planens zu distanzieren. Die vom planenden Denken entworfene Welt differiert von der wirklichen, innerhalb deren die Handlung tatsächlich vollzogen wird, so wie das Modell, welches der Ingenieur von

[17] Ibidem S. 393.

einer Brücke konstruierend anfertigt, von der wirklichen Brücke, die danach gebaut wird. Das vor der Ausführung des Planens vorhergehende modellhafte Entwerfen sieht noch prinzipiell von einer Vielzahl von handlungsrelevanten Faktoren der Wirklichkeit ab. Sobald sich aber das handelnde Bewußtsein zur wirklichen Tat entscheidet, muß es den Übergang vom Standpunkt des Planens zu demjenigen vollziehen, der mit der vom bloß vor-stellenden, entwerfenden Denken nicht beherrschbaren und zweckrational nicht in den Griff zu bekommenden Totalität der Realbedingungen rechnet.

Von diesem Standpunkt aus geschieht eine Konfrontation zwischen der vom handelnden Subjekt in der Planung vorgestellten Welt und derjenigen, die Schauplatz des „wirklichen“ Handelns ist. Dabei macht das handelnde Bewußtsein die Erfahrung des Widerstreites der Standpunkte der Planung und der Realität. Dieser Widerstreit findet in ein und demselben handelnden Bewußtsein statt: die in ihm vollzogene Erfahrung des handelnden Bewußtseins hat den Charakter des Dialogs, den dieses mit sich selbst führt. Es macht die Erfahrung, daß sein Standpunkt des Planens, den es in der ersten Phase des Entwurfes der Handlung eingenommen hatte, das Bewußtsein dazu herausfordert, zum Standpunkt der Ausführung in der Realität überzugehen. Dieser streitet dem ersten Standpunkt das Recht ab, die Handlung ganz zur Sache zweckrationalen Denkens zu machen und fordert, sie in die Perspektive der Totalität aller Realbedingungen zu rücken. Die Geschichte dieser im Dialog sich vollziehenden Erfahrung des handelnden Bewußtseins mit sich selbst läßt die Aufgabe erkennen, die sich für das handelnde Bewußtsein ergibt: sie besteht darin, daß dieses sich über den Zustand des Selbstwiderspruchs hinaus zu demjenigen der Identität mit sich selbst zu entwickeln hat, so daß es am Ende die Handlung auch dann noch als die „seinige“ anerkennen kann, wenn sich andere als die vorausgeplanten Folgen ergeben.

So spiegelt der Aufbau der Geschichte der Handlung denjenigen eines Dialoggeschehens wider: es ist zugleich die Geschichte des handelnden Bewußtseins, welches mit sich in eine Auseinandersetzung eintritt, die in eine Identisierung dieses Bewußtseins mit sich selbst einmündet.

In der ersten und zweiten Epoche der Handlungsgeschichte treten die Standpunkte des vorstellenden Planens und der Wirklichkeit einander gegenüber: in der dritten Epoche aber stellt der Handelnde seine Identität wieder her, indem er die Rechte der beiden miteinander in Streit geratenen Standpunkte aufeinander abstimmt. Er wird dann vom Standpunkt der im Handlungsvollzug gewonnenen Erfahrungen aus, die er mit sich selbst und von seiner eigenen Fähigkeit gewonnen hat, die Wirklichkeit zu meistern, die zuerst miteinander in Streit geratenen Standpunkte des Planens und des Verwirklichens zur Einheit bringen. Damit sich aus dem dialogischen Streit der Standpunkte die Identität des handelnden Bewußtseins wiederherstellt, so daß sich dieses als „ich handle" zu begreifen vermag, muß die dialogische Bewegung zu dem Standpunkt geführt werden, von welchem aus der subjektive, planende Verstand mit der Vernunft der wirklichen Handlungswelt und der Totalität ihrer Bedingungen in Einklang gebracht wird. Das geschieht dadurch, daß sich das handelnde Bewußtsein in der dritten Epoche seiner Handlungsgeschichte aus seiner Verstricktheit in das wirkliche Handeln zurückzieht, um jetzt das Fazit der Selbsterfahrung der eigenen Handlungsmöglichkeiten ziehen zu können. Erkennt das Bewußtsein nach vollzogener Handlung, daß der Widerstreit mit sich selbst für deren Aufbau notwendig war, dann hat es seine eigene Identität und diejenige der Handlung gewonnen. Zugleich aber hat es damit eine Stufe des Selbstbewußtseins erreicht, auf welcher es aufgrund der in der vollzogenen Handlung gemachten Erfahrungen mit sich selbst seine eigenen Möglichkeiten für künftiges Handeln richtiger einzukalkulieren vermag als vorher: dieses neue Selbstbewußtsein bringt sich in adäquaten Zwecksetzungen zum Ausdruck, die ihrerseits Symptom dafür sind, daß sich eine neue Gestalt des praktischen Seins hergestellt hat.

Das handelnde Bewußtsein tritt in der Geschichte seiner Handlung in eine dialogische Auseinandersetzung mit sich ein, die am Ende zur Identisierung mit sich führt. Angenommen werde ein Politiker, der als in der entsprechenden Verantwortung stehend einen Plan zur Verbesserung der zerrütteten wirtschaftlichen Verhältnisse seines Landes gemacht hat. Dieser Plan beruht auf einem Modell für künftiges Vorgehen, wobei auch die mit Wahrscheinlichkeit zu erwartenden Folgen des entsprechenden Eingreifens in die Verhältnisse überlegt werden. Mögliche Skepsis im Hinblick auf die Gewißheit der Prognose wäre Ausdruck des Bewußtseins, daß der modellhaft-planende Verstand seine Vorhersagen und die darauf abzustimmenden Maßnahmen nur in subjektiver Perspektive zu treffen vermag, in der nur ein Teil der Realbedingungen der Wirklichkeit berücksichtigt werden kann. Geht dieser Politiker nun in die zweite Epoche seiner Handlungsgeschichte über, in welcher er den Plan zu verwirklichen hat, dann läßt er sich auf eine Bewegung ein, in welcher er nicht nur vom Standpunkt seiner subjektiven Planung und des ihr angemessenen modellhaften Entwurfs aus die Wirklichkeit bearbeitet; vielmehr führt ihn diese Bewegung zu einem Standpunkt der Anerkennung der Selbständigkeit des wirklichen Geschehens, innerhalb dessen sich die Handlung vollzieht. Jetzt kommt sein praktisch-pragmatisches Sein, dessen Tüchtigkeit und Können zum Zuge. Er hat jetzt durch sein *wirkliches* Handeln der Totalität aller Wirklichkeitsbedingungen gerecht zu werden und muß der Perspektive des subjektiven Planens diejenige des Eingehens auf die Wirklichkeit dialogisch entgegenhalten. Jetzt ist er dazu aufgerufen, schlagfertig und geistesgegenwärtig in jedem Augenblick die Handlungssituation zu erkennen und in ihr richtig zu reagieren. Er hat es jetzt mit der Widerspenstigkeit und Selbständigkeit der Wirklichkeit zu tun, die etwa die Gestalt von Gegen-handlungen seiner Widersacher annimmt. Die dialogische Auseinandersetzung, in die sein handelndes Bewußtsein in der Form des Streites der Standpunkte des Planens und des Verwirklichens eingetreten ist, wird in der zweiten Epoche der ausführenden Handlung selbst in der Weise der Auseinandersetzung mit mithandelnden Subjekten und ihren Weltperspektiven aktuell. Jedes der in die Handlung verstrickten Subjekte faßt die durch den Handelnden zuerst hergestellte Situation von seinem anderen Standpunkt aus auf und „antwortet" demgemäß auf die von ihm vollzogene Handlung mit einer Gegenhandlung, die Ausdruck eines gegensätzlichen Standpunktes sein kann. Jede Handlung ist als „Antwort" auf eine andere Handlung zu verstehen, die von einem anderen Point de vue aus geschehen ist. Handeln hat dialogischen Charakter, sofern das Miteinanderhandeln zugleich auch ein Gegeneinanderhandeln ist, welches sich jeweils als Antwort auf die durch ein anderes Handeln hergestellte Situation versteht.

So wird in dem Falle des Politikers, der zu dem Zweck der Verbesserung der Wirtschaftslage seines Landes etwa den Gewinn der Unternehmer zu reduzieren versucht, eine „Antwort" von seiten dieser Gruppe in Gestalt eines Handelns gegeben werden, durch welches seine Maßnahmen unwirksam gemacht werden sollen. Durch diese Reaktion des Standpunktes der Gegeninteressen macht der Politiker die Erfahrung der Selbständigkeit und Eigenwilligkeit der Realität, die sich nicht mit den von ihm zunächst vorgestellten, subjektiven Modellen der Handlungswelt deckt. Auch dann, wenn er etwa spieltheoretisch die zu erwartenden Reaktionen der Gegenseite miteinkalkuliert, werden sich noch immer eigenwillige Ereignisse in der Wirklichkeit begeben, welche die Selbständigkeit der Handlungswelt dokumentieren. Der Handelnde macht die Erfahrung dieser Selbständigkeit; sie bewirkt eine Veränderung seines praktischen Seins und der Stellung, die dieses der Handlungswelt gegenüber einnimmt. Der Handelnde versteht sich jetzt nicht mehr als das dem Handlungsereignis gegenüber planend distanzierte Subjekt, sondern als in den Handlungsvollzug selbst hineingenommen; die Erfahrung des handelnden Bewußtseins erbringt das Ergebnis, daß dieses sich als Teilnehmer der allen Mithandelnden gemeinsamen Geschichte des Handelns versteht. Das handelnde Subjekt begreift sich als in einem gemeinsamen Leben tätig, es hat die Erfahrung gemacht, daß es über seinen zunächst behaupteten Stand des subjektiven Planens hinauszugehen hat, um seine eigene Handlungssituation in der Perspektive des gemeinsamen Sinnzusammenhanges zu verstehen.

Schließlich soll auch der verbale Dialog von der Seite seiner Bedeutsamkeit für Handeln in den Blick gefaßt werden. Dabei ist die Aufmerksamkeit auf die Veränderung zu lenken, welche das praktische Sein des Dialogführenden durchmacht. Ein Dialogpartner A möge den Standpunkt vertreten, daß es nicht auf Pflichterfüllung, sondern auf Lustgewinn ankomme. Sein Gegner mag ihm die alte, in der Epikureischen Diskussion geläufige Überlegung zu bedenken geben, daß Lust ein ungewisser und trüglicher Glückswert sei. Es sei für den Begriff des Glücks maßgebend, kein dauerhafter Zustand zu sein. Daraufhin antwortet vielleicht der Vertreter der Lust, daß in diesem menschlichen Leben überhaupt nicht auf Dauerhaftigkeit gerechnet werden kann. Es mag erwidert werden, daß man einen von allen Zufälligkeiten des Lebens distanzierten Standpunkt gewinnen müsse, der als Standpunkt der Freiheit das eigentliche in diesem Leben erreichbare Glück bedeute. Der Vertreter der Lust wiederum mag dem zugeben, daß der Standpunkt der Freiheit erstrebenswert sei, aber er müsse zugleich mit dem der höchsten Lust identisch sein.

Wenn man das in diesem Dialog sich ereignende gedankliche Geschehen und den in der Dialoggeschichte sich vollziehenden Wandel der Standpunkte betrachtet, dann ergibt sich: In der anfänglichen Behauptung plädierte A für einen Gewinn von Lust in dem unmittelbaren Sinne des sinnlichen Genusses. Dann aber ist er durch den Standpunkt seines Gegenübers, der ihn zu einem Widerspruch mit sich selbst geführt hat, dazu gebracht worden, die Lust im Sinne sublimierter Freude zu verstehen. Diese Verwandlung ist nicht nur Ergebnis der Verarbeitung einer neugewonnenen Information, sondern besteht in einer Veränderung der „Denkart": in einem neuen Stand und einem demgemäßen praktischen Sein. Der Sprechende hat eine gedankliche Wendung vollzogen, in welcher er von einem Stand zu einem ihm überlegenen übergegangen ist. Die Veränderung, die mit jedem der Dialogpartner vor sich geht, geschieht nicht in der Weise der Einholung neuer Informationen über die Situation des Handelns oder über die Zweckmäßigkeit von Mitteln und Wegen, sondern vollzieht sich in der Weise der Selbstüberwindung: des Übergehens zu einer neuen, überlegenen Weltperspektive.

Die Geschichte des Dialogs besteht darin, daß beide Partner ihren Anfangspunkt über-schreiten, einen höheren und über-legenen Stand einnehmen, dessen Perspektive es ihrem Denken möglich macht, auch den entgegengesetzten Standpunkt zu verstehen. Beide begreifen sich als Teilnehmer an einer gemeinsamen Geschichte des Überschreitens von einseitigen Ansätzen, die sie im Vollzug des Dialogs über-holen. Hierbei vollzieht sich nicht eine Ausmerzung logischer Denkfehler, sondern ein Übergang auf je einen Stand des Denkens, der zugleich eine erweiterte Auffassung der Welt und der eigenen Stellung in dieser ermöglicht. Dieser Wandel bedeutet eine Um-stellung in der Beurteilung der Rangordnung der Werte, für die sich die Partner entscheiden.

Wenn man in der Gegenwart auf entsprechende Kontroversen hinblickt, so sieht man hier, daß Fragen der Rangordnung der Werte diskutiert werden:

so etwa die Frage, ob eine lebensgerechte Umwelt oder erhöhter Lebensstandard gewählt werden soll. Je nach dem Denk- und Handlungscharakter, den einer vertritt, wird er seine Entscheidung in dieser Alternative treffen. Er wird zum Beispiel einen Handlungscharakter und ein praktisches Sein von der Art repräsentieren, daß er in einen Streitdialog mit der These eintritt, es sei auf jeden Fall maßgebend, auf die Erhaltung oder Wiederherstellung einer lebensgerechten Umwelt zu achten, selbst wenn der Lebensstandard dabei reduziert werden muß. Die Logik des Dialogs, in den er mit seinem Gegner eintritt, der im Gegenteil den erhöhten Lebensstandard als wünschens- und erstrebenswert behauptet, stellt ihm die Aufgabe, über sich selbst hinauszugehen und seinen anfänglichen Standpunkt von einer Warte aus zu betrachten und zu beurteilen, die so über-legen ist, daß sich Einigung ergeben kann. Dieser Stand entspräche etwa der Formel, in welcher die Dialogpartner gemeinsam den Begriff des Lebensstandards so auffassen würden, daß darin auch die Qualität der Umwelt berücksichtigt ist.

Wie im besonderen in empiristischen Theorien der Sprechakte deutlich wird, sieht man es hier darauf ab, Handeln als Bewirken, nicht als Praxis im Sinne der Teilnahme an einem normativ bestimmten gemeinschaftlichen Leben zu verstehen. So tritt etwa das Beispiel des Befehlens in den Blick, sofern der Befehl auf den Angesprochenen eine Wirkung ausübt: entweder die, daß dieser Folge leistet oder sich ihm widersetzt. Die Erörterung des dem Dialog eigentümlichen Handlungsbezuges aber lenkt den Blick in die Richtung der Praxis, wofern der am Dialog Teilnehmende in der Weise handelt, daß er durch sein Sprechen das gemeinsame dialogische Leben gebend und nehmend mitvollzieht. In diesem Falle wird sogar ein wichtiger, bisher noch nicht in den Blick getretener Zug der Praxis erkennbar: die durch Praxisvollzüge am gemeinschaftlichen Leben teilnehmenden Subjekte machen eine Geschichte der Veränderungen ihres praktischen Seins durch, sofern sie sich gegenseitig jeweils zum Überschreiten eingenommener Horizonte des Denkens und Sprechens herausfordern. Wenn sich Philosophen zur Darstellung ihrer Auffassung der Kunstform des Dialogs bedienen, dann verbinden sie damit die Absicht, ihre Philosophie als gedanklichen Prozeß zu erweisen, im Laufe dessen der an ihm Teilnehmende immer neue Standpunkte und dementsprechende Perspektiven gewinnt. Der Philosoph will in diesem Falle nicht als „Theoretiker" auftreten, der in monologischer Sprache von einem einmal eingenommenen Standpunkt aus die Welt beschreibt, wie sie sich ihm in seiner Perspektive darstellt. Wenn der Dialogführende selbst bei der Ausführung der Praxis am Werke ist, so zieht sich der Vertreter der Theorie zunächst aus den Realbezügen heraus, in denen der Handelnde befangen ist, um aus der Distanz zur Handlungswelt erst theoretische Modelle und Pläne entwerfen zu können.

Siebtes Kapitel

THEORIE UND HANDLUNG

1. Zwei Theoriebegriffe und der Handlungsbezug der Theorie

Wer den Bezug zwischen Theorie und Praxis bzw. Handeln erörtert, hat nicht nur die Aufgabe, seinen Begriff von letzterem zu präzisieren: es obliegt ihm zugleich auch, zu bestimmen, welchen Begriff von Theorie er im Auge hat. Es zeigt sich nämlich, daß den unterschiedenen Gestalten des Handelns, dem Bewirken einerseits und der Teilnahme an einem gemeinsamen Leben andererseits, zwei verschiedene Formen der Theorie entsprechen. So versteht Aristoteles, der Handeln im Sinne von Praxis deutet, Theorie als Erkenntnis des „Wesens", des Was-Seins der Dinge. Er charakterisiert die Voraussetzungen, die für diese Art von Erkenntnis und dementsprechender Theorie zu machen sind, so: Der Erkennende aktualisiert im Vollzug seines Erkennens dieselbe wesentliche Form, die auch die wesentliche Wirklichkeit des Gegenstandes bestimmt. Aristoteles gibt dieser Identität die Formel, daß im Vollzug des Erkennens der Begriff des Gegenstandes und dessen Wesen identisch seien.[1]

Der Zusammenhang zwischen Theorie als Wesenserkenntnis und Praxis wird einsichtig, wenn man bedenkt, daß derjenige, der das Wesen erkennen will, in sich selbst dessen Form zu aktualisieren hat.[2] Er aktiviert dadurch die „Energeia" eines Erkennens in analoger Bedeutung, wie der im Sinne der Praxis Handelnde die Form gemeinschaftlichen Lebens mitvollzieht und sie zu derjenigen seines eigenen Tuns macht. Im Vollzug (Energeia) des Erkennens verwirklicht der Erkennende ebenso an sich selbst eine Form, welche mit derjenigen des Gegenstandes identisch ist, wie der Handelnde im Vollzug der Praxis eine Lebensform verwirklicht, welche diejenige des gemeinsamen Lebens ist, dem er angehört.

Dagegen paßt zum Begriff des Handelns im Sinne des Bewirkens eine Form von Theorie, wie sie in der neuzeitlichen Naturwissenschaft Gestalt angenommen hat. Für diese Naturwissenschaft ist bis heute eine Devise maßgebend, die Galilei bei ihrem Beginn als verbindlich angesprochen hat: daß es der Naturerkenntnis nicht darum gehen könne und dürfe, das

[1] Aristoteles, Über die Seele, 430 a.

[2] Vgl. auch mein Buch: Einführung in die Metaphysik, Darmstadt 1979 (2. Aufl.), S. 33f.

„Wesen" der Dinge zu erkennen; vielmehr müsse man sich auf die Herstellung von gesetzlichen Beziehungszusammenhängen verlegen, in die durch messende Beobachtung gewonnene Wahrnehmungsdaten zu bringen sind. Diese Gestalt von Theorie sei hier als die nomologische Theorie bezeichnet, da das Prinzip der Gesetzlichkeit, für welches, kategorial gesehen, Relation und Funktion im mathematischen Sinne maßgebend sind, dominiert. Der Theorietypus aber, der sich auf die Erkenntnis des Wesens konzentriert, werde als der „usiologische" bezeichnet.

Die Theorie in nomologischer Bedeutung faßt ihre Aufgabe des Begründens in der Weise des „Erklärens" auf. Eine Naturerscheinung gilt ihr dann als begriffen, wenn für sie Ursachen angegeben werden. Erklären dieser Art gibt auch das theoretische Werkzeug für den Handelnden, der sich im Sinne des Verursachens bzw. Bewirkens zu schaffen macht. Die nomologische Theorie, die ihm über die Kausalzusammenhänge Aufschluß gibt, setzt ihn in den Stand, über die erklärte Wirklichkeit zu verfügen. Der Handelnde macht von der Kategorie der Kausalität in einem zweifachen Sinne Gebrauch: einerseits legt er sich selbst als Ursache aus, die Wirkungen hervorbringt: in diesem Sinne spricht Kant von „Kausalität durch Freiheit". Zugleich interpretiert er seine Handlungswelt, innerhalb deren er seine Zwecke wählt und ihre Verwirklichung betreibt, am Leitfaden der Kausalität: weil er dadurch seinem Zweckwillen einen optimalen Erfolg in der Wirklichkeit zu sichern vermag.

Aus diesem Grunde ist an der nomologischen Theorie von vornherein ein Handlungsbezug festzustellen, weil sie eine Weltauslegung bietet, welche die Voraussetzung für ein möglichst erfolgreiches Handeln gibt. Zudem ist daran zu erinnern, daß neuzeitlichem Handeln, als dessen Prototyp das technische Handeln angesprochen wurde, eine Ontologie zuzuordnen ist, welche der nomologischen Wissenschaft zugrunde liegt: ihr gemäß gibt sich das erkennende Subjekt die Stellung des souveränen und freien Gesetzgebers der allgemeinen Gesetze der Natur, die um dessen Freiheit willen entmündigt und zum Bereich bloßer „Erscheinungen" erklärt wird. Dieselbe Ontologie bestimmt auch die pragmatisch-praktische Vernunft des Handelns, dessen zweckrationaler Charakter sich auf Erkenntnis der Naturgesetze gründet. Daraus resultiert, daß auch die nomologische Theorie und ihr „bewirkendes" Handeln auf die ihnen gemeinsame Ontologie der gefesselten Natur zurückzuführen sind.

Es ist hier in Erinnerung zu rufen, daß der Standpunkt des bewirkenden Handelns und der ihm entsprechenden nomologischen Theorie der ersten Epoche der Geschichte des Handelns und des Handelnden zugeordnet wurde. Es wurde gesagt, daß in dieser die Aufgabe des Planens und Entwerfens von Modellen künftigen Handelns zu erfüllen ist. In ihr wird von einer Vielzahl von Bedingungen der Wirklichkeit abgesehen: das Denken grenzt sich für sein Planen und Entwerfen von Modellen einen von störenden Einflüssen und Komplikationen abgeschirmten Raum ein. Innerhalb dieses Raumes schafft es sich überschaubare, berechenbare und beherrschbare Verhältnisse: hier ist die Ontologie der gefesselten Natur uneingeschränkt in Gültigkeit. Die Rolle der nomologischen Theorie in dieser Epoche des Handelns erfüllt sich darin, der handelnden Vernunft einen theoretischen Leitfaden für die Meisterung der Wirklichkeit an die Hand zu geben, so, wie der Plastiker, der eine Bronzebüste schaffen will, „zuerst" ein Modell aus Gips verfertigt.

Geht es aber darum, in die zweite Epoche der Handlungsgeschichte, diejenige der Ausführung einzutreten, dann muß es der Handelnde mit der Totalität aller Realbedingungen aufnehmen. Die nomologische Theorie, welche sich an der Idee der gefesselten Natur orientiert und ihre volle Gültigkeit nur im gedanklichen Schutzgehege eingeschränkter Bedingungen beansprucht, wird jetzt von dem Standpunkt des verwirklichenden Handelns relativiert, dessen Ontologie nicht die gefesselte, sondern die freie, selbständige Natur behauptet. Vom Blickpunkt dieses Standpunktes aus stellt sich die Bedeutung und das Gewicht auch derjenigen Form des Handelns her, in welcher die Selbständigkeit und Eigenmächtigkeit der Natur und ihrer Materialien, sowie die Totalität ihrer Realbedingungen anerkannt wird. Diese Wirklichkeitserfahrung des Handelnden, der sich der Selbständigkeit und der letztlichen Unbeherrschbarkeit der Natur und ihrer Materialien bewußt ist, kommt in solchen Alltagswendungen zum Ausdruck wie der, daß man in einem Motor zum Beispiel nicht „darinstecke". Für den Handelnden macht sich die Inkommensurabilität zwischen Planen und Ausführung geltend: der planend entwerfende Verstand und seine Theorie ist prinzipiell im Rückstand gegenüber der selbständigen Wirklichkeit und der Totalität ihrer Bedingungen. Das handelnde Bewußtsein hat diese Kluft durch Geschicklichkeit, Können, Erfahrenheit und eine gewisse Art von Instinkt zu überbrücken. Hierbei bewährt sich die Intelligenz des Auges und der anderen Sinneswerkzeuge sowie der die Materie bearbeitenden Hand. Wie sehr sich das theoretische Bewußtsein auch bemüht, der Wirklichkeit adäquat zu werden und die Handlung zu lenken, so macht es doch die Erfahrung, daß die nomologische Theorie prinzipiell nicht die Totalität der Wirklichkeit und ihrer Bedingungen auszuschöpfen vermag. Durch diese Erfahrung wird die usiologische Theorie zur Geltung gebracht, welche von vornherein der Selbständigkeit der „Wesen" der Natur gerecht wird. Daß die nomologische Theorie von ihrem Ursprung her auf Handlung im Sinne des Bewirkens bezogen ist, bestätigt auch Kant, wenn er die Theorie als Inbegriff von praktischen Regeln anspricht, die „als Prinzipien in einer gewissen Allgemeinheit gedacht werden", wobei „von einer Menge Bedingungen abstrahiert wird, die doch auf ihre Ausübung notwendig Einfluß haben".[3]

Zeigt es sich, daß die Anwendung einer Theorie nicht zum Ziele führt, dann ist darin ein Symptom dafür zu sehen, daß die Theorie noch unvollständig ist und mit Erfahrung von dem Maße angereichert werden muß, aufgrund dessen sie sich der Handlungswirklichkeit gewachsen zu zeigen vermag. Kant bringt das auf die Formel, daß die Devise nicht auf „weniger", sondern auf „mehr" Theorie zu lauten habe: das heißt, daß es einer vermehrten theoretischen Arbeit bedarf, in welcher bisher noch unberücksichtigte Züge der praktischen Wirklichkeit auf den theoretischen Begriff gebracht und Bedingungen der praktischen Anwendung berücksichtigt werden, von denen erst abstrahiert wurde. Kant deutet einen dementsprechenden Fall im Bereich der Ballistik an, deren Gesetze der Konstrukteur etwa von Geschützen in der Weise auf seine Praxis anzuwenden vermag, daß er weitere Realbedingungen berücksichtigt, die in der reinen Wissenschaft keine Rolle spielen, wie zum Beispiel den Luftwiderstand.

Würde Kant annehmen, daß die Theorie durch immer „mehr" Theorie, in welcher sie die anfangs ausgeschlossenen Realbedingungen Schritt für Schritt wieder einholen würde, von sich aus die Kluft zur Wirklichkeit überbrücken könnte, dann würde seine Auffassung im Gegensatz zu der hier vertretenen von der prinzipiellen Inkommensurabilität zwischen Planung und wirklicher Ausführung der Handlung stehen. Daß aber auch er auf seine Weise dieser Unangemessenheit gerecht wird, zeigt sich in seinen Überlegungen zur „Anwendung" der Theorie, bei denen er den Arzt, den Richter, den Landwirt usw. vor Augen hat. Deren Umgang mit Theorie ist nicht von der Absicht bestimmt, sie als „reine Theorie" voranzubringen; es kommt ihnen vielmehr darauf an, die Theorie auf den Stand der optimalen Anwendbarkeit zu bringen. Ist damit wieder selbst eine „theoretische" Aufgabe gestellt? Die Antwort muß lauten, daß diese Aufgabe ihrerseits eine theoretische Seite zeigt, wie etwa in der Technik-Wissenschaft die Einführung der sog. „Verfahrenslehre" beweist. Aber die philosophische Frage der Überwindung der Kluft zwischen der planenden Theorie und der wirklichen Ausführung kann nur durch den Hinweis auf einen Handlungsvollzug, auf den Übergang vom Standpunkt der reinen Theorie zu demjenigen der Praxis gefunden werden. Dieser Übergang erfordert ein *Können* eigentümlicher Art, welches im rein theoretischen Umgang mit der Wissenschaft nicht gewonnen werden kann:

[3] I. Kant, Über den Gemeinspruch: Das mag in der Theorie richtig sein, taugt aber nicht für die Praxis. Akad. Ausgabe VIII, S. 276. Auch sei verwiesen auf mein Buch: Philosophie der Beschreibung, Köln/Graz 1968.

es wird durch Übung in der praktischen Meisterung der Wirklichkeit und in deren theoretischer Auslegung zum Zwecke der Praxis gewonnen. In diesem Sinne kann man auch von einem praktischen Umgang mit der Wissenschaft selbst sprechen. Der Wechsel vom Standpunkt der reinen Theorie zu demjenigen des „praktischen Bewandertseins" in ihr und damit der wirklichen Handlungswelt entspricht dem Schritt von der ersten Epoche der Handlungsgeschichte zur zweiten. Bei der Erörterung dieser Geschichte war vom Übergang die Rede, der von dem Standpunkt des dem Modelldenken verpflichteten theoretischen Verstandes zu demjenigen der Totalität der Handlungsbedingungen erfolgt. Bei diesem Übergang wird die Theorie in ihrer spezifisch praktischen Gestalt gefordert: als reine Theorie kann sie als der ersten Epoche der Handlungsgeschichte angehörig angesehen werden, während die zweite, der Ausführung und der „Anwendung" gewidmete Epoche durch die Über-windung des bloß theoretischen Standpunktes durch den der praktischen Meisterung der Wirklichkeit ausgefüllt wird. Hierzu bedarf es einer Heranbildung des praktischen Seins durch Übung im Handeln: diese Bildung schließt auch die Durchdringung der leiblichen Seite dieses Seins, der Sinnesorgane und der Hand mit theoretischer Intelligenz ein.

Von hieraus gesehen ergibt sich für den Begriff der „Anwendung" der Theorie auf Wirklichkeit ein neuer Aspekt: sie besteht nicht nur in deren Bewährung an dem „Material" der Wirklichkeit. Vielmehr geschieht eine Verwandlung ihrer nomologischen Gestalt in die usiologische. Sie orientiert sich an der Erkenntnis des „Wesens" der Gegenstände: in ihrem Besitz ist der Handelnde imstande, seine Aufgabe und seine Situation im Horizont der Totalität aller Realisierungsbedingungen zu begreifen. Das „Wesen" etwa eines Menschen erkennen, heißt, den Umgang mit ihm zu „verstehen" und ihn behandeln „können". Der „praktische" Psychologe hat Erkenntnisse vom Menschen in dieser Art gewonnen, während der „theoretische" Kenner der Psychologie unter Umständen unfähig sein kann, mit Menschen umzugehen.

Geht es um die ärztliche Handlung einer Heilung, so legt der Arzt die Geschichte seines Handelns so an, daß er seine Therapie nach Maßgabe der medizinischen Theorie plant und begründet. In der ersten Epoche seines Handelns spricht er die Sprache der Theorie, in welcher das Geschehen am Leib des Patienten mit chemischen, physikalischen und physiologischen Kategorien beschrieben wird. Geht er aber zur wirklichen Behandlung über, die einer „Anwendung" der Theorie gleichkommt, dann macht er einen Über-gang zu einem Standpunkt desjenigen Denkens und Sprechens, von welchem aus er dieselben Vorgänge am Leib des Patienten, die er vorher in die Perspektive der wissenschaftlichen Theorie gerückt hatte, mit Kategorien des „Wesens" begreift und anspricht. Jetzt gebraucht der Arzt statt physikalischchemischer Kategorien solche, durch welche jeweils das Ganze des leiblichen Erscheinungsbildes des Patienten gekennzeichnet wird. Er wird nicht in erster Linie von Testergebnissen reden, sondern wird Zustände, Verhaltensweisen, Bewegungen, Ausdruckscharaktere, Erwartungen und Stimmungen des Patienten beschreiben. Jetzt ist er in der Epoche der „Anwendung" der Theorie, die zugleich auch deren Verwandlung bedeutet: ihr nomologischer Charakter tritt zugunsten des usiologischen zurück.

Die Situation des Praktischwerdens der Theorie ist im besonderen an der Handhabung der Urteilskraft zu studieren: zu diesem Zwecke ist zunächst auf eindrucksvolle Aussagen Kants über den Gebrauch dieses logischen „Vermögens" der Blick zu lenken.

2. Die praktische Rolle der Urteilskraft

Ihre Leistung besteht in der Subsumtion eines besonderen Erscheinungsbildes unter den für es zuständigen allgemeinen Begriff. So wird ein leibliches Erscheinungsbild, welches charakteristische Eigenschaften, Symptome genannt, zeigt, vom Arzt unter den allgemeinen Begriff einer bestimmten Krankheit wie Rheumatismus usw. „subsumiert". Dadurch wird es dem Arzt möglich, dem besonderen Fall einen Namen und damit das Stichwort für eine von der Theorie begründete therapeutische Behandlungsmethode zu geben. So bereitet die Urteilskraft den Weg für die Be-handlung vor; sie vollzieht den Über-gang von der reinen Theorie zur Anwendung, sofern sie den besonderen Fall so auszulegen ermöglicht, daß er als von der medizinischen Theorie erfaßt und berücksichtigt und ihr gemäß als praktikabel erkannt werden kann. Entsprechend ist auch bei der richterlichen Handlung der Urteilsfindung die Rolle der Urteilskraft als die einer Über-leitung von der ersten Epoche dieser Handlung, derjenigen der theoretischen Beratung und Beurteilung, zu der zweiten zu erkennen, bei der es auf Anwendung der Theorie auf den individuellen Fall ankommt. Auch hier kann gezeigt werden, daß der Anwendung der Theorie zugleich der Übergang vom nomologischen zum usiologischen Denken entspricht; denn beim Übergang zur Ausführung des richterlichen Plans muß sich der Richter auf den Stand der individuellen Handlungswirklichkeit stellen, bei der es nicht primär um allgemeine juristische Handlungsmuster, sondern um die Beurteilung individueller Situationen und Verhältnisse geht. In beiden Fällen, dem ärztlichen wie dem richterlichen, liegt für die Urteilskraft folgende Situation vor:

Einerseits leistet sie im Bereich der reinen Theorie eine Funktion, die Kant als die der „bestimmenden Urteilskraft" angesprochen hat. Die Leistung dieser Form der Urteilskraft ist nur im Zusammenhang mit derjenigen der „Einbildungskraft“ zu verstehen. Diese zeichnet unter der Leitung des Verstandes und der von ihm gebildeten theoretischen Begriffe typische Bilder, in welchen sich diese Begriffe anschaulich darstellen: so entsteht das Bild des Einbruchs, des Diebstahls, des Mordes, des Totschlags usw. Am Leitfaden dieser Bilder legt der juridische Verstand die Wirklichkeit aus und gebraucht die Urteilskraft, um entsprechende Tatbestände unter den für sie zutreffenden juridischen Begriff zu subsumieren. Geht das handelnde Bewußtsein zum Standpunkt der wirklichen Ausführung über und hat es der Forderung gerecht zu werden, die Totalität aller Handlungsbedingungen und damit den individuellen Charakter der Handlungssituation sowie der konkreten Personen und Sachen zu berücksichtigen, dann hat es die Aufgabe zu erfüllen, erscheinende Gestalten und Bewegungen als Darstellungen von entsprechenden Begriffen zu erkennen.

Kant weist darauf hin, daß dieser praktische Gebrauch der Urteilskraft durch den Arzt, den Richter und dgl. wesentlich ein *Können* einschließt. Er besitzt die durch Übung erworbene Fähigkeit, eine in der sinnlichen Erscheinungswelt gegebene Gestalt durch „richtige“, d.h. gekonnte Subsumtion unter den dazu passenden Begriff praktikabel zu machen. Das heißt: das Erscheinungsbild soll nach einer Regel des Verstandes ausgelegt werden. Dabei ist es wichtig zu bedenken, daß die Handhabung der Urteilskraft selbst nicht wieder unter eine Regel gebracht werden kann, sondern dem Können des Urteilenden anheimgestellt werden muß, wenn nicht ein regressus in infinitum stattfinden soll. Im Hinblick auf die Urteilskraft ist damit ausgesprochen, was im Zusammenhang mit der Geschichte der Handlung gesagt wurde: in ihrer zweiten Epoche muß sich der Handelnde als Könner darin erweisen, der Totalität der Handlungsbedingungen gerecht zu werden, um die Wirklichkeit zu meistern. Hier geht es nicht um eine sprachlich-logische Leistung des Darstellens, der Klassifizierung oder der Benennung, sondern es kommt auf diejenige des intellektuellen oder manuellen „Anpakkens“ der erscheinenden Wirklichkeit an.

Von einem Über-gang ist auch bei Kant in der Erörterung der Leistung der Urteilskraft beim Schritt von der Theorie zur Praxis die Rede. Mit seinen Aussagen kann der Gedanke vereinbart werden, daß die Theorie als erste Epoche in der Geschichte der Gesamthandlung anzusehen sei, von der aus ein Über-gang zur zweiten Epoche, der Ausführung des Planes geschieht. Dabei vollzieht sich eine Praktisierung der Theorie: sie geschieht von dem Standpunkt aus, auf welchem der gekonnte Gebrauch der Urteilskraft gefordert und möglich ist. Angesprochen ist hierbei der „Praktiker“ im spezifischen Sinne des Wortes. „Daß zwischen der Theorie und Praxis noch ein Mittelglied der Verknüpfung und des Überganges von der einen zur anderen erfordert werde, die Theorie mag noch so vollständig sein, wie sie wolle, fällt in die Augen." Dieses Mittelglied soll die Kluft überbrücken, die zwischen reiner Theorie und ausführender Handlung besteht: es stellt sich als „Actus der Urteilskraft", als deren wirklicher Gebrauch beim Begreifen und Be-handeln eines individuellen Falles dar. „... denn zu dem Verstandesbegriffe, welcher die Regel enthält, muß ein Actus der Urteilskraft hinzukommen, wodurch der Praktiker unterscheidet, ob etwas der Fall der Regel sei oder nicht; und da für die Urteilskraft nicht immer wiederum Regeln gegeben werden können, wonach sie sich in der Subsumtion zu richten habe (weil das ins Unendliche gehen würde), so kann es Theoretiker geben, die in ihrem Leben nie praktisch werden können, weil es ihnen an Urteilskraft fehlt: zum Beispiel Ärzte oder Rechtsgelehrte, die ihre Schule gut gemacht haben, die aber, wenn sie ein Konzilium zu geben haben, nicht wissen, wie sie sich benehmen sollen." Man könnte an Kant die Frage stellen, ob nicht in der Theorie selbst schon der Gebrauch der Urteilskraft vonnöten sei, wie es etwa in der Rechtskasuistik der Fall ist, in welcher typische Sachverhalte unter allgemeine Begriffe zu subsumieren sind. Hier könnte man in der Tat von einem rein theoretischen Gebrauch der Urteilskraft sprechen und diesen als spezifisch theoretisches Handeln deklarieren. Aber davon wäre ein Handeln im eigentlich „praktischen" Sinne zu unterscheiden, bei welchem es um die Herstellung von zwischenmenschlichen Situationen geht. Die Handhabung der Urteilskraft auf diesem Felde weist die spezifische Eigenart auf, daß das unter den allgemeinen Begriff zu Subsumierende die besondere Qualität der individuellen Wirklichkeit hat, die nur von demjenigen auch begrifflich in der rechten Weise behandelt wird, der ein Können im Gebrauch der Urteilskraft besitzt.

Für die erfolgreiche Handhabung der Urteilskraft beim Handeln ist aber noch eine weitere Voraussetzung zu erfüllen, auf die im Folgenden der Blick gelenkt werden soll. Derjenige, der im Vollzug des Handelns selbst von der Urteilskraft Gebrauch macht und sie handhabt, nimmt gegenüber der wirklichen Handlungswelt nicht die Stellung des nomologischen Denkens, sondern diejenige des usiologischen Denkens ein; denn der begegnende individuelle Gegenstand wird nicht unter dem Diktat des bestimmenden Verstandes konstruiert, sondern sein Bild wird denkend und zugleich anschauend in seiner Selbständigkeit anerkannt und nachgezeichnet. Praktisch-pragmatische Urteilskraft verlangt demgemäß ein Sicheinlassen in die Totalität der Realbedingungen des Handelns. Im Falle der juridischen Urteilskraft und ihrer Handhabung im Handlungsvollzug des Richters mag dieser Übergang von der Theorie zur ausführenden Handlung näher erörtert werden.

3. Die rechtspraktische Rolle der juridischen Urteilskraft

Richterliches Handeln besteht in der Herstellung einer realen Rechtssituation durch Finden und Aussprechen des Rechtsurteils. Das Aussprechen des Urteils, die „Urteilsverkündung“ ist einerseits Ausdruck einer Entscheidung, zu der das Denken des Richters gelangt ist. Diese ist aber schon selbst als Verwirklichung, nicht erst als der Anfang einer ausführenden Handlung anzusehen, sofern der Richter durch sein Sprechhandeln eine entscheidende und maßgebende Situation hergestellt hat. Sie ist Ausgangslage für weiteres rechtliches Handeln: ihr Realcharakter kann auch daran ersehen werden, daß das ausgesprochene Urteil rechtskräftig ist, d.h. seine Durchführung unter Umständen erzwungen wird.

Sofern der Richter an Gesetz und Recht gebunden ist,[4] hat er die Aufgabe zu erfüllen, das Gesetz auf den individuellen Fall „anzuwenden“. Diese Leistung setzt ein Bewandertsein in der Rechtsdogmatik voraus: er muß über die Kenntnis eines Systems allgemeiner theoretischer Rechtssätze verfügen, die seine Urteilskraft in den Stand setzt, individuelle Fälle unter die richtigen allgemeinen Rechtsbegriffe zu „subsumieren“. Auf diese Weise machen sich zwei heterogene Ansprüche an das richterliche Denken geltend, von denen der eine die Bindung des richterlichen Denkens und Urteilens an das Gesetz und damit die Erfüllung der Aufgabe der Subsumtion des individuellen Falles unter den richtigen Rechtsbegriff fordert, während der andere von dem Gedanken individueller Fall- und Personengerechtigkeit bestimmt ist, die nicht durch einen Subsumtionsmechanismus verwirklicht werden kann; vielmehr fordert er die Kunst, den individuellen Fall und die Gesamtheit seiner rechtlichen Implikate zu erfassen und demgemäß die auf ihn zutreffenden Rechtsbegriffe auf die Sprache seiner Eigenart zu bringen.

Im folgenden wird eine Vereinbarung zwischen diesen heterogenen Ansprüchen und Motiven der Rechtsfindung in der Weise versucht werden, daß das Motiv der Dominanz der allgemeinen Rechtssätze der ersten Epoche der richterlichen Gesamthandlung zugeordnet, während dem Motiv der individuellen Rechtsverwirklichung seine Stelle im Bereich der zweiten Epoche angewiesen werden wird. In dieser letzteren kommt es auf „Anwendung“ des Gesetzes und auf eine Berücksichtigung der Totalität der Handlungsbedingungen im Zuge einer Erkenntnis der Individualität des Falles an.

Das Vorgehen des richterlichen Denkens bei der Urteilsfindung im Spannungsfeld dieser Motive wird in der einschlägigen Literatur zum Beispiel so beschrieben: Am Anfang des Weges steht die „Normhypothese“; sie kann als Antwort auf die erste Frage gelten, die der Jurist zu stellen hat: diese lautet,

[4] Grundgesetz Art. 20 Abs. 3.

welche Rechtsnormen zur Regelung des individuellen Falles überhaupt in Betracht kommen.[5] Dieser hypothetisch angenommenen Geltung von Rechtsnormen kann sich der Jurist freilich nur insofern explizit bewußt werden, als er den Sachverhalt, um den es geht, schon von vornherein in die Perspektive juridischen Denkens und Sprechens gerückt und ihn dadurch in den Zusammenhang der Rechtswelt gebracht hat. Die Rechtserfahrenheit zeigt sich in der Kunst, Realitäten des allgemeinen Lebens im Zusammenhang der rechtlichen Handlungswelt zu deuten und sie mit Treffsicherheit in die Perspektive derjenigen juridischen Kategorien zu rücken, die eine optimale rechtliche Entscheidung im Sinne des Gesetzes ermöglichen. Dazu ist der gekonnte Gebrauch der Urteilskraft gefordert, die den Richter in den Stand setzt, entsprechende Sachverhalte mit den „richtigen" rechtlichen Kategorien zu begreifen und anzusprechen.

Gute rechtliche Beurteilung des Falles ist diejenige, die der gute, d.h. rechtserfahrene Jurist leistet. Um überhaupt einen Fall in juridisch relevanter Weise darstellen zu können, muß er in die Perspektive einer Normhypothese gebracht werden. Diese ist Ergebnis der gekonnt gehandhabten Urteilskraft des in Rechtsdingen Erfahrenen, der, ohne sich Reflexionen überlassen zu müssen, die Tatsachen der Lebenswelt im Bedeutungszusammenhang von Rechtsbegriffen auslegt.

Zur ersten Epoche der Handlung gehört aber auch die Prüfung und Kontrolle der anfänglich gewählten Normhypothese auf ihre Brauchbarkeit für den zu behandelnden Fall hin. In der prüfenden Reflexion wird sich das urteilende und handelnde richterliche Bewußtsein darüber klar, daß es sich einerseits auf den Standpunkt der Behandlung der individuellen Wirklichkeit und der Gewinnung der Fallgerechtigkeit zu stellen hat, andererseits aber der Aufgabe gerecht werden muß, die entsprechenden allgemeinen Rechtssätze mit der Individualität zu vermitteln.

Die erwähnte Prüfung der zunächst gewählten Norm-Hypothese hat die Gestalt des Experimentierens des rechtlichen Denkens mit sich selbst. Dieses fragt sich, welche Folgen sich aus der Normhypothese und ihrer Realisierung ergeben würden. Vom Standpunkt der ersten Epoche der rechtlichen Handlung, derjenigen der Auffindung der brauchbaren Normhypothese durch Experiment des richterlichen Bewußtseins mit sich selbst aus wird die künftige, in der zweiten Epoche zu vollziehende Anwendung des Rechtsurteils mitreflektiert. Dabei vollzieht sich eine Bewegung des juridischen Denkens, die als „Hin-und-Herwandern" des Blickes gekennzeichnet wird. Das heißt: der Blick wandert von der zunächst experimentell angenommenen Normhypothese zu der Natur der Sache und dem konkreten Sachver-

[5] Martin Kriele, Theorie der Rechtsgewinnung, Berlin 1976 (2. Aufl.), S. 197.

halt, der durch die Hypothese begreifbar und beurteilbar, also entscheidungsfähig gemacht werden soll. Von ihm aus wendet sich der Blick wieder zu der zunächst angenommenen Normhypothese zurück, die jetzt darauf hin geprüft wird, wie weit sie den Fall der Beurteilbarkeit und Entscheidbarkeit nähergebracht hat. In vielleicht korrigierter Form wird sie dann noch einmal auf den Sachverhalt angewandt, dem sich jetzt der Blick wieder zuwendet usf.

Genau gesehen findet hier ein methodisch gezielter und gekonnter Wechsel zwischen zwei Standpunkten statt: der erste entspricht der rechtsdogmatischen Theorie, der zweite der Meisterung des individuellen Falles in der konkreten Rechtswirklichkeit. Jener Standpunkt müßte der ersten, dieser der zweiten Epoche der juristischen Gesamthandlung zugeordnet werden: denn in jenem vergegenwärtigt sich der planende Verstand, in diesem besteht die Aufgabe, der Totalität aller Realbedingungen gerecht zu werden.

Der Übergang vom Standpunkt der allgemeinen Rechtsbegriffe und des die juristische Handlung planenden Verstandes zu dem der individuellen Natur der Sache, der Person und der Situation kann nicht einfach als „Anwendung" der Gesetze auf Individuelles, als bloße Subsumtion individuellen „Materials" unter allgemeine Gesetzesbegriffe gedeutet werden; denn zwischen Gesetz und Individuum besteht eine prinzipielle Kluft, die derjenigen entspricht, die zwischen der ersten und der zweiten Epoche der Handlungsgeschichte besteht. Auf die Weise rein logischer Unterordnung kann die Grenze zwischen dem Allgemeinen und dem Individuellen nicht überwunden werden. Es ist die Aufgabe des rechtspraktischen Handelns und Denkens, nicht nur vom Standpunkt des Gesetzesdenkens aus den einzelnen Fall zu begreifen, zu beurteilen und zu entscheiden: sondern vom Standpunkt der Auffassung des Individuums und der individuellen Situation aus umgekehrt auch nach dem Gesetz zu fragen, welches hier zuständig ist. Im letzteren Falle würde die gedankliche Richtung vom Individuum zum Allgemeinen gehen. Die hier zuständige Urteilskraft würde Kant nicht als „bestimmende" bezeichnen, die vom allgemeinen Begriff aus auf das Besondere übergreift: er würde vielmehr von der „reflektierenden" Urteilskraft sprechen, bei der vom Besonderen, hier in diesem juristischen Zusammenhang vom Individuellen ausgegangen wird, um auf diesem Wege den zutreffenden allgemeinen Begriff zu finden.

Der Angeklagte, der in einem Gerichtsurteil als „Einbrecher" beurteilt und abgeurteilt wird, ist, vom Standpunkt der bestimmenden Urteilskraft aus gesehen, ein besonderer Fall für den entsprechenden Strafparagraphen. Der Standpunkt der bestimmenden Urteilskraft aber ist nur der eine Pol, auf den hin sich das Denken des Richters orientiert: der andere Pol ist der Standpunkt der individuellen Auffassung des hier begegnenden Menschen und seines „Wesens", welches als individuell in der Sprache des Gesetzes nicht angemessen dargestellt werden kann. Die Aufgabe der Gerechtigkeit verlangt, daß beide Standpunkte, derjenige des Gesetzes und derjenige der Individualität der Person und des Falles miteinander vermittelt werden, wenngleich sie zueinander inkommensurabel sind und der eine vom anderen nicht logisch abgeleitet werden kann. Diese Inkommensurabilität entspricht derjenigen, die zwischen der ersten und zweiten Epoche der Handlungsgeschichte festgestellt wurde. In der zweiten Epoche, so wurde erkannt, hat es der Handelnde mit der Totalität aller Realbedingungen und damit auch mit der Individualität des Falles zu tun, die, wie Leibniz geagt hat, eine Unendlichkeit von Prädikaten einschließt.

Im Hinblick auf die Inkommensurabilität zwischen dem allgemeinen Gesetz und der Individualität des Falles wurde auch von der prinzipiellen „Lückenhaftigkeit" des Gesetzes gesprochen. Hiermit ist dessen prinzipielle Unfähigkeit gemeint, der Totalität der Realbedingungen gerecht zu werden, welche zur konkreten individuellen Wirklichkeit gehören. Im Hinblick darauf hat man mit Recht geltend gemacht, daß die „Lückenhaftigkeit" nicht als Eigenschaft eines schlechten, unvollkommenen Gesetzes zu beurteilen ist, sondern als prinzipielle Unfähigkeit des Gesetzes als solchem, die den individuellen Fall bestimmende Totalität zu erfassen. Dem entspricht es auch, wenn in den Erörterungen über die Geschichte einer Handlung von der Inkommensurabilität der Epochen der Handlungsgeschichte die Rede war und davon, daß die zweite Epoche, die mit individueller Praxis ausgefüllt ist, nur durch einen Wechsel der Standpunkte erreicht werden kann. Im Falle des Standpunktes, der den individuellen Fall angemessen zu beurteilen erlaubt, ist nicht diejenige Urteilskraft gefragt, welche Individuelles unter allgemeine Rechtsbegriffe subsumiert und es dadurch unter der Hand in Nicht-Individuelles verwandelt und ihm den Charakter der „Besonderheit" gibt. Es wurde im vorigen erwähnt, daß vielmehr die „reflektierende" Urteilskraft Kants in Frage kommt: noch besser würde man von einer anschauenden Urteilskraft sprechen, welche hier die Verbindung zweier Standpunkte, derjenigen der Allgemeinheit und der Individualität leistet. Gefordert ist hier eine Urteilskraft, die nicht besonderes Material unter allgemeine gesetzliche Formen subsumiert, sondern welche die allgemeinen rechtlichen Züge aus dem individuellen Fall herausholt, die in diesen von vornherein durch seine rechtliche Auslegung hineingelegt wurden. Wird auf diese Weise die Urteilskraft der individuellen Sache bzw. der Person gerecht, so ist ihr Gebrauch selbst individuell, sofern die von ihr geleitete rechtliche Interpretation der Tatsachen der juridischen Welt diese in der Perspektive von Normbedürfnissen auslegt, die jeweils der geschichtlichen Gegenwart der Gesellschaft eigentümlich sind.[6]

Die Leistung des Richters besteht darin, die individuellen Gestalten seiner juridischen Handlungswelt als rechtlich relevante Realitäten zu deuten. Dazu bedarf es einer Auffassung und Darstellung dieser Gestalten durch die bildproduzierende Phantasie des Richters, welche diese so darstellt, daß an ihnen sowohl die individuellen Züge, wie auch die Bedeutungen der allgemeinen Rechtsbegriffe vergegenwärtigt werden. Das geschieht durch den Einsatz einer *typisierenden* Urteilskraft, mit deren Hilfe der Richter die individuelle Gestalt als Typus darzustellen und zu beurteilen vermag, in welchem sich allgemeine Rechtsbegriffe in individueller Weise vergegenwärtigen und die individuelle Wirklichkeit umgekehrt als in allgemeiner Weise rechtsrelevant erkennbar wird.

Der Einsatz der typisierenden Urteilskraft begründet die rechtsschöpferische Fähigkeit des Richters, der aus der individuellen Gestalt das Allgemeine, die gesetzliche Form hervortreten läßt; umgekehrt macht er die individuelle Gestalt *als* Rechtsgestalt in der Weise beurteilbar, daß er in ihre Darstellung Rechtskategorien hineinarbeitet. So zeigt es sich, daß die für die Praxis zuständige Urteilskraft eine Vergegenwärtigung allgemeiner Rechtskategorien in individueller Gestalt zu leisten hat. Hierbei geht der typisierenden Urteilskraft eine entsprechende richterliche Einbildungskraft an die Hand, welche individuelle Rechtsgestalten als Vergegenwärtigung von allgemeinen Rechtsbegriffen darzustellen vermag.

Typisierende Urteilskraft und die ihr entsprechende Kraft der Darstellung von Rechtsgestalten sollen am Beispiel der Behandlung eines Verkehrsunfalles bei ihrem Zusammenwirken betrachtet werden. Für die Darstellung und Beurteilung solch eines Ereignisses kommen verschiedene Perspektiven in Betracht, die verschiedenartige Bilder ergeben, welche die juridische Einbildungskraft zeichnet, um der ihr zugeordneten typisierenden Urteilskraft vorzuarbeiten.

[6] „Die offenbare Unmöglichkeit, neu hervortretende Interessen- und Wertungskonflikte durch schlichte Subsumtion zu entscheiden, rief ein neues Bedürfnis nach einem selbständigen, nachprüfbaren und einsehbaren Begründungszusammenhang hervor. Neue dogmatische Figuren wie die ‚positive Vertragsverletzung', die ‚Geschäftsgrundlage', das ‚Vertrauensprinzip', die ‚Sphärentheorie' in der ‚Geschäftsgrundlage', ‚Verträge mit Schutzwirkung für Dritte', die ‚Faktischen Verträge' sind der typische Ausdruck dieser Lage; in dem latenten Pathos ihrer Schlagwortwirkung tritt die Beziehung des fachjuristischen Rechtsfindungsprozesses zu allgemein akzeptierten Konventionalregeln der sich verändernden Gesellschaft sehr anschaulich hervor." (Franz Wieacker, Zur praktischen Leistung der Rechtsdogmatik, in: Hermeneutik und Dialektik II [hrsg. von R. Bubner, K. Cramer, R. Wiehl], Tübingen 1970, S. 318f.)

Es werde angenommen, es habe sich um das Versagen einer Autobremse gehandelt.[7] Der hinzukommende Arzt wird den Unfall in der Perspektive der vorgekommenen Verletzungen und ihrer Heilungsmöglichkeiten sehen. Der Techniker wird den Vorgang unter dem Blickpunkt technischen Funktionierens oder Versagens beurteilen. Der Jurist aber wird eine andere Perspektive desselben Vorgangs zur Geltung bringen, in der z.B. die strafrechtliche Verantwortlichkeit des Fahrers, die öffentlich-rechtliche Frage seiner Verkehrszuverlässigkeit usf. maßgebende Aspekte sind. Die praktische Bedeutsamkeit der juristischen Perspektive besteht darin, daß solche rechtsbegrifflichen Kategorien wie Verantwortlichkeit, Verkehrszuverlässigkeit, mögliche Schadenshaftung usf. unter dem Gesichtspunkt der Individualität des Falles und der in ihn verwickelten Personen gestellt werden. Individualität ist nicht als inhaltlicher Wesenszug von Personen oder Ereignissen zu beschreiben und festzustellen, sondern ist eine *Perspektive* rechtlicher Praxis. Rechtsbegriffe werden auf eine individuelle Sprache gebracht, wenn sie im Denken und Sprechen dieser Perspektive gebraucht werden.

Macht der den Fall darstellende Richter oder Anwalt von Prädikaten wie „leichtfertig" oder „sorgfältig" Gebrauch, dann müssen diese individuelle Bedeutung durch die Perspektive der Individualität gewinnen, in die sie gerückt werden. Zugleich müssen sie als Vergegenwärtigung rechtlich relevanter Begriffe verstehbar sein. Sollte der Sachverhalt eine Kennzeichnung wie die: „Leichtfertige Vernachlässigung von Fehlern an der Bremse" verlangen, so wird diese Wendung nur dann eine auf die in das Ereignis verstrickten individuellen Personen zutreffende Bedeutung gewinnen, wenn der Richter oder Anwalt die typisierende Urteilskraft ins Werk setzt, um den mit dieser sprachlichen Wendung verbundenen Rechtssinn möglichst zu individualisieren. Als handelndes Individuum vermag der Richter selbst die Kluft zu überbrücken, die zwischen der gesetzlichen Norm und dem individuellen Fall prinzipiell besteht.

Typisierende Urteilskraft und praktisches Urteilen und Entscheiden entsprechen einer Logik, auf deren Eigenart kurz eingegangen werden soll, da sie als Logik des praktischen Denkens schlechthin angesprochen werden kann: ich nenne sie Subjektlogik, die ich von der Prädikatlogik unterscheide.

4. Subjektlogik und Prädikatlogik

Um zunächst mit dem Programm der Prädikatlogik zu beginnen, sei gesagt, daß ihm gemäß dem Prädikat im Satze die dominierende Rolle zugesprochen wird. Das Prädikat wird als allgemeine Klasse verstanden, welcher

[7] Vgl. Heinrich Henkel, Recht und Individualität, Berlin 1958, S. 4.

der Subjektbegriff des Satzes als besonderes „Element" untergeordnet wird. Frege hat das Programm der Prädikatlogik in der Weise präzisiert, daß er als Prototyp eines Satzes bzw. Urteils die mathematische Funktion F (a) bestimmt hat, wobei das Funktionszeichen das Prädikat, das in die Funktion eingesetzte Argument: a das Subjekt bedeuten soll.[8]

Dem Programm der Prädikatlogik ist dasjenige wissenschaftlichen Denkens angemessen, welches von allgemeinen Begriffen bzw. „Gesetzen" ausgeht, durch deren „Anwendung" auf die Wirklichkeit erfolgreiches Handeln verbürgt wird. Von dieser Art ist das nomologische wissenschaftliche Denken, dem es darauf ankommt, die Wirklichkeit dadurch zu begreifen, daß es sie auf die Sprache allgemeiner Begriffe und Gesetze bringt. Hierdurch werden die allgemeinen, durch das Prädikat des Satzes repräsentierten begrifflichen Inhalte zum Ausgangspunkt genommen, um von hier aus zu den besonderen Gegenständen überzugehen, die durch Einordnung in die allgemeinen, vom Prädikat angegebenen Begriffsklassen begreifbar und beschreibbar gemacht werden sollen. Das Denken der ersten Epoche der Handlungsgeschichte, in welchem Leistungen des Planens, Entwerfens und Modellbildens festgestellt wurden, hat diesen nomologischen Zug und ist daher zugleich auch der Prädikatlogik zuzuordnen. Denn es gehört zum Programm dieser Logik, die allgemeinen Begriffe der Theorie zugrunde zu legen und das Wirkliche mit ihrer Hilfe dadurch begreifbar zu machen, daß es als das „Besondere" in sie eingeholt wird. Die Rolle des „Besonderen" spielt das Subjekt eines Satzes gegenüber dem Allgemeinen seines Prädikats in diesem Programm der Prädikatlogik in dem Sinne, daß es nur im Hinblick auf solche Eigenschaften an ihm in Frage kommt, die es mit vielen anderen gemeinsam hat. In dieser Hinsicht ist das „Besondere" von dem „Individuellen" zu unterscheiden, sofern ersteres immer noch auf gleicher Ebene mit dem Allgemeinen steht und ihm als relativ weniger Allgemeines unterzuordnen ist, während das Individuelle prinzipiell und absolut als einmalig zu verstehen ist. Die Prädikatlogik kann nur der Ebene des Allgemeinen und seines Besonderen gerecht werden: Auch dann, wenn die Subjektstelle eines Satzes von einem Eigennamen vertreten wird, so billigt sie dem Subjekt keine individuelle Bedeutung zu: sie versteht es vielmehr nur als „Besonderes". Im Satz: „Friedrich der Große war auch ein bedeutender Philosoph" übernimmt das Subjekt, prädikatlogisch gedeutet, nicht die Bedeutung eines Individuums: vielmehr spielt es die Rolle des „Besonderen", welches in diesem Satze als dem allgemeinen Prädikat: Philosoph-sein subsumiert verstanden wird.

[8] Vgl. meine Untersuchung: ›Subjektlogik und Prädikatlogik‹ in ›Vernünftiges Denken‹, Festschrift für W. Kamlah, Berlin/New York 1978, S. 23f.

Im Bereich des Rechtsdenkens und -handelns wird man dem prädikatlogischen Programm dann eine maßgebende Rolle einräumen, wenn man der Meinung ist, daß Rechtsentscheidungen durch Subsumtion des besonderen Falles jeweils unter dem allgemeinen Rechtsbegriff zustande kommen. Denn dann wird man ohnedies die Gegebenheiten der Rechtswelt als „besondere" Fälle allgemeiner Rechtsbegriffe auffassen. Die Individualität der Personen und Sachverhalte wird dabei vernachlässigt. Will aber das rechtsuchende Bewußtsein der Aufgabe der Individualgerechtigkeit genügen, dann muß es sich auf den Standpunkt der Individualität der Gestalten der Rechtswelt stellen. Von diesem wurde gesagt, daß er sich nicht der subsumierend-bestimmenden, sondern der typisierenden Urteilskraft bedient, deren eigentümliche Leistung darin besteht, das Individuelle als rechtlich relevante Gestalt darzustellen und zugleich die allgemeinen Rechtssätze auf die Sprache individueller Normierungen zu bringen. Damit ist aber zugleich auch eine Logik gefordert, die sich von der Prädikatlogik dadurch unterscheidet, daß sie dem Standpunkt der auf das Individuelle hingerichteten Vernunft gerecht wird: es tritt die Subjektlogik in den Blick.

Als Programm der Subjektlogik verstehe ich dasjenige, demzufolge dem Subjekt des Satzes die dominierende Rolle bei der Bildung der Satzbedeutung zugesprochen wird. Die Bedeutsamkeit dieser Logik wird in den Fällen erkennbar, in welchen es darum geht, Individuen und ihre Handlungen darzustellen: also etwa in der Geschichtswissenschaft. Dieselbe Aufgabe einer Darstellung individueller Lebensverläufe und Handlungszusammenhänge hat auch der praktische Jurist zu erfüllen, wenn er in seinen Sätzen und Urteilen über Personen redet, denen er Freiheit und Verantwortlichkeit, Zurechnungsfähigkeit und Selbständigkeit: kurz Individualität unterstellt. Die Sätze, mit denen der Jurist individuelle Gestalten mit rechtlichen Bedeutungszusammenhängen durchdringt, legen freie, individuelle Wesen als Satzsubjekte zugrunde, die nicht nur als Exemplare allgemeiner soziologischer oder psychologischer Gesetze — hierfür wären die Prädikatlogik und ihr nomologisches Denken zuständig —, sondern als selbständige Wesen angesprochen werden.

Ein Fall für die Prädikatlogik ist gegeben, wenn zum Beispiel der Gesetzgeber den Prototyp einer verbrecherischen Person oder einer dementsprechenden Handlung darstellt und dabei rechtsrelevante Prädikate wie „kaltblütig", „berechnend" usw. verwendet. Zum Programm der Subjektlogik aber würde die vom Richter geleistete Beschreibung eines Falles passen, bei welcher der Täter als Individuum dargestellt wird. Von ihm ausgesagte rechtsrelevante Eigenschaften würden dann nicht als Prädikate verstanden, die auch für viele andere noch gültig sind, sondern welche als von seiner Individualität durchdrungen gedeutet werden. Nur in der subjektlogischen Sprache kann sich die Kunst eines Richters im Gebrauch seiner typisierenden Urteilskraft entfalten, wenn er etwa in einem strafrechtlichen Fall einen Unterschied zwischen der typischen Physiognomie des Affektes und derjenigen der Leidenschaft macht; dabei mag er etwa den Affekt als augenblickliche Aufwallung der Seele, als oberflächliche und vorübergehende Erregtheit des Gemüts portraitieren, während er die Leidenschaft als habituelle Gemütsstimmung beschreiben mag, welche die ganze Anlage eines Charakters bestimmt. Als Beispiel für den ersteren kann der Zorn gelten, für den gilt: er „betäubt das Gemüt, verwirrt den Verstand durch die Fieberhitze entzündeter Phantasie und beschränkt oder nimmt der Überlegung ihre Kraft ...“[9]. Der Richter wird zum Beispiel einen Rechtsbrecher so zeichnen, daß an dem entstehenden Bilde die Disposition entweder für zornmütiges oder rachsüchtiges Handeln erkennbar wird. Zorn ist ein Affekt, er ist „stets offen und ehrlich in seiner Furchtbarkeit“; Rachsucht aber ist eine Leidenschaft, sie ist „an und für sich kalt, fesselt, wie jede andere Leidenschaft, die Vernunft, läßt aber dem Verstande seine Freiheit, belebt und schärft ihn sogar und macht ihn geschickt zum Dienste für ihre Zwecke. Eine Handlung im Zorn ist daher unbesonnene, eine Handlung aus Rachsucht, wo nicht überlegte, doch besonnene Tat.“[10]

Die rechtsnormative Bedeutung, welche diesen anthropologischen Einsichten innewohnt, wird durch den Gedanken daran erkennbar, daß es einen Unterschied ausmacht, ob man die Handlung einer Tötung als aus Zorn oder aus Leidenschaft geschehen darzustellen hat: im ersteren Falle erkennt das Gesetz auf „Totschlag“, im letzteren auf „Mord“. Die dabei vom Richter gemachten Aussagen und Urteile sind nach dem Programm der Subjektlogik zu begreifen, sofern sie im Rahmen einer Darstellung der individuellen Natur des Täters und der Tat geschehen.

[9] P. J. A. von Feuerbach, Aktenmäßige Darstellung merkwürdiger Verbrechen, 3. Aufl., Frankfurt am Main 1849 (Reprint Aalen 1970), S. 204.
[10] Ibidem S. 204/205.

REGISTER

Die Begriffe 'Handeln', 'Handlung' und 'Praxis', welche das zentrale Thema dieses Buches bilden, sind wegen ihres häufigen Vorkommens nur dort in das Register aufgenommen worden, wo ein eigentümlicher Zug an ihnen beschrieben wird.